▎国家社会科学基金一般项目 ▎
▎民商法论丛 ▎

徐强胜 著

我国合同法中民商合一的规范技术研究

图书在版编目(CIP)数据

我国合同法中民商合一的规范技术研究/徐强胜著. —北京:北京大学出版社,2024.4
(民商法论丛)
ISBN 978-7-301-34880-2

Ⅰ.①我… Ⅱ.①徐… Ⅲ.①合同法—研究—中国 Ⅳ.①D923.64

中国国家版本馆 CIP 数据核字(2024)第 049052 号

书　　　名	我国合同法中民商合一的规范技术研究 WOGUO HETONGFA ZHONG MINSHANG HEYI DE GUIFAN JISHU YANJIU
著作责任者	徐强胜　著
责任编辑	张宁　吴佩桢
标准书号	ISBN 978-7-301-34880-2
出版发行	北京大学出版社
地　　　址	北京市海淀区成府路 205 号　100871
网　　　址	http://www.pup.cn
新浪微博	@北京大学出版社　@北大出版社法律图书
电子邮箱	编辑部 law@pup.cn　总编室 zpup@pup.cn
电　　　话	邮购部 010-62752015　发行部 010-62750672　编辑部 010-62752027
印刷者	三河市博文印刷有限公司
经销者	新华书店
	965 毫米×1300 毫米　16 开本　17.75 印张　291 千字 2024 年 4 月第 1 版　2024 年 4 月第 1 次印刷
定　　　价	69.00 元

未经许可,不得以任何方式复制或抄袭本书之部分或全部内容。
版权所有,侵权必究
举报电话: 010-62752024　电子邮箱: fd@pup.cn
图书如有印装质量问题,请与出版部联系,电话: 010-62756370

目　　录

绪论 …………………………………………………………………（1）

第一章　合同法民商合一规范实现的历史考察 ……………………（24）
　　第一节　引言 ………………………………………………………（24）
　　第二节　商法的扩张与私法化 ……………………………………（26）
　　第三节　合同法的商业化、体系化与民商分合 …………………（47）
　　本章小结 ……………………………………………………………（60）

第二章　域外合同法民商合一的规范技术路径 ……………………（62）
　　第一节　引言 ………………………………………………………（62）
　　第二节　域外合同法民商合一的规范技术模式 …………………（63）
　　第三节　域外合同法民商合一的规范路径差异 …………………（74）
　　第四节　域外合同法民商合一的规范技术效用 …………………（85）
　　第五节　域外合同法民商合一的技术价值折射 …………………（97）
　　本章小结 …………………………………………………………（106）

第三章　《民法典》合同编民商合一的规范表达 …………………（109）
　　第一节　引言 ……………………………………………………（109）
　　第二节　《民法典》合同编的"人像" ……………………………（111）
　　第三节　《民法典》合同编民商合一的规范技术原理 …………（117）
　　第四节　《民法典》合同编民商合一的具体规范技术 …………（129）
　　第五节　《民法典》合同编民商合一规范技术的客观主义 ……（145）

本章小结 ………………………………………………………… (165)

第四章 《民法典》合同编商事化的缓和解释:理论与框架 ……… (167)
第一节 引言 …………………………………………………… (167)
第二节 现代民法的转向:从财产法到"人法" ………………… (168)
第二节 "人法"下交易当事人的实际能力与特质规则 ………… (181)
第三节 "人法"下民事法律关系再认识 ………………………… (188)
第四节 作为"人法"的现代民法的法教义学及应用 …………… (206)
本章小结 ………………………………………………………… (215)

第五章 《民法典》合同编商事化的补足:空间与再造 …………… (216)
第一节 引言 …………………………………………………… (216)
第二节 《民法典》合同编商事化的实质缺憾 …………………… (217)
第三节 《民法典》合同编商事理念的重塑 ……………………… (223)
第四节 《民法典》合同编商事价值的强化 ……………………… (239)
第五节 《民法典》合同编商事规范的基准调整 ………………… (254)
本章小结 ………………………………………………………… (262)

结语 走向市场导向的私法自治 ……………………………………… (264)

参考文献 …………………………………………………………………… (268)

绪　　论

一、本书的研究背景和意义

在私法领域,同为私法的民法与商法,从它们产生开始,就一直是互为存在和互为发展的关系,两者都以一个私的社会生活关系和私的行为模式为规范基础和调整对象。从19世纪初到19世纪末,欧洲大陆的法国(1804年、1807年)和德国(1896年、1897年)以采民商分立的立法体例开始和结束了一个法典化的世纪,其中既有历史方面的原因,也有关于法典编纂技术的考虑。与此同时,对于私法的体系,欧洲大陆也有不一样的声音和做法。1881年《瑞士债务法》率先在法典的层面实现了民商合一,随后《瑞士民法典》(1907年)、《意大利民法典》(1942年)和《荷兰民法典》(1992年)延续了瑞士的体例和做法,民商合一成了20世纪欧洲大陆法典化的主旋律。

从历史上看,如何看待民商的合一与分立,以及如何在民法典的编纂中实现民商合一或另设商法典实现民商分立,不同的国家和地区在不同的时代有其不同的认识和做法。

大陆法系民商分立的典型是法国和德国。这两个国家由于历史原因和立法技术的运用,在实行民商分立的同时,其所谓纯粹的民法典其实已经先行实现了部分规范的商法化。① 同为大陆法系的瑞士,因为认为"瑞士人皆可为商人"而在立法技术上抹掉了传统商法作为基石的商行为概念,并于1881年制定了世界上第一部民商合一的《瑞士债务法》。意大利在历史上

---

① 从民商分立国家的做法来看,其民法典事实上是通过所谓人的解放,即人充分的自由和平等,而将商业发展所要求的人(主体)与财产(所有权与契约)作为基石设计了相关的民法制度。也就是说,它们实际上也在自己的民法典中完成和实现了商法发展所需要的商业化的要求。至于这些国家单独的商法典,则主要是为了调整"大商人"营业行为的专门法典。

同样尝试过法国式的民商分立体例,但最终在1942年制定了民商合一的新《意大利民法典》,以统一的债法结束了民事债与商事债的区分,并在法律适用技术上分别适用不同规则,以适应经济发展的需要。荷兰从格老秀斯时代,就一直认为自己秉持的是民商合一的私法理念,即使是在追随法国法采民商分立的体例时,也早早地废除了商人与非商人之间残存的界限(1934年)。① 随后,1993年出台的《荷兰民法典》将原商法典中的商事规范编入了第二编的"法人"、第七编的"特殊契约"和第八编的"运输法"之中。欧盟成立之后,一直试图通过统一的法典化立法以实现欧洲市场内部规则的统一,尽管最后没有出台最终的官方文件,但2009年公开出版的由欧洲民法典研究小组与欧盟现行私法研究小组共同参与研究的《欧洲示范民法典草案》(《共同参考框架草案》),通过"消费者保护"的立法安排和设计将民法与商法(特别是民事债与商事债)的合一提到了更为典型和清晰的合中有分、分中有合的程度。

在我国,自1978年改革开放以来,"以经济建设为中心"这个经济工作的总要求使得中国的民法发展应以促进商品经济发展为己任,这其实是商法化的民法,此后民商合一的民事立法论便成了中国民法发展和构建的核心要义和立法逻辑。1986年《民法通则》具有深远的时代意义,但这部通则在很大程度上是民商合一的,它是商品经济发展在基本立法层面的"法律工具箱"。

1999年《合同法》更是民商合一的典范。这部法律在借鉴了《国际商事合同通则》和《联合国国际货物销售合同公约》的基础上,将原来的《经济合同法》《涉外经济合同法》与《技术合同法》"三法"统合起来,形成了新的商业交易法。

2020年5月28日,第十三届全国人民代表大会第三次会议通过了《中华人民共和国民法典》(以下简称《民法典》),这部法典将民商合一推向了一个新的历史高峰。在《民法典》中,无论是总则的营利法人与非法人组织制度、民事法律行为与代理制度,还是分则的一般物权制度、担保物权制度、侵权责任制度,均体现了民商合一立法理念下的相关制度设计。合同编更是

---

① 参见〔荷〕亚瑟·S.哈特坎普:《荷兰民法典的修订:1947—1992》,汤欣译,载《外国法译评》1998年第1期。

进一步地深入契合了社会主义市场经济建设对市场交易快捷和交易安全的要求。

与瑞士、意大利、荷兰、欧盟等国家和地区国情不同,我国历史上没有所谓民商分立的历史基础,更多的是以经济建设和发展为中心的改革开放式的愿景,这里最为典型的便是,从1986年《民法通则》开始,民法就被视为商品经济的基本法,是关于经济而非市民的法律。在我国,所谓的民商合一的《民法通则》从来没有民事主体与商事主体之分,更没有民事债与商事债之别。也就是说,我国的民商合一并非像大陆法系那样,统一立法先源于民法和商法的相互区分,后因为社会经济发展对私法规范的统一立法需求,又不再刻意区分民事和商事,而是以经济发展为主要导向的统一规则的结果。实际上,从规范技术的角度来看,没有民商之分,也便不存在民商之合,但是,以经济发展为导向的统一规则,更多是"企业式的"或者说是"经济式的",而不是一般普通民事生活式的图景。这主要是因为,经济发展的规则与一般民事生活规则在规范意图上是完全不一样的,前者重发展,后者重生活,在规范技术上有恰当区分的必要。

作为民商事交易的基本法,合同法兼容了大量的民事合同与商事合同类型。尽管学界普遍认为1999年《合同法》因其有机地将民法与商法结合在一起而成了民商合一的典范,但该法对于民法与商法之间的差异关注仍然不够,相关制度设计没有区分民事债与商事债①,由此造成的结果是,合同法要么商化过度,要么商化不足。② 司法实践中也存在大量的此类问题,最高人民法院有关《合同法》的解释和裁判在很多方面进行了纠正,如《关于审理买卖合同纠纷案件适用法律问题的解释》第3条就对《合同法》"无权处分"的规定进行了纠正,使其能够适用于商事领域效率导向的买卖需要。此外,司法上对诸如约定违约金过高的问题在企业与非企业之间也进行了区分。总之,法学理论与实务界均注意到了民事合同与商事合同之间的复杂关系,但如何妥当地利用合理科学的规范技术实现合同法体系上的民商合一,不仅决定我国《民法典》合同编的立法效用和品质,也将决定于其妥当的

---

① 崔建远:《编纂民法典必须摆正几对关系》,载《清华法学》2014年第6期。
② 张谷:《中国民法商法化举隅》,载《金融法苑》(总第60辑),北京大学出版社2005年版,第73页。

适用。

总的来看,立足于1999年《合同法》基础的、仍以促进社会主义市场经济发展为己任的《民法典》合同编关于民事规则与商事规则的"合与分",体现出了其较高的立法技术性,从而能够使其更为合理地适用于"经济的"与"生活的"合同实践之中。比如,将保理合同作为新增有名合同统合于合同分则;保证合同开始重视保护保证人的利益;借款合同区分为自然人借贷与企业借贷,并限制高利贷;保管合同的保管责任承担区分了有偿与无偿情形;等等。但是,如何看待《民法典》合同编民商合一的规范技术,无论是在《民法典》编纂之际,还是《民法典》实施的过程中,都是非常重要的法律课题,它不仅关系《民法典》合同编的体系科学性,也关系《民法典》合同编本身的解释和适用。

二、国内外研究现状综述

域外合同法民商合一的规范技术需要放在"私法法典化"的历史背景下进行理解,其合同法(债法)中民商合一的立法技术理念和与之伴随的立法技术有着较长的历史和实践。

1864年,瑞士学者孟辛格(Walther Munzinger,1830—1873)在起草瑞士债法时即指出,统一立法应当扬弃商行为的概念,将商事规则实质性地整合进一般债法的体系。实际上,早在1862年对统一瑞士商法典的建议书中,孟辛格就已经明确地提出了关于民法和商法关系的基本看法。他认为,起草单纯针对商人群体的独立商法典,其实质是将法典的适用对象只限定于具有特殊身份的群体,这在政治上并不可取;哪怕是在法律技术上,将私法中的商法规范抽象出来并意图编纂一部独立的商法典,也不具有说服力。孟辛格提出的理由包括:(1)民、商事法律规范的隔离,意味着否认了法律行为的多样性;(2)民事规范和商事规范之间具有紧密的内在联系,立法无法实现法律技术上的精确切割;(3)民商分立将大幅度提高法律适用者"找法"的难度,并引起民众和法官在法律理解上的分歧。孟辛格是瑞士债法典的主要起草者,其关于民法和商法关系的见解很大程度上影响了瑞士债法典的体例、风格和制度上的设想,瑞士债法典草案以及后来的瑞士债务法也深深地烙上了孟辛格的个人印记。1881年《瑞士债务法》开启了私法民商合一的先河,但其实质上只是扬弃了商行为的概念,并没有放弃实质和形式上的商法及其相关规则,该法在将大量的商行为规则进行一般化的同时,也保留了很多商事规则,将很多关于商人和商行为的规则进行了特别安排,从而使得那些不能一般化的规则(主要是商事规则)仅适用于商人群体。

在德国,虽然德国私法一直采民商分立的立法体例,但理论界和学术界关于民商合一和分立的讨论一直未曾停止。总的来说,德国采民商分立的一个很重要的学术资源上的原因在于,理论上关于"商法独立性"命题的讨论,一直坚持也从未放弃过对商法独立地位的承认。比如,菲利普·黑克(Philipp Heck)即认为,商法不同于民法,并不是因为它的规模或现实功用,而是通过商法独特的两个特点,商法的严格性(die Strenge des Handelsrechts)和商法相较于民法更为细致的内容,这两个特点可以统称为商法的较低程度的一致性(geringere Geschlossenheit)。卡斯滕·施密特(Karsten Schmidt)也认为,商法的法典化应当回归在19世纪就已经达成的一个共识,即商法的特征之一就是它应该作为一般意义上的"商事科学"的一部分,只是传统的关于商法的一些概念已经过时了,商法的发展和新的任务需要进行理论上的重构。从一方面看,在这些见解中,以新的"企业"概念重构商法是一种有力的主张和见解。从另一方面来看,德国虽采民商分立的私法体例,但1897年《德国商法典》对之前的一般商法进行了彻底的修改,其之前的一些"先驱性的规定"被纳入了1896年《德国民法典》的总则编与债编之中,将以前仅适用于商法的许多规则进行了一般化。

与民商合一的《瑞士民法典》立法过程相似,意大利私法原来也采民商分立的立法理念,而且意大利更往前推进的一步是,其在随后确实制定出了单独的商法典,民法典和商法典并驾齐驱的格局持续了将近半个多世纪。可见,商法典的成文化在欧洲国家当时的历史背景中不得不说是一个现实的问题。意大利民商合一立法体例的形成,同样受到了关于民商合一和民商分立的争论,以及权威学者观点的影响。意大利民法典编纂过程中民商合一的立法理念,被认为是受到了学者莫塔内里(Giuseppe Motanelli,1813—1862)和维梵德(Cesare Vivante,1855—1944)的影响,前者是抽象民商合一理论的创始人,后者是1942年《意大利民法典》具体民商合一的造意者,两者民商合一的理论主张影响了不同时期意大利立法的走向。

1992年《荷兰民法典》与1942年《意大利民法典》一样,也承认商人和普通人之间存在一定程度的差异,但总体上没有什么不同[①],它们都强调了商事规则在民法典中进行一般化的必要。尽管如此,民法典债法部分也有相当多的仅适用于商人或仅适用于非商人的规则,这是在主体上进行的一定程度的立法区分。

鉴于民法与商法之间的领域愈来愈无法明确且难以进行清晰区分,德国学界认为,可以单独适用的商法规范如行纪、货运,由于完全类似于债法中的特别合同类型,因此现代商法调整的领域可以在民法中享有恰当的位置。[②] 进入21世纪以后,采民商分立立法体例的日本也开始探讨如何将关于商行为的规则统一进民法体系之中,其2006年成立的研究团体"民法(债权法)改正检讨委员会"提出,商法中的商行为规定可以提升为民事法律行为的一般规定,即所谓商行为"一般化";另外,尚有所谓"统合"理论,即将商法规则通过附加一定的条件(如有偿性、营业性等)移入民法典而不改变其商法性格。[③]

在国内,从宏观上看,学界对民商合一与分立问题的讨论,是围绕商法典的制定展开的;从微观上看,则主要是关于民事规范和商事规范区分问题的讨论。目前来看,学者们的讨论主要集中于以下三个领域:(1) 理论上如何认识我国目前的民商合一模式;(2) 商事规则如何融入民事规则;(3) 民事合同和商事合同的区别。

1. 民商合一抑或分立与合同(法)编

理论上如何认识我国目前的民商合一模式,除了法典体例的讨论,其实主要的问题还是集中于合同法,民商合一与合同法(合同编)的关系问题形成了如下共识:

第一,民商合一抑或分立是一个立法模式的选择问题。民商合一抑或分立只是在立法层面的区分,其与商法的实质独立性无关。商法内容和精

---

① 〔荷〕J.海玛:《荷兰新民法典导论》,载王卫国主译:《荷兰民法典(第3、5、6编)》,中国政法大学出版社2006年版。
② 〔德〕C.W.卡纳里斯:《德国商法》,杨继译,法律出版社2006年版,第15页。
③ 〔日〕内田贵:《債権法の新時代——"債権法修正の基本方針"の概要》,日本商事法务社2009年版。

神实质上的独立是学界讨论"民商合一"和"民商分立"的前提,学者们认为实质商法的独立性有如下表现:首先,理论基础的独立性。比如,商法原则比民法原则更强调交易保护和信赖保护、私法自治①;商事法律关系比民事更加注重义务和责任等②。其次,规则构造的独立性。比如,商法与民法对沉默所生效力的原则、流质条款禁止、利息约定的推定、企业留置、违约金、未来债权的让与等规则持不同的态度。③ 最后,历史来源上的独立性。从中世纪的商人法开始,不论商法的形式如何变迁,实质上的独立性一直存在④,在民法典编纂的背景下区分"民商合一"与"民商分立"的实质在于,民法典编纂中如何安置具有独立性的商法体系。

第二,我国是折中主义的民商合一模式。一般认为,简单地套用民商合一、民商分立的概念分类来划分当代民事、商事立法发展阵营的意义有限,因此,我国学界细化了民商合一抑或分立的区分标准。一是形式主义标准,即以商法典和商事特别法的有无为区分(表一);二是实质主义标准,即以商事合同(包括零散的物权性的商事规则)立法及商事组织立法的不同方式为区分(表二)。针对这一区分标准,学者们对民商关系作出了三点总结:其一,民法与商法的交集是有限的,主要体现在合同领域,这决定了商法的民法化是不能够毫无节制的⑤;其二,新一轮的法典化进程中,折中主义的民商合一已经被广泛采用⑥;其三,由于既有合同法和商事特别法,我国语境下的"民商合一"是折中主义的民商合一(小合一模式)。

---

① 范健:《商法》(第四版),高等教育出版社、北京大学出版社 2011 年版,第 10—15 页。
② 徐强胜:《商事关系内容的建构》,载《河南财经政法大学学报》2014 年第 1 期;王建文:《商法教程》,中国人民大学出版社 2009 年版,第 120—125 页。
③ 张谷:《商法,这只寄居蟹——兼论商法的独立性及其特点》,载高鸿钧主编:《清华法治论衡》(第 6 辑),清华大学出版社 2005 年版。
④ 夏小雄:《商法"独立性"特征之再辨析——基于历史视角的考察》,载《北方法学》2016 年第 5 期。
⑤ 张谷:《商法,这只寄居蟹——兼论商法的独立性及其特点》,载高鸿钧主编:《清华法治论衡》(第 6 辑),清华大学出版社 2005 年版;王利明:《民法典的时代特征和编纂步骤》,载《清华法学》2014 年第 6 期。
⑥ 纪海龙:《现代商法的特征与中国民法典的编纂》,载王洪亮主编:《中德私法研究》(第 15 卷),北京大学出版社 2017 年版。

表一 形式主义的分类标准①

术语	商法典	商事特别法	民法典	截至20世纪末统计的107个国家
民商分立	有	无	有	48
折中主义	无	有	有	28
民商合一	无	无	有	20

表二 实质主义的分类标准②

术语	商事合同	商事组织	1/4个世纪以来24个新制定民法典的国家
大合一	民法典	民法典	3
小合一	民法典	商事特别法	18
小分立	民法典	商法典	2
大分立	商法典	商法典	1

第三,合同法是最为典型的民商合一立法。王涌指出,合同法的民商分立特征本来应该是很突出的,只不过我国的合同法采取的是民商合一。③ 从历史上看,改革开放之后颁布的《涉外经济合同法》等三部合同法是纯粹的商事法,仅对商事主体间的交易关系发挥了调整作用。之后在制定《合同法》时,立法机关又大量借鉴了《国际商事合同通则》(PICC)和《联合国国际货物销售合同公约》(CISG)的内容。王利明认为,我国将从这两部法律中借鉴吸收的内容适用于所有的合同关系规范之中,无疑表明《合同法》是一部高度商法化的合同法。④ 而《民法典》合同编作为对《合同法》的继承和发展,自然也可以无区分地适用于所有的民商事关系。从内容上看,鉴于买卖合同民事与商事的兼容性,合同通则的规范设计自然采纳民商合一的立法体例。至于第二分编的典型合同则更明显地显现出该部分浓厚的商法色

---

① 数据统计资料来源于〔捷〕维克托·纳普主编:《国际比较法百科全书》(第1卷 各国法律制度概况),高绍先、夏登峻等译,法律出版社2002年版。
② 需要说明的是,表格中属于苏联加盟共和国的有15个国家,其中14个国家采小合一模式。因此即使把这14个国家看作一体,采小合一模式的国家也属于多数(即5个)。参见纪海龙:《现代商法的特征与中国民法典的编纂》,载王洪亮主编:《中德私法研究》(第15卷),北京大学出版社2017年版。
③ 王涌:《商事立法的困境与"商事通则"》,载王洪亮主编:《中德私法研究》(第15卷),北京大学出版社2017年版。
④ 王利明:《合同法研究》(第1卷)(第三版),中国人民大学出版社2015版,第10页。

彩,比如有名合同有9种为典型的商事合同。有学者通过考察各国私法的分化和历史变迁,得出民商法典的立法选择完全取决于既成的法律传统、立法政策以及政治经济需求等因素。① 因此,我国民商合一体例的形成与《合同法》的法律继受传统有很大关系。

2. 商事规范进入民法典(合同编)的规范技术

第一,商事规范入典的空间。在我国折中主义的民商合一体例之下,商法与民法学者在"商事通则"制定与否上存有争议,其核心争论集中于民法典对商事规范的容纳程度。由于总则编(《民法总则》)在典型民商合一国家的法典中并不总是进行设置的,故成为争议焦点的一部分。民法学者多认为,民法总则应当尽可能容纳商事特别法的共性规则,提供统一调整所有民商关系的一般规范。② 很多商法学者却认为,民法总则对商事规范的抽象能力是有限的,只能从商法规则当中抽象符合民事规则本身的部分,如果贸然纳入过多的商事规则,将有违"提取公因式"的标准。③ 为论证各自观点,商法学者和民法学者不仅围绕商法的性质是民法特别法抑或私法特别法、商法规范的特殊性是否足以成体系等理论问题展开讨论,还以商事基本原则、商主体、商行为、权利客体等制度进行论证。就主体制度而言,民法学者认为目前的立法兼顾了商事主体特定化与民事主体一般化的要求,有效地实现了民商主体的融合。④ 商法学者则有反对意见指出,直接将关于从事经营活动主体的特殊规则纳入法典,会造成规则的遗漏和一体适用的难度。更为合理的做法是规定具有一般性的主体规则,具体内容留待商事单行法规范进行特别规范或补充。⑤

《民法典》合同编作为典型的民商合一规范,其容纳商事合同的类型亦受关注。商法学者们一致主张在合同编增加更多的商事合同类型,即新型

---

① 谢怀栻:《外国民商法精要》(第三版),程啸增订,法律出版社2014年版,第50页;杨振山:《中国民法典的立法展望》,载《中国法律》2000年第3期;严城、董惠江:《中国私法法典形式的历史与现实》,载《求是学刊》2013年第4期。
② 王利明:《民商合一体例下我国民法典总则的制定》,载《法商研究》2015年第4期;王轶、关淑芳:《民法商法关系论——以民法典编纂为背景》,载《社会统战科学》2016年第4期。
③ 赵旭东:《民法典的编纂与商事立法》,载《中国法学》2016年第4期;李建伟:《民法总则设置商法规范的限度及其理论解释》,载《中国法学》2016年第4期。
④ 许中缘:《我国〈民法总则〉对民商合一体例的立法创新》,载《法学》2017年第7期。
⑤ 范健:《民法体例中商法规则的编内与编外安排》,载《环球法律评论》2016年第6期;李建伟:《〈民法总则〉民商合一中国模式之检讨》,载《中国法学》2019年第3期。

的商事有名合同,如特许经营合同、商事担保合同。① 又如,商业银行的业务合同(存款合同、账户合同、银行贴现等)、合伙合同。② 在其他民商合一的合同法规范中,如居间、承揽、行纪等,以商事标准予以规范。③ 然而,民法学者考虑到法典化本身的稳定性,认为应该严格控制进入民法典有名合同的数量与种类。由于大量的金融衍生交易合同、网络金融合同等更重视风险防范和公法管制的商事合同类型与其他有名合同类型共性少,且本身自成体系,可以效仿保险合同在《保险法》、旅游合同在《旅游法》之安排,留待商事单行法处理。④

第二,商事规范进入民法典的路径。首先,我国学者考察了不同国家和地区的做法。《瑞士债务法》的交易规则首先是针对所有人的商业交易,其次以"企业""营业""交易习惯"等商事性法律词汇来申明商事规则的特别适用。⑤《意大利民法典》是在统一债法的手段上,虽然采用了"企业家"这个概念以便分清经济活动中的每一种形式,但是使用并不多,其主要通过不完备的规则赋予法院自由裁量权。⑥《荷兰民法典》以"从事执业或营业者之间的有偿合同"界定商事合同的概念,因此"执业或营业"成为商事特别规范的表述。但是,法条中善意和公平交易内容较多,法院在裁判时会关注当事人的能力和特质问题,保护非商人或非营业者利益。⑦《阿根廷新民商法典》以原则性为特征,诸多规范授权法官依据具体情境裁判,一改过去立法技术完备且封闭的特征,使商事规范内容活跃起来。⑧《俄罗斯联邦民法典》相较于前

---

① 李建伟、帅雅文:《民法典合同编分则"二审稿"民商事规范的区分设置检讨》,载《法律适用》2019 年第 21 期。

② 张谷:《民商合一体制对民法典合同编的要求》,载李昊主编:《北航法律评论》(第 7 辑),法律出版社 2017 年版。

③ 王涌:《中国需要一部具有商法品格的民法典》,载《中国法律评论》2015 年第 4 期。

④ 周江洪:《典型合同与合同法分则的完善》,载《交大法学》2017 年第 1 期;方新军:《关于民法典合同法分则的立法建议》,载《交大法学》2017 年第 1 期;梁慧星:《关于民法典分则草案的若干问题》,载《法治研究》2019 年第 4 期。

⑤ 谢怀栻:《外国民商法精要》(第三版),程啸增订,法律出版社 2014 年版,第 56 页。

⑥ 李启欣、李立强:《意大利法律制度的历史沿革》,载林榕年、李启欣主编:《外国法制史论文集》《外国法制史汇刊》第 2、3 合集),中山大学出版社 1990 年版。

⑦ 〔荷〕J.海玛:《荷兰新民法典导论》,载王卫国主译:《荷兰民法典(第 3、5、6 编)》,中国政法大学出版社 2006 年版,第 35 页。

⑧ 徐涤宇:《解法典后的再法典化:阿根廷民商法典启示录》,载《比较法研究》2018 年第 1 期。

述法典多出了总则部分,将商事关系规定为民法典的调整对象。在总则中通过"经营活动"和"经营资格",界定商行为和商人,并以此在分编区别出特别商事规则。① 范健站在民商分立的立场对该法典的做法批评道:"虽然充分安排了商事规则,但是民商合一的基础使民法典基础演化成为私法典,这一做法弊端极为明显。"② 不过,由于我国《民法典》不采民商分立,王涌借鉴该经验,认为总则应对营业作出一般性界定,这有利于分则编规则的区分。③

我国学者也提出了一些相关的制度设想。耿林指出1999年《合同法》抽象编纂技术虽然在形式上实现了简洁和美观,但忽视了商事规则的具体特殊性,以此提醒法典编纂要作出符合逻辑的抽象化提炼与整理。④ 王轶就规范性质提出,以混合性规范解决规则在民事和商事领域的交叉适用。所谓"混合性规范",即同一项法律规定,在商事交易关系中属于补充性任意规范,但在民事交易中属于强制性规范。⑤ 范健提出,商法规则只有满足一定标准才可以进入民法典,其余则通过准用性条款留在商事特别法中进行规定。⑥ 周林彬就法律规范的标准指出,商法入典的核心是"分类加入",一个框架性的商法典标准是:替代性商法规范全部入典,补充性商法规范多数入典,冲突性商法规范尽可能选择性入典。⑦

第三,商事规范入典的协调。其一,商法和民法适用关系的协调。民法学者认为,商事法律在性质上属于民事特别法,在商事法律没有就相关问题作出特别规定时,相关纠纷适用民事基本法的一般规则。⑧ 商法学者反对这种适用逻辑,认为商法在性质上属于私法的特别法,在商法应规定而未规定的问题上适用漏洞填补规则。对于合同编中未被作为特别法予以对待的商事合同规则,如格式条款规制、流质条款禁止,可以由法官根据商事习惯等

---

① 余能斌、程淑娟:《我国"民商合一"立法借鉴的新选择——由〈俄罗斯联邦民法典〉引出的思考》,载《当代法学》2006年第1期。
② 范健:《走向〈民法典〉时代的民商分立体制探索》,载《法学》2016年第12期。
③ 王涌:《中国需要一部具有商法品格的民法典》,载《中国法律评论》2015年第4期。
④ 耿林:《民法典的规范表达研究》,载《清华法学》2014年第6期。
⑤ 王轶:《论民事法律事实的区分类型》,载《中国法学》2013年第1期。
⑥ 范健:《走向〈民法典〉时代的民商分立体制探索》,载《法学》2016年第12期。
⑦ 周林彬:《商法入典标准与民法典的立法选择——以三类商法规范如何配置为视角》,载《现代法学》2019年第6期。
⑧ 王利明:《民商合一体例下我国民法典总则的制定》,载《法商研究》2015年第4期;王轶、关淑芳:《民法典编纂需要协调好的六个关系》,载《法学杂志》2017年第1期。

赋予其商事效力。① 由于我国的民商合一体例,当司法实践中出现商法规范的缺失时,往往意识不到存在法律漏洞,便直接、当然地援引民法规定予以补充适用。但果真出现需要商法作出特别规定而立法上存在阙如的情形时,如果不把这种现象视为商法的漏洞,而直接援引民法的规定,则会陷入法理不明的困境。例如,国际实践的商事确认书型沉默在我国立法中是缺失的,但是司法实践中没有意识到该问题的存在,常依据民法的规定签订确认书、认定合同成立时间,造成误判。

其二,商事合同规则和民事合同规则的协调。韩世远指出,《合同法》中民商规则的区分方法有:(1)立法上以一般法与特别法形式处理;(2)"分则"部分设置专章规定;(3)章内设特别规则;(4)"参照"条款;(5)法律解释。② 其中,章内特别规则的设置技术在既民又商的有名合同中起着重要协调作用。虽然合同编民商双重性质的典型合同中特别规则相较之前作出了改进,如表三。但是李建伟等学者还是发现了很多未完成区分的规则。③ 如,《民法典》第620条和第621条的买受人瑕疵检查及通知义务、第668条的借款合同的书面形式、第928条委托原则上有偿的推定。对于未来的商事合同规则的解释,王文宇强调,应兼顾商法单行法的管制面与交易面,而不应固守传统民法观点。④

表三 民商事规范区分在几类典型合同中的改进

买卖合同	第634条"分期付款合同出卖人的解除权"增设出卖人行使解除权或者全价支付请求权的催告前提;《合同法》第51条处分权要件及无权处分条文的删除。
借款合同	第680条"利息约定不明"分类处理:自然人间的借款约定不明确的,视为无利息;其他借款,补充确定,达不成补充协定的,结合相关因素确定。

---

① 李建伟:《民法总则设置商法规范的限度及其理论解释》,载《中国法学》2016年第4期;钱玉林:《商法漏洞的特别法属性及其填补规则》,载《中国社会科学》2018年第12期。
② 韩世远:《买卖法的再法典化:区别对待消费者买卖与商事买卖》,载《交大法学》2017年第1期。
③ 李建伟:《〈民法总则〉民商合一中国模式之检讨》,载《中国法学》2019年第3期。
④ 王文宇:《梳理商法与民法关系——兼论民法典与商法》,载王保树主编:《中国商法年刊》,法律出版社2015年版。

(续表)

租赁合同	第730条不定期租赁合同解除增加合理期限通知提前;第734条增加房屋承租人优先租赁权。
委托合同	第929条按照有偿委托与无偿委托,就解除方的赔偿责任进行了不同规定。
建设工程合同	第806条新增建设工程合同发包人解除权专项准用规则,不再参照适用承揽合同定作人的任意解除权。

3. 民事合同和商事合同的区分

第一,概念上的区分。域外法中,民商分立国家的法典因有明确的商主体或商行为概念,故商事合同就成为B2B合同或者商行为合同。民商合一国家的法典以"商人""企业主"等主体性词汇进行表述,以此区分出了商事合同。PICC将商事合同定义为,与消费者合同(B2C)相区别的合同①;由于民法典采民商合一体例,且合同编中例外规则较少,学者们对商事合同进行了不同的界定。王轶从行为性质出发,指出商事合同是发生在生产经营领域内,服务于生产经营目的的行为。② 王文宇从主体出发,指出所谓商事合同与民事合同之辨,前者概念主要即系B2B合同,后者则所谓B2C合同,此区分标准落在当事人是否具有"议约缔约能力"(如法律专业与信息对称程度),而不仅仅是"从事某种商业活动"。③ 由于从权利主体或客体定义商事合同存有不确定和有限性等不足,施鸿鹏尝试从客体角度思考主体性问题,将主体性要素建立在作为客体的经营组织基础之上,有效弥补了从单一角度界定商事合同的疏漏。④ 姜强认为,商事合同与民事合同取决于交易类型的经验区别,很难从法教义学上进行抽象。⑤ 不论采用何种定义,正如刘凯湘所言,商事合同这个概念本身并不能解决问题,仅证明了民事和商事合同

---

① 官方注释,序言编号3特别强调,PICC是根据国际商事合同(不包括消费者交易)的需要而"大规模制定的。"参见〔德〕埃卡特·J.布罗德:《国际统一私法协会国际商事合同通则 逐条评述》,王欣等译,法律出版社2021年版,第14页。
② 王轶:《民法原理与民法学方法》,法律出版社2009年版,第253页。
③ 王文宇:《梳理商法与民法关系——兼论民法典与商法》,载王保树主编:《中国商法年刊》,法律出版社2015年版。
④ 施鸿鹏:《商法的祛魅 经由企业经营组织建构商事法律关系》,载《中外法学》2022年第3期。
⑤ 姜强学者的观点参见李志刚、张巍、邹宇等:《民事合同与商事合同:学理、实务与立法期待》,载《人民司法(应用)》2020年第1期。

在概念上的可分性。①

第二,规则构造上的区分。在民法典编纂时期,学者们的讨论一方面集中于规则的修正。张谷指出,《合同法》因对商事交易实践普遍运用的商业手段缺乏热情和了解,而出现商事规则的空缺甚至错误规定,即"商化不足"和"商化过度"。② 前者体现在《合同法》对商事借款利率限制过度、没有赋予商事承租人优先续租权、忽视商事代理的营业性等问题;后者体现在买受人瑕疵通知义务过于严苛、保证合同成立条件过于宽泛等问题。崔建远亦指出,对于民法与商法之间的差异,《合同法》的注意并不够。③ 他以第410条因为没有区分民事委托与商事委托而导致司法实践中问题为例,认为应该在民法典编纂中予以解决。谢鸿飞同样指出,就众多的合同类型而言,《合同法》第410条对民商关系的处理只是冰山一角,更多民商关系尚待深入发掘。④

另一方面,学者们也注意到了商事合同在立法中的整体安排。李建伟提出借鉴瑞士等民商合一国家的做法,在坚持民商合一体例的大原则下进行合同法分则的编纂,相关有名合同的规范设计需要更明确地区分民商事合同规范,增加商事合同特殊规范的供给。⑤ 然而,徐涤宇借鉴了阿根廷新民商法典编纂中对消费合同和附和合同的规制经验,认为合同编立法应该为磋商能力不同的企业以及企业和消费者的共存建立法律交易上的安全。⑥ 这两种立法理念是在"法典化"时代和"解法典后的再法典化"的背景下,对民事合同和商事合同进行区分的不同立法选择。这两种理念在本质上都是

---

① 刘凯湘学者的观点参见李志刚、张巍、邹宇等:民事合同与商事合同:学理、实务与立法期待,载《人民司法(应用)》2020年第1期。

② 张谷:《商法,这只寄居蟹——兼论商法的独立性及其特点》,载高鸿钧主编:《清华法治论衡》(第6辑),清华大学出版社2005年版;张谷:《中国民法商法化举隅》,载北京大学金融法研究中心主编:《金融法苑》(第60辑),中国金融出版社2005年版;张谷:《民商合一体制对民法典合同编的要求》,载李昊主编:《北航法律评论》(第7辑),法律出版社2017年版。

③ 崔建远:《编纂民法典必须摆正几对关系》,载《清华法学》2014年第6期。

④ 谢鸿飞:《合同法学的新发展》,中国社会科学出版社2014年版,第627页。

⑤ 李建伟:《我国民法典合同法编分则中的重大立法问题研究》,载《政治与法律》2017年第7期。

⑥ 徐涤宇:《解法典后的再法典化:阿根廷民商法典启示录》,载《比较法研究》2018年第1期。

将民事合同和商事合同进行区分,两者的区别在于,是以"民事合同一般规则+'经营者—经营者'商事合同特别规则",还是"商事合同一般规则+'经营者—消费者'民事合同特别规则"的模板进行规则设计。

第三,制度理念上的区分。《民法典》时代,为了更好地解释和适用合同规则,学者们开始区分民事合同和商事合同的本质不同。崔建远从适格主体的范围、交易结构的复杂程度、合同订立中"意思"与"表示"的关系、突破合同相对性的容忍与禁止、合同瑕疵的容忍抑或矫正、商业逻辑的地位及作用等八个方面辨别了民事合同和商事合同[1];王文宇就身份取得方式、意思自治程度、市场准入限制、注意义务程度、行为目的,共五个方面对民事合同和商事合同作出了区分。[2] 基于这些差异,学者们建构了商事合同的独特解释方式。一般观点是从法解释学角度,提出了交易的整体解释、外观主义解释、商主体营利性解释、商事习惯和惯例解释、诚实信用解释、合同定性与类推适用解释等解释方法。[3] 王文宇另从经济分析的角度,建议将信息不对等(asymmetric information)衍生的逆差选择、道德危险以及特定性资产(asset specificity)纳入解释因素。这些解释方法迎合了商事合同的独特理论,有利于司法实践中商事思维的树立。[4]

第四,民法总则中的区分。其一,进步之处是,"基本规定"章中的规定有助于民商的区分。张谷分析有关《民法总则》在民事案件和商事案件适用上的差异时提到,《民法总则》第10条将习惯列为法源,但应当根据纠纷性质是民事还是商事的不同,对习惯作出灵活的、不同的解释;第5条对自愿原则进行解释时要强调突出合同自治,这种解释方式给商事合同非程式性、灵活性等特点的发展留有空间。[5] 其二,不足之处是,"民事法律行为"章对商行为的统摄能力不足。在我国采取民商合一制度背景下,民事法律行为的探讨均以抽象存在的"法律行为"为对象,不同于民商分立国家对商行为

---

[1] 崔建远:《民事合同与商事合同之辨》,载《政法论坛》2022年第1期。
[2] 王文宇:《民商合一下的商法与商事契约》,载《月旦民商法杂志》2021年第9期。
[3] 崔建远:《合同解释论——规范、学说与案例的交互思考》,中国人民大学出版社2020年版,第156—252页;王文宇:《合同解释三部曲——比较法观点》,载《中国法律评论》2016年第1期。
[4] 王文宇:《商事契约的解释——类比推理与经济分析》,载《月旦法学杂志》2015年第1期。
[5] 张谷:《从民商关系角度谈〈民法总则〉的理解与适用》,载《中国应用法学》2017年第4期。

理论有着深入的研究。商事交易(B2B)的法律规范与一般民事合同(C2C)和消费者合同(B2C)在质与量上完全不同,然而,商行为的特殊性和基本法律原则极少被民法学界认真检视。范健认为,《民法典》"意思表示"项下规定的意思表示的形式远远难以适应商行为意思表示的制度需求。① 王建文曾举例,《民法典》第 140 条第 2 款将"当事人之间的交易习惯"纳入沉默视为意思表示的情形之一,一定程度上扩展了沉默的适用范围,但是并未充分认识到商事沉默不同于民事沉默的理论基础、适用范围及具体规则。②

第五,合同编中的区分。首先,新增的物业服务体现了民商合一中保障民生的理念。③ 一方面,物业管理公司需要具备特定的商事资质,以营利为诉求;另一方面,业主相比较于职业性的合同对象往往是"弱而愚"的普通民事主体,合同内容与普通人的日常生活息息相关,这决定了物业服务合同兼具商事合同、消费者合同的双重特性。其次,新增的保理合同体现了民商合一中增加商事规则供给的理念。有反对者指出,保理合同章仅有六个条文,过于简单,没有完整地规范保理合同法律关系的特殊问题,应考虑交由单行法规定保理合同。④ 支持保理合同入典者回应道,保理合同作为我国商业实践应运而生的典型新兴合同,应在合同编典型合同中占有一席之地,尤其考虑到目前调整商业保理合同的规范法律性文件的立法层次较低、法出多门,多有抵牾。⑤ 最后,在具体规则的设计上,民事和商事合同的区分虽有明显,但未完全。一般认为,买卖合同一章在买受人瑕疵检查及通知义务、试用期买卖中默认购买原则、分期付款解除权等问题上存在民商事规则区分的必要性。⑥ 但《民法典》关于前两个问题的条文未见修改痕迹,对第三个问题虽有修改,但未完成民商事的区分。关于其他章节存在的改进和不足,李建伟

---

① 范健:《中国〈民法典〉颁行后的民商关系思考》,载《政法论坛》2021 年第 2 期。
② 王建文:《商法教程》,中国人民大学出版社 2009 年版,第 123 页。
③ 王利明:《我国民法典分编纂中的几个问题》,载《中国人大》2018 年第 17 期。
④ 石佳友:《我们需要一部什么样的合同法?——评"民法典合同编二审稿(草案)"》,载中国民商法律网,https://www.civillaw.com.cn/t/?id=35119,2023 年 11 月 1 日访问。
⑤ 周江洪:《作为典型合同之服务合同的未来——再论服务合同典型化之必要性和可行性》,载《武汉大学学报(哲学社会科学版)》2020 年第 1 期。
⑥ 张谷:《商法,这只寄居蟹——兼论商法的独立性及其特点》,载高鸿钧主编:《清华法治论衡》(第 6 辑),清华大学出版社 2005 年版;崔建远:《民事合同与商事合同之辨》,载《政法论坛》2022 年第 1 期。

等也都进行了对比和分析。① 以买卖合同为例,可以窥见《合同编》对民商事合同的区分,但仍有需要改进的空间。

总结以上我国目前的研究现状,可以发现:第一是目前研究中缺乏对比较法系统化的考察。目前的研究主要是从一国民商合一的规范经验来探讨对我国立法的启示,没有将各国家的做法进行类型化区分。因为各国民商合一规范技术模式呈现着共性,也有着区别,因此需要作出模式的划分并分析其价值取向。第二是合同编的基本定位不清。目前民法和商法学界之所以在合同编商事规范的位置、表达和解释等方面出现争论,主要原因是各方对合同编的基本定位是民事合同还是商事合同有不同看法。但是,目前还未有关于合同法民商合一的规范基础的研究。作为规范人的行为的近现代合同立法,其必须也只能通过某些或某类具有标准性的"人"的假设为镜像,即以"人像"为视角探究合同编民商合一的基本定位,以弥补现有研究的缺陷。第三是合同编民商规范区分的立法技术研究不足。目前学界从民商规范区分角度考察合同编立法技术的文章并不多见,李建伟曾结合相关法律条文,研究了合同编分则部分的典型合同民商事规范的设计,并检讨了其中不足,如果将这些具体的问题统合,可以从宏观上发现我国合同立法中存在的问题。②

三、本书的研究思路和研究方法

(一)本书的研究思路

本书的研究思路可以分解为以下四点:

一是在理论体系建构部分,以法律规范技术特别是私法的规范技术为核心,辅以相关价值要素,界定合同法规范技术本体的基本理论,以此奠定研究基石。

二是对合同法规范效用的评价立足于现实问题,特别是司法实践问题,通过实证考察分析我国之前的《合同法》以及现在的《民法典》合同编的实施效果,以此明确合同法规范因民商合一技术手段的不足所延伸的现实问题。

---

① 李建伟、帅雅文:《民法典合同编分则"二审稿"民商事规范的区分设置检讨》,载《法律适用》2019 年第 21 期。

② 参见同上。

三是在核心观点的形成思路上,主要以域外民商合一国家(地区)立法例上的比较经验为借鉴对象,这主要是规范技术经验,辅以我国以《民法典》合同编为中心的规范群落的立法和实践上的本土资源,形成合同规范解释论意义上的规范技术逻辑。

四是在前述系统研究的基础上,从立法论和解释论的角度提出我国《民法典》合同编规范民商合一的规范技术体系及其实现路径。

(二)本书的研究方法

本书的研究方法包括如下:

一是历史分析法。讨论民商合一与分立,避免不了讨论"法典化""民法典""商法的发展"等主题,这些主题很多时候从历史的视角进行挖掘会有许多有益的见解。因此,通过对西方民商分立与民商合一的历史考察,可以更好地认识现代世界各国民商合一做法的缘起、理由和经验,可以为我国的民商法理论及其细分领域何以成了市场经济的基本法奠定历史基础。

二是比较分析法。从世界范围来看,采民商合一立法例较为成功的国家(地区)包括瑞士、意大利、荷兰和欧盟,对标这些国家(地区)民商合一的规范技术,比较研究其如何在合同法规范上实现了所谓的民商合一,对于探寻我国《民法典》合同编民商合一的规范技术选择具有重要借鉴意义。

三是规范分析法。本课题的立足点是"合同法",因此主要是从合同规范的研究领域和视角出发,对《民法典》合同编民商合一的规范技术进行研究和评价,并以此研究结论为依据来分析合同编未来的解释和适用问题。

四、本书的主要创新点

本书在研究内容上的创新点主要包括:

其一,研究范畴的创新。一直以来,理论界对民商合一都是在一个狭义的范畴上进行理解,即只有设置单独的民法典而不另设商法典的立法才是"民商合一",但是这一理解其实只有历史意义,以现在的眼光来看,它是过分僵化的,而且对于后来很多法典化所延伸的问题缺乏解释力。本书的研究从狭义的民商合一迈向了广义的民商合一,认为不但采民商合一的民法典是合一的,且采民商分立的民法典也在很大程度上反映了民商合一,单独的商法典其实只是对"大商人"的特别规制法。

其二,研究视角的创新。本书系统梳理了民商合一国家和民商分立国家的"私法商法化""民法商法化"的私法演进方向。认为对于"民商合一"不能简单地从民法典与商法典是否各自独立的角度认识,而应从整体(体系)的视角切入具体规范,并分析具体规范设置的功能和目的。无论是什么立法体例,民法与商法其实都是合一的,只不过是表现形式和实现方式不同。特别是对于我国社会主义市场经济的发展来讲,过分强调民法和商法之间的差异,会有意无意地割裂市场经济的不同领域,也会降低法律的稳定性和权威性,这反过来会影响法律实施的效果。

其三,合同规范民商合一理论解释依据的创新。本书提出了我国《民法典》合同编在促进社会主义市场经济发展的基本宗旨之下,是以企业或经营者为人像基础的,同时通过特定的参引条款及格式合同规则来保护交易中处于弱势一方的消费者,并对于大量的普通人参与的生活交易或其他交易进行特别规定,以实现合同交易参与主体人格的具体化。这其实也是对民商事主体区分意义上的具体合同条款的解释,留下了差异化适用的空间,其核心的规范技术原理是,将主要适用于企业或经营者的交易规则一般化或统合于《民法典》合同规范之中,并以之为合同规则的主要适用场域。

其四,合同规范民商合一规范模式构造的创新。本书提出《民法典》整个合同编是在以商事规则为主、以民事规则为辅进行规范设置和安排的。在这一大原则之下,民事规范和商事规范的整体合一和适当区分适用主要通过四种技术手段实现:一是对民商事规则进行一体化规定,形成具体的合同规范和条款的表述,避免使用民事性或商事性词汇,也不刻意区分法律关系的主体。二是合同规范以商事交易为模型进行设置,其既包括特别的有名合同,也包括一般合同规范(合同编通则)中的特殊规范条款。这种规范技术可以将纯粹的商事合同区分于普通的民事合同,避免将复杂的商事合同规则不加区分地一体适用于普通民事主体。三是对特定民事领域进行特别安排的合同规范,这主要是出于对一些特定领域的民事主体利益进行特别保护或特别规定的考虑,在法条中设置例外的特别条款,强调非商事主体(民事主体)对某些规则并不适用。四是经由法律解释实现民商事区分的合同规范,即合同规则在民事和商事之间的区分适用在成文法中表现并不明显,而需要通过司法过程中法院和法官解释实现合同规范目的,并在不同的个案特殊情形中进行不同的解释和适用。

其五,民商合一的合同条款类型解释上的创新。本书提出我国《民法典》出于民商合一立法理念和法律适用一体化的考虑,合同编的通则部分尽量避免使用商人、企业、企业经营者等类似表述,只是在商事合同条款中使用某些商事性的表述。在合同编分则部分,从合同条款的类型设置上看,主要的有名合同条款可以分为五类:一是"商主民辅"型合同,典型的是买卖合同;二是"既民又商"型合同,包括保证合同、租赁合同、保管合同;三是"兼顾民事"型合同,典型如供用电、水、气、热力合同和物业服务合同;四是"纯粹商事"型合同,包括融资租赁合同、保理合同;五是"民主商辅"型合同,典型的当属赠与合同。

其六,合同编"民生化"解释和适用理念的创新。本书提出《民法典》合同编尽管整体上是商事化的,但还是要在具体的解释和适用中尽量缓和由于商事化而带来的民事关注不足,因此特别强调关注民生和保护普通民事主体和小经营者的合同规范理念。本书认为,我国新的民法理论的发展已经从财产法转向了"人法"的价值导向,其理念也从实现人的抽象的自由、平等到实质上的自由、平等。因此,《民法典》合同编一定程度上体现不同当事人能力与特质的不同规则,并以此为基础设计作为"强者"的限制性要求,和作为"弱者"的保护条款或关照条款。这便是以"人法"为视角认识民事法律关系的,即强调在涉及商事交易法律关系的合同规则适用中,常常以"义务或负担"解释具有商人身份的合同参与者的法律行为及其后果承担,但对于普通民事主体,则依然强调其"权利和利益"优先的私法保护宗旨。

其七,合同编"商事化"解释和适用理念的创新。本书提出《民法典》合同编虽然以"高度商化"著称,但是在民商事关系的处理上仍存在诸多不足。在制度理念上,由于我国市场经济发展时间较短,故规则整体缺乏对交易实践、习惯和责任的理解。对此,法官可以从功能主义视角,以营利性和自律性明晰商事惯例的概念,并进行法律续造。在制度价值上,民法形式理性的立法技术导致部分规则遏制了商事效率、自治和体系原则。为强化商事价值,在解释论上可以从规范中抽象出实质合意的解释体系,在该体系下运用各种解释方法弱化带有形式强制和标准的规则。在规范基准上,以一时性合同为基准的规则构造无法适应以关系性合同为主导的商业实践。故就解释论角度而言,需要从复杂的交易结构理解合同关系,以协作和信任关系认识继续性合同或由其构成的合同群。

五、对本书涉及的基本问题的界定说明

绪论部分还需要对本书主要涉及的民商合一和民商分立的基本问题进行一定的界定和说明。

从立法导向和学界学术研究的方向和旨趣上看，关于民商合一与民商分立，我国目前主要还是以基于大陆法系立法传统上的"分与合"的认识而展开相关讨论的，但这其实只有比较法上的历史说明意义，而对于我国的社会主义市场经济发展过程中承担社会基本法的《民法典》来讲，这一"他者"的历史视角分析并不能成为构建和解释我国新的民法理论的充分依据。

从历史上看，欧洲大陆私法体系的民商关系，是因为立法上先有了商法典或商事单行法后有了民法典，因而出现了所谓的"私法二元论"，以及立法体例上的民法和商法的合与分的问题。从法国和德国等国家编纂民法典的过程及其法典的内容来看，尽管采取了所谓的民商分立，但其民法典（特别是《德国民法典》）在编纂之时其实就已经是商法化的，即其将原属于商人之间的交易规则与能力规则一般化于民法典之中，其单独设置的商法典其实是关于"大商人"的"营业"的法律，是对"大商人"群体设计的特殊规则和要求。瑞士和意大利等国，在"全民皆可商"的立法理念下，其民法典不仅去除了"大商人"营业行为规则的单独立法，还去掉了"商行为"的概念，从而实现了形式和实质上的民商合一。由此而来的结果是，立法上不再区分大商人与小商人，也不再区分民事行为（主要是民事债）与商事行为（商事债），民事和商事统称为民事主体和民事行为。

但是在我国，民事和商事的合一和区分则不同于上述逻辑。在我国，从一开始，民法就被视为市场（商品）经济之法，其立法的首要宗旨是如何建设社会主义市场经济，并促进社会主义市场经济的发展。因此对我国民商合一的正确认知应当跳出欧洲大陆传统的"私法二元论"的认识和基本设定。本书认为，我国的民商合一不是民和商是否可以"合一"，或者立法是否应当将商法典单独立法的问题，而是作为社会主义市场经济建设和发展基本法的《民法典》，特别是其中的合同规则，如何在私法规则一般化的情况下，在处理"经济的"与"生活的"交易情事时，实现实质而非形式上的"相同情形作相同处理，不同情形作不同处理"的目的。这里的"不同情形"其实也就是民事和商事，其服务于社会主义市场经济建设的目标，并以提升和保障人民生活的质量为根本宗旨。

从我国的历史上来看,我国既无商事传统,也无所谓的商法典,因而就无须如同西方那样在进行民商合一时必须考虑,如何将更多地适用于商人的规则一体化或特殊化于合同编之中;也不用考虑,同为商人或企业人像基础的民法和商法两者之间,是否区分以及如何区分的问题。事实上,无论是采民商合一,还是民商分立,它们都认为现代商法是关于企业的法,特别是当代合同法基本上是关于企业交易的合同法。所以,我国立法承袭了1999年《合同法》主要是关于企业法人或其他组织交易的法律设定,在进行法典编纂时,《民法典》合同编继续以企业(或经营者)之间的交易规则为一般性的通用规则,至于进行交易的企业是大企业(大经营者)还是小企业(小经营者),抑或是其他合同主体,法律均在所不问。因此,从理论研究及应用的角度,本书将企业(或经营者)之间的交易规则界定为具有商事性的规则。

首先,将企业(或经营者)之间的交易规则界定为具有商事性的规则,既符合《民法典》合同编本身的目的,也符合世界各国对于合同法主要调整对象和主要规范商业交易的功能定位。承袭主要针对企业之间交易的1999年《合同法》的《民法典》合同编,更多地借鉴了国际上关于商事合同的先进做法,无论是从内容还是立法技术上,都是非常成功的。尽管该法并没有在有关法条上明确规定其规则适用于企业或其他主体,但其基本上是以企业或经营者为主体来设计有关规则的。

其次,从法技术上来看,将企业(或经营者)之间的交易规则界定为具有商事性质的规则,不仅较好地实现了民商合一,也使那些处于非商业领域的交易规则有别于商事性质的规则。《民法典》合同编的调整对象主要是企业及其他组织,自然人之间的买卖、租赁、借贷、赠与等合同关系是附带规范的对象。这种做法,本身也符合社会的经济活动主要发生在企业及有关商业组织之间的实际情况。

再次,将企业(或经营者)之间的交易规则界定为具有商事性,并不妨碍对小企业或经营者的保护。在形式上,企业本不分行业和大小而一律平等,它们都被认为精于计算而营业的主体,因而凡是企业之间的交易规则应该是没有区别的。① 但事实上，企业之间因行业不同，专业性上具有差异，因而其大小和实力并不相同。因此，如果不加区分地一体适用所谓的同等规则，则必将引起适用后果上的不公平。因此尽管合同的效率很重要，但也不能忽视法律规则应有的公平。作为市场交易法的合同法，其"人像"尽管可以区分为企业与非企业，但在法律技术上不能在此基础上进一步区分为所谓的大企业和小企业，否则，作为统一的市场交易规则的合同法将是混乱的。那么，将企业（或经营者）之间的交易规则界定为商事性的规则会否对小企业或小经营者产生不公平？这个问题可以通过合同法的开放标准与公平原则予以解决。现代各国民商法发展的一个重要表现就是对当事人各方的现实能力和资质的关注的持续增长。通过这种方式，弱势当事人应当享有免受强者欺凌的保护思想被补充进立法者的理念当中。②

最后，将企业之间的行为规则界定为商事性质的规则，也可以同时对合同当事人仅一方为企业，而另一方为消费者的行为规则予以定性。传统商法强调商行为是商人的营利性行为，但现代商法主要通过强调商行为是关于企业或营业者的营业行为来认识的。一般情况下，现代民商法主要是将企业或营业者之间的行为规则视为具有商事性，尽管如此，当不损害消费者利益时，仅一方为企业或营业者的行为（单方商行为）规则也强调保障商事交易的便捷与安全原则。从这个意义上来讲，仅一方为企业的营业规则也具有商事性，不过从消费者保护的角度观察，这些规则不能因此损害消费者的合法权益。也就是说，仅一方为企业的合同行为规则（如格式条款），从本质上来看，其仍属于商事规则，遵循商事交易便捷与安全的基本要求，只不过其须以不损害消费者利益为原则。

总的来说，以企业或经营者之间的行为规则作为合同法中具有商事性规则的模型，可以同时解决消费者、劳动者在民法或其他法律中的法律地位及其关系问题，从而使得合同法规范可以有效地连接民法、商法及其他法律之间的联系，并建立起以民法为核心的现代民商法体系。

---

① 德国学者认为，采民商分立的德国商法将小营业经营者从商法适用领域中排除的根本性原则实际上是自相矛盾的。参见〔德〕C. W. 卡纳里斯：《德国商法》，杨继译，法律出版社2006年版，第20页以下。

② 〔荷〕J. 海玛：《荷兰民法典的基础及体现的趋势》，薛启明等译，载王卫国主编：《荷兰经验与民法再法典化》，中国政法大学出版社2007年版。

第一章　合同法民商合一规范实现的历史考察

第一节　引　　言

从 16 世纪、17 世纪开始,作为交易的合同法及其规则就是商业的。尽管民法学界常常从古罗马法中寻找合同的起源与发展,但合同法实际上也是商业发展的产物,是随着西欧从以农业为主向以商业与工业为主的国家过渡而发展起来的。① 相应地,关于合同的规则完善和发展规则始于中世纪的海上和陆地商业贸易,并在 16 世纪、17 世纪形成了商业交易的一般规则。在欧洲,随着资本主义经济的不断发展,更多的商品和服务类型得以出现,更多的民众主动或被动地进入了号称商业的社会经济关系之中,这使得本来比较纯粹的,仅在具有规模性的商人群体之间的合同(商行为)关系,逐渐演变为所有人之间进行交易的"合同",其结果是,合同法逐步成为调整所有人的以交易为模型的法律制度与规则,由此,商法变成了普通法。世界上第一部专门的债务法,1881 年《瑞士债务法》就是在取消了"商行为"这个基石性商法概念的基础上实现了民商合一。

从大陆法系国家和地区关于民商合一与民商分立的历史发展来看,民

---

① 〔英〕A. G. 盖斯特:《英国合同法与案例》,张文镇等译,中国大百科全书出版社 1998 年版,第 1 页。

商合一的实质是民法的商法化,而非商法的民法化①,这是由商法的本性(经济性、无身份性和开放性等)决定的。即使是采民商分立的国家和地区,其民法也是在充分吸收了商法甚至直接采用了商法规则的情况下,进一步编纂其民法典并设计其民事规则的,也就是说,采民商分立的国家,如法国与德国,其民法典的精神与制度大多是源自同时期的商法及商事习惯,现代学界一般认为民法人像所谓"小商人"或"经济理性人",就是指此商法意涵上的人像。由此而来的后果是,当"小商人"成了民法所调整的主体时,民商分立下的商法只是关于"大商人"的法律,它是对"大商人"群体更为系统的更大规模的特别规范。因此,无论是民商合一还是民商分立,民事和商事之间的关系可谓既合又分,合中有分,分而相通,只不过两者在表现形式上显现出了差异而已。离开民法与商法两者之间如此关系的认识,刻意地将二者加以对立,或简单地混同,都将无法准确理解民法与商法何以同为私法,更无法理解相关规则在两者之间的相通性和差异化表现的价值。

2020年通过的《民法典》是体现了中国特色社会主义市场经济建设成果的民商合一法典,其必将实现保障自然人和企业应有民事权利的目标,也必将在下一步继续有力地促进我国社会主义市场经济的深入建设和发展。在这一过程中,需要注意的问题是,我国传统上并未有如西方历史上那般发达的商业社会基础,也无浓厚的商事或商业的法律环境与制度,唯有改革开放背景下形成的民商不分立法传统与司法实践。在一定意义上,西方商业社会的发达及商法的兴旺是西方资本主义经济自然演进的结果,我国的商业和商法的发展则是改革开放以后,在党和政府顶层设计的指引下,通过强力的经济和法律举措推动形成的结果。在如此不同的文化和经济发展背景之下,如何保障民商合一的《民法典》在规范和促进商事或商业活动的同时,也能充分保护被动地卷入商业人潮之中的普通民事主体的权利和利益,就成为当今中国立法和司法实践不能回避的重大社会课题。

为了回应和解决这一课题,首先有必要从历史的角度梳理民法和商法

---

① 学界大多观点认为民法与商法存在着互化的过程,即民法在商法化,商法也在民法化,但二者实际上有着质的区别。从表现形式上看,民法的商法化是实质性的,其实质性体现在,商法的制度及内容直接成为或经过少许改造成为了民法制度;而商法的民法化则主要是形式上的,其主要借鉴了民法的概念和制度。

的关系,并厘清其中合同法民商合一的实质和实现方式。这一历史角度的梳理不仅可以使我们认清西方民商分立和民商合一的实质内涵,也有助于我国《民法典》合同编在历史资源上充分借鉴既有理论的历史和原理,为下一步《民法典》合同规范的解释和适用打好基础。

第二节 商法的扩张与私法化

一、不断扩张适用的商法与逐渐被纳入一般私法的商法

(一)源于中世纪商人法的近代商法

调整商业关系的法律最早可以追溯到古巴比伦《汉穆拉比法典》,以及古印度《摩奴法典》,它们都有关于商业往来的规定。[①] 在商业活动十分兴盛的古希腊和古罗马,其商业性的法律更是丰富多样。据考证,古典时期的希腊有较为发达的货币经济,同时存在着大量的程式化的复杂契约,如贷款契约、买卖契约、担保契约、抵押契约、质押契约、租赁契约。[②] 特别是古罗马法的万民法,由于它是关于罗马商人与外国商人贸易的法律,存在大量近现代商事交易的基本法律规定。比如,根据契约的实现条件,古罗马人将契约划分为实物契约、口头契约、文字性契约与协商性契约。

近代民法是三大法律系统的产物。这三大系统分别是:从罗马建城初期(公元前753年)到公元529年《查士丁尼法典》问世这一时期,由罗马法学家发展起来的法律;源于日耳曼民族的习惯法,这些习惯法有很大一部分被记录了下来,并见之于文字;寺院法,也即教会法。其中,罗马法系统无疑占据核心地位,现代法律制度的很多方面都来源于罗马法。罗马法包括人法、家庭法、继承法、财产法、侵权行为法、不当得利法、契约法和法律救济手段。可以说,从公元533年查士丁尼公布的《法学阶梯》到19世纪欧洲大陆陆续出现的较为重要的民法典,它们都涉及了一个传承性的罗马法体系。

---

① 参见〔美〕孟罗·斯密:《欧陆法律发达史》,姚梅镇译,中国政法大学出版社1999年版,第219页。
② 〔德〕乌维·维瑟尔:《欧洲法律史:从古希腊到〈里斯本条约〉》,刘国良译,中央编译出版社2016年版,第55页。

但是，古罗马法并不能被视为近现代商法的源起，因为此时的罗马没有形成一个足以支撑形成商业社会的商业环境，特别是没有形成一个"以商为业"的趋向商人的阶层。理论上，商人阶级的出现和扩张是商法发展的必要前提①，只有在商人阶级出现并形成一定的以商人阶级为主要群体的规模经济时，适应该规模经济的、具有相应同质性的规则也才能随之产生。

西方社会进入 11 世纪、12 世纪即中世纪之后，农业生产迅速扩大与发展，以"市"为中心的城市规模和数量也急剧地膨胀。

中世纪农业的发展为商人的崛起提供了有利的条件和环境，他们（商人）在乡村和城市从事大规模的商事活动。出于维护自己利益的需要，商人们组成具有历史意义的团体，即所谓的"基尔特"（Guild），基尔特要求商人之间相互扶助并为他们提供法律上的保护。基尔特其实也是关于商人的法律，它在一个小的领域（商人的领域）内具有绝对的权威性，比如关于商品的价格，基尔特便可以进行统一的规定。基尔特有所谓的长老，有评议会，他们对基尔特进行专门的管理和经营。如果行会的会员之间有争讼，基尔特也设有特别的审判机关，它具有现代国家司法审判机关的性质。这样一来，基尔特内部的"法律"慢慢地演变成了一种商人阶级的团体法，这可以说是后世商法的滥觞。② 普遍的观点认为，商法最初的发展在很大程度上——虽不是全部——是由商人自身完成的：他们组织国际集市和国际市场，组建商事法院，并雨后春笋般地出现在整个西欧新的城市社区并建立商业事务所。③ 此时欧洲国家的中央政权软弱无力，贸易的复兴使得专门以商为业的人群从社会各阶层中脱颖而出，成为主宰经济与政治（控制生产及其销售乃至操纵政权）的阶层，他们因而也能够更有条件地创设商事的"特别法"，以弥补"共同法"（罗马法—教会法）及其他"专门法"应对不了的商业经济发展所带来的法律问题。

从整体上看，欧洲中世纪商法的形成和发展可以分为两个部分，即海商法和陆上商法。

---

① 〔美〕哈罗德·J.伯尔曼：《法律与革命——西方法律传统的形成》，贺卫方等译，中国大百科全书出版社 1993 年版，第 408 页。
② 李宜琛：《日耳曼法概说》，中国政法大学出版社 2003 年版，第 9 页。
③ 〔美〕哈罗德·J.伯尔曼：《法律与革命——西方法律传统的形成》，贺卫方等译，中国大百科全书出版社 1993 年版，第 414 页。

在 11 世纪,意大利的一些城市开始扩张和勃兴,如热那亚、比萨等城市。到了 12 世纪,港口贸易的发展直接促成了法兰西和西班牙的城市发展,此时出现了著名的马赛、巴塞罗那、维多那等港口商业城市。随着海上贸易的日趋频繁,为了维护商业贸易秩序,也为了公平解决商人之间因为商业往来而产生的冲突,地中海诸商港开始把罗马习惯法中一些可以利用的不成文习惯运用于港口的商业贸易活动中,并且同时根据一些海事习惯处理纠纷。其中不少港口城市制定了海商法典或汇编了海商习惯法,如意大利的《特拉尼法典》《比萨习惯法》《威尼斯航海条例》,法国的《奥内隆规则》,西班牙的《巴塞罗那海上习惯法》等。在欧洲北部,商业活动也十分活跃,一些商业习惯和规则为了适应贸易发展的需要也随之出现。到公元 1230 年左右,位于特拉沃河畔的吕贝克城与汉堡订立了自由贸易协定,成立了著名的新兴城市同盟——"汉萨同盟",即"商人公会"。① 它制定和颁行相应法律,其中《汉萨海上规则》和《维斯比海商法典》是最具代表性的海事法律。这些海事法律主要是针对以下问题进行规定:谁承担损失,怎样支付运输费用,如果船舶遭遇紧急情况,必须把货物抛往海里以避免船舶与货物一同下沉,这也即所谓的"海损"。

同时,一种支配陆上贸易的庞大法律体系也逐渐形成。从 11 世纪、12 世纪开始,欧洲的许多城市和城镇中都会定期举办规模巨大的国际集市,此时的国际市场四处可见。这些集市和市场具有复杂的组织形态,并随着教会法体系和世俗法体系的发展,形成了一些特定的商法概念。此时的商法包括集市和市场习惯法,以及城市和城镇本身的商法规则,如市场交易规则,外国商人规则,货物规格、重量、价格及质量检验规则等。其中最重要的是,当时的有价证券可以互换,因为这时的商人在不同的城市进行商业贸易时,不得不将一个城市的货币换成另外一个城市的货币,这往往显得十分烦琐,而有价证券可以把这一烦琐的程序变得简单化,省去了兑换货币过程中的不便利和麻烦。票据法律制度就是在这一时期逐渐发展起来的,由此发展起来的法律制度还包括信贷。商人与商人之间便利的金钱兑换系统极大地

---

① "汉萨同盟"是当时是为了更好地保护善意的当事人而产生的地方性与跨国性商业组织。参见〔德〕乌维·维瑟尔:《欧洲法律史:从古希腊到〈里斯本条约〉》,刘国良译,中央编译出版社 2016 年版,第 346 页。

扩展了远程贸易的发展。到了中世纪晚期,发展最好、规模最大的贸易组织其实就是康孟达(Commenda),它实质上是一种信托代理,从一开始是作为长距离的海上贸易的借贷业务而产生的,之后又服务于不同国家和地区之间的远洋贸易。因为当时的教会法禁止收取利息(这意味着将上帝的"时间"据为己有),故当事人之间就以出资人的身份对共同投资事业所获得的利润进行分配,以代替利息支付,这是近现代企业投资模式的最初模型,它同时也是出资人有限责任的制度雏形。①

中世纪的商法支配着特定地区(集市、市场和海港)中的特定的一群人(商人),它也支配城市和城镇中的各种商业关系。与当时其他主要的法律体系一样,商法也具有客观、普遍、互惠、参与裁判制、整体以及发展的特性,它具有自身可以独立为一个完整法律系统的特征。② 具体言之:(1) 它是建立在商人共同体的实践和习惯的基础之上,即具有习惯法的本质特征。但是,商人法并非完全是不成文的习惯和惯例,还包括商事法规汇编、公证商业文件及商事法院的裁决。(2) 它是一个自我规范的不受国家立法和司法干预的习惯法体系,具有自治法的特性,"自治性"是商法得以产生的重要历史基础。(3) 商人法上各种权利和义务规范在各个贸易集市上的适用朝着减少差异的趋势发展,从而更加普遍化,以现在的评价眼光来看,这就是商法的"国际化"。(4) 它是独立的法律体系,是商人自我发展起来并自己执行的法律体系。③ 在这一过程中,商法发展出来的规则,比如公证商业文件,其实就是公证合同,大多数属于我们今天所说的"标准合同",采用了诸如租船合同这样的标准形式,或稍加修订。④

尽管商法中的某些制度与商业本身一样古老,但是西欧的商法(也包括普通法系国家的商法)只是在中世纪才得到了根本性的发展。与由学者撰写的带书卷气的罗马私法和教会法不同,商法是实际从事商业活动的商人

---

① 参见〔日〕大塚久雄:《股份公司发展史论》,胡企林等译,朱绍文校,中国人民大学出版社2002年,第91—100页。

② 〔美〕哈罗德·J.伯尔曼:《法律与革命——西方法律传统的形成》,贺卫方等译,中国大百科全书出版社1993年版,第415页。

③ 黄进、胡永庆:《现代商人法论——历史和趋势》,载《比较法研究》1997年第2期。

④ 〔英〕施米托夫:《国际贸易法文选》,赵秀文选译,郭寿康校,中国大百科全书出版社1993年版,第7页。

们重于实效的创造,它是历史实践的产物。实效的判断和实现需要一定的标准,这一标准由专门的机构决定。因此商法的解释和适用由商事法院负责,在商事法院中任职的法官亦由商人充任,商业上的需要和商人的利益才是商法的主要根源。① 一位英国学者谈道:"商事法院创立的实体法主要特征是:强调合同自由;动产,包括有形财产和无形财产的转让自由;取消法律上的技术细节,其中最重要的是按照公平合理的原则审理案件,而不是抽象地学究式地死抠罗马法的条文。因此,商法作为一项获得高度成功的制度是不足为奇的。商人习惯法所具有的普遍性和优于一般法律的潜在特征,使它在中世纪末便成为扩大整个西方世界商事交往的基础。"② 因此,商法本身即抛弃烦琐的法律细节,更加看重公平合理的实效性结果,这是商法自身的气质。当商法融入统一私法体系时,也将追求统一标准、追求一视同仁的法律待遇带入到了统一的法典追求之中。

近现代大陆法系的商法,是在中世纪后期欧洲大陆多元的政治团体逐步向民族国家形成的过程中逐渐发展并完善的。1673 年和 1681 年,法国分别颁布了《陆上商事敕令》和《海商事敕令》,正式以制定法的形式取代了自由贸易时代的商业惯例和商事习惯法,这是欧洲最早的成文商事立法。法国在 1804 年《法国民法典》颁布之后,又于 1807 年颁布了统一的《法国商法典》,尽管该法典很是粗糙、陈旧,但其创制本身已经构成了中世纪商人法与近代大陆法系商法最重要的连接点③,它是现代商法开始的标志。

拿破仑法典对于 19 世纪各国编纂商法典产生了重要的启示和相当大的影响力,欧洲的其他国家在受到了这部法典的影响之后相继制定了自己的商法典。1848 年,德国首先制定了统一的《票据法》,接着设置了"统一商法典"起草委员会,并于 1861 年颁布了《德国普通商法典》,1896 年颁布了《德国民法典》之后,1897 年又紧接着颁布了《德国商法典》。与《法国商法典》不同,《德国商法典》明确是以商人为中心的立法,商行为即商人经营企业的行为。德国商法是典型的主观主义立法,强调商法是商人的特别私法,

---

① 〔美〕约翰·亨利·梅利曼:《大陆法系》(第二版),顾培东等译,法律出版社 2004 年版,第 12 页。
② 〔英〕施米托夫:《国际贸易法文选》,赵秀文选译,郭寿康校,中国大百科全书出版社 1993 年版,第 8 页。
③ 何勤华、魏琼主编:《西方商法史》,北京大学出版社 2007 年版,第 283 页。

该法将商人的定义置于开始。在亚洲,1890年的日本仿照法国,制定了《日本商法典》,1899年又仿照德国,制定了新《日本商法典》,又称"明治商法"。从此,现代商法在日本得以正式确立下来,民商分立的立法体例也因此在日本形成。

(二) 不断扩张适用的商法

从商法的历史看,源于中世纪的商法,一开始是作为商人阶级特有的习惯法规则,形成的基础包括集市法的统一性、海事惯例的普遍性、处理商事纠纷的专门法院以及公证人的各项活动。① 其仅仅适用于从事商业的那些人的经济行为,是以一个阶级(商人阶级)的名义,而非整个社会共同体的名义对所有的人产生了"强制的力量"。② 也就是说,中世纪的商法是一种阶级法,是由商人创设的并适用于商人的商业活动。但也正因如此,商法成为一个社会的"经济或商业"的法律,尽管它不是一个社会所有人的"经济或商业"的法律。一个社会的"经济或商业"的法律意味着,商法是世俗法,也是理性法,这进而决定了商法是不断扩展而非自我封闭的法律体系。

商法从一开始就孕育了"客观主义"萌芽:首先,行会成员可因任何涉及商业的行为,包括纯属偶然或完全与其经营范围不相干的行为而受到商事法庭管辖;其次,即便不是商人,也可以向商事法庭针对商人的商业行为提起诉讼;最后,对于非商人(即没有在商人行会注册)但实际从商或偶尔经商者,也可受到商事法庭的审判,即通过"法律拟制"将涉商的非商人当作商人处理。③ 随着自由资本主义的不断发展,在"经济或商业"不断发展的情况下,商法进而由主观商扩张到客观商,即由单纯调整具有商人身份的法律,扩张到所有参与到"经济或商业"活动的人。1323年意大利《皮亚琴察商人章程》规定:"无论出于何种原因而达成商业交换协议的人即为商人,而无须其他证明……"以及"商业或交换的缔约方即为商人"。④ 申言之,达成商业交换的缔约方是否具备商人资格,法律并不追问。因此,商法具有非常强大

---

① 〔英〕施米托夫:《国际贸易法文选》,赵秀文选译,郭寿康校,中国大百科全书出版社1993年版,第12页。
② 〔意〕F.卡尔卡诺:《商法史》,贾婉婷译,商务印书馆2017年版,第1页。
③ 〔葡〕乔治·曼努埃尔·高迪纽德·阿布莱乌:《商法教程》(第一卷),王薇译,法律出版社2017年版,第3页。
④ 参见〔意〕马里奥·罗东迪:《意大利自治商法的产生与衰落》,夏龙洋译,载《中德私法研究》(第15辑),北京大学出版社2017年版。

的自我扩张能力,这使得原本以调整商人、商行为为己任的商法与调整一般私人关系的私法不断地融合:不仅是在关于商业或经济行为上融合,也在商人与非商人之间融合。需要注意的是,虽然从历史上看,商法一开始仅在商人阶层适用,但这并不能否认商法对统一性的追求。商法仅适用于商人阶层是客观的历史现实,因为传统的民族国家并不看重商人的地位和作用,对商人所代表的商法在很多时候也并不持友善的态度。但无论如何,对商法统一性的理解不能仅在适用主体意义上展开,它的"主观性"是历史的产物,它的普遍化和一体适用的"客观性"则是它的体系的本质。

商法从主观商扩展到客观商,也就意味着从主体法过渡到了行为法,在这一过程中,法律主体的意义开始消解,"行为"跃升成为商法判断的标准和阀门,统一合同法有了关键性的历史和理论基础。

世界上最早的商事立法,即法国 1673 年《陆上商事敕令》和 1681 年《海商事敕令》,尽管是一种主观主义的立法,但其中也规定了一部分纯客观的商行为。受法国大革命(1789 年)倡导的自由、平等(法律面前人人平等)理念的影响,将商人法作为一个阶级的法律显然是不合适的,于是在 1804 年《拿破仑民法典》之后,1807 年《法国商法典》彻底摒弃了传统的主观主义立法模式,直接采用了客观主义立法,将商人定性为从事商行为并以此为职业者(第 1 条)。这部法典同时也将一系列的行为定性为商行为,但商行为并非一定是由商人实施。这就使得中世纪商人法所确立的关于商人特权的制度不再适用,而成为任何人均可从事商业行为的法律。该法典所反映的平等理念,具有划时代的意义。受这部法典的影响,1811 年《比利时商法典》、1811 年《卢森堡商法典》、1829 年《西班牙商法典》以及 1833 年《葡萄牙商法典》均采客观主义的立法模式。从法律影响上来看,客观主义的立法模式使得商法的适用范围扩展到了一切可以从事商业行为的人,传统的调整商人身份的商法与作为普通法的民法不仅在实质上无法加以区分,在形式上也无法区分。

德国于 1861 年制定的《德国普通商法典》受到了 1807 年的《法国商法典》影响而采取了客观主义的立法模式。但到了 1897 年《德国商法典》,则采取了主观主义模式,同一行为,若商人为之,称为商行为,适用商法;若非商人为之,为民事行为,适用民法或其他法律。德国商法立法采这一做法的原因,并非将商法回归到传统商人法的模式,更多的理由在于,1896 年《德国民法典》将其旧商法典中的大多内容吸纳了进去,而仅将主要适用于"大商人"的规则,仍保留在该新商法典之中。换言之,1897年《德国商法典》并非适用于所有商人,而主要适用于那些大商人,关于小商人的行为主要放在了民法典予以调整。而且,该法典不仅主要适用于大商人,其第277条规定,"有关商行为的规定平等地适用于双方当事人,即使该交易仅对一方构成商行为"①,亦即,对于非商人或普通人,如果其与商人进行交易,也适用于该商法典。依此逻辑,以主要调整大商人为己任的《德国商法典》,事实上也将众多中小商人及普通民众与商人交易的行为罗列了进去,从而使这部法典具有了客观性。《德国商法典》的历史经验表明,除了规范"大商人"的商法典(特别商法)以外,规范"小商人"的商事规范也有其法典基础,即统一民法典可以将民事主体和商事主体(小商人)进行统一规范,这在一定程度上体现了民法典对商事规范的容纳程度。

1890年,日本仿照法国,制定了《日本商法典》(即日本旧商法典),采取了客观主义立法模式。1899年《日本商法典》又参考《德国商法典》,采取了折中主义的立法模式。这种模式既要看行为的主体是谁,也要看行为的性质如何。有些行为,任何人从事均可形成商事关系(如投机性买卖、交易所内交易等),而有些行为只能在商人从事时才会形成商事关系(如租赁、加工承揽)。该做法和认识试图调和主观主义和客观主义,因而被称为"折中主义"。但显然,日本折中主义的立法,仍以客观主义为主要标准。

英国早期的商法也是一种强调商人自治和商人特权的法律,这一状况直至1621年商人法被并入普通法之后,仍持续了一个多世纪。18世纪中叶,以曼斯菲尔德(Mansifield)大法官为代表的一批法官试图制定一套符合现实需要的、公正的和现代化的实体商法,还力主将商人法的适用范围扩展到一切与营利性的商业营业有关的当事人之间,由此也形成了所谓的客观主义商法制度。在英国,其法律制度并不把商法视为某一阶层的法律,如所谓贸易商的法律,而是把它视为该国普通法的一部分。

总体而言,商法的天性和特质使其能够不断地扩张适用,这正如1882

---

① 德国学者认为,《德国商法典》从主观主义体系出发,但其假定的基本构成要件,与其体系化结构相反,将客观主义体系隐秘的胜利带进了法律条文,因为特定商行为的列举再现于商人概念的外衣之上。〔德〕卡斯滕·施密特:《从商法到企业私法?》,严城译,载《中德私法研究》(第15辑),北京大学出版社2017年版。

年《意大利商法典》第 54 条的规定,"如果某个行为对当事人一方来说为商事行为,各方当事人均因此受商法调整……",它"调整与商事企业缔约的市民行为"。"这样,在民、商两部法典的冲突之中,商法典就占据了上风,它的适用范围大大扩张,商事行为的制度扩展为经济关系的一般制度:市场作为生产者与消费者的交汇吸纳了个人的全部生活。意大利一位学者谈道:任何与商人缔约的人都要服从商法,因此任何一项旨在获得食品、衣物、旅行、保险、储蓄、书籍及歌剧欣赏的交易都要由商法调整。"而其结果是,"当商行为从商人从事的行为转变为非商人也可从事时,它就注定会解体"[1]。

这对于我们理解民商合一的启示是,合同法民商合一的规范实现有其特定的历史基础和技术经验,即民商分立更多是历史的因素影响,在法律规范的层面,民商合一和分立也并不冲突,两者既合又分,合中有分,分而有通,就是在这个意义上而言的。而且从长远来看,随着商人特殊地位的消失,统一行为法(合同法)规范也必将成为立法的最优选择。

(三)逐步纳入一般私法的商法

作为阶级法,商法显然存在天生不足。资本主义的发展,使得自由与平等成了市民社会普遍的理念和原则,进而,只在特定阶层和领域适用的商法阶级属性必然逐步消失,朝着整个私法社会一般规则的方向发展。15 世纪末,欧洲社会的商业获得极大发展,资本主义的生产方式得到进一步的认可,但传统的宗教信条、伦理观念与后发的商业精神之间存在严重的冲突,商业的发展要求新的社会思潮和商业精神,启蒙运动由此发酵和产生。社会启蒙运动不仅改变了教会法保守落后的观念与教条,更重要的是,它酝酿了一场"从身份到契约"的社会运动,有限但逐步的社会改革也由此开始,欧洲大陆商人"身份的束缚"被一点一点地打破,直至最后被全部摧毁,横亘在贸易与农民之间厚重的"壁垒"也被打通。结果是,"以市场为中心而形成的交换契约关系,逐渐浸透于全体当事人的全部生活之中"[2]。

在法官法意义上的英国,其普通法在根源上是"本土的",但大约在 1400 年至 1600 年期间,它变成了"本国的"法律,采纳了在商人和海事司法

---

[1] 〔意〕F.卡尔卡诺:《商法史》,贾婉婷译,商务印书馆 2017 年版,第 93 页。
[2] 〔日〕我妻荣:《债权在近代法中的优越地位》,王书江等译,中国大百科全书出版社 1999 年版,第 185 页。

裁决中发展出来的许多原则。特别是在柯克爵士（Sin Edward Cook）1606年任高等民事裁判所首席法官后,他宣布商人法是普通法的一部分,并将商法中简洁明了的规则及贸易意识引入普通法之中,商人之间的契约理论成为普通法庭惯常采用的理论,从而使普通法成为有利于商人的法律。在1602年"史拉德案"中,所有聚集于财政大臣议事厅的普通法法官一致做出裁定,认为一项契约尽管未加封印,但也可以在普通法法庭进行诉讼,因为对于法官而言,采用商人条例会使事情更为简单一些。①

在法国,"自从商人的行为举止、待人态度和生活方式潜移默化地成为大多数法国人的行为举止,工商法就不再依从于中世纪的法律人格原则,而成为一部客观法律,并且在某种情况下,成为一部普通法"②。所以,法国"民法典编纂者心目中的、给民法典的风格以烙印的理想形象,不是小人物和手工业者,更非领薪阶层的理想形象,而是有产者的市民阶级的理想形象；他们具有识别力、明智、敢于负责,同时精通本行和熟悉法律。市场存在的基础在于个人的自由——特别是从事经济活动自由的保障和对所有权的保障"③。《法国民法典》是自由个人主义的胜利,其第544条确立了财产权的绝对性,契约自由原则也一再得到重申,尤其是通过第1134条,规定了合同是当事人之间的法律。④

德国学者很早就注意到"私法的商法化"问题,认为调整商人之间的商法是民法的前驱,二者之间的分界线在不断变化,而且往往商法推陈出新的实体内容一般都会被民法吸收。基于此认识,1896年《德国民法典》在编纂之时,便特别采用了1861年《德国普通商法典》的有关规定,将以前主要适用于商事行为的一系列规定进行了一般化。⑤ 1897年《德国商法典》则完全

---

① 〔美〕迈克尔·E.泰格、玛蒂琳·R.利维:《法律与资本主义的兴起》,纪琨译,刘锋校,学林出版社1996年版,第215页。
② 〔法〕克洛德·商波:《商法》,刘庆余译,商务印书馆1998年版,第15—16页。
③ 〔德〕K.茨威格特、H.克茨:《比较法总论》,潘汉典等译,法律出版社2003年版,第144页。
④ 被《拿破仑法典》草拟者采用的作为专门技术参考资料的波蒂埃的著作《义务论》一书,被认为是体现了"商人惯例的民法概念"。参见〔美〕迈克尔·E.泰格、玛德琳·R.利维:《法律与资本主义的兴起》,纪琨译,刘锋校,学林出版社1996年版,第230—231页。
⑤ 〔德〕弗里茨·施图尔姆:《为德国法律统一而斗争——德国民法典的产生与〈施陶丁格尔德国民法典注释〉第一版》,陈卫佐译,载易继明主编:《私法》(第1辑第2卷),北京大学出版社2002年版。

是为了适应 1896 年《德国民法典》作出的调整并且与之同时生效的①,其仅仅保留了关于大商人的商行为规定。

大陆法系国家和地区编纂的民法典基本上吸收了既有的商法精神与规则,使作为普通法的民法摆脱了刻板、保守的形象,成为整个社会的"高大上"法律。因为,在民法中,每个人都是具有平等人格的权利能力者;每个人都对自己的财产拥有所有权,并均可依自己的意志与他人自由地交易和交往。正如孟德斯鸠在《论法的精神》中所说,在民法慈母般的眼里,每个人就是整个国家。

商品经济的发展,不仅使民商分立的社会基础逐步淡化,且长期以来以商人之间的交易习惯为主要内容的商事规则也已为普通法所吸收,包括作为传统商法基石性概念的"商人"和"商行为",它们已经可以被统一的民事主体和民事行为概念所涵盖。更为重要的是,商法进入民法可以进一步推动贸易和经济发展规则的统一,进而促进一个国家和地区在统一规则下的统一市场的形成和深入发展。民商合一的规范实现也体现了其背后的经济基础,即商人特殊地位的消失伴随着商品经济的发展,商业活动不再是商人的特权,而具有识别力的明智的市民阶级也可以参与到商业活动之中。

在此社会大背景之下,瑞士、意大利率先采取了民商合一模式。

民商合一主要体现在作为交易法的债务法的合同法之中,《瑞士债务法》(1881 年)是最早实行民商合一的法律,它放弃了传统商法"商事行为"的概念,不再区分所谓的民事债与商事债。无论是《瑞士民法典》(1907 年),还是《意大利民法典》(1942 年)和《荷兰民法典》(1992 年),其民商合一都是在先有商法典(意大利与荷兰)或准备先行制定单独的商法典(瑞士)的情况下进行的。尽管这些国家关于民商合一的做法各有不同或差异,但它们都主要是将原属于商法的内容通过提炼,并一般化为民商法的统一规则;对于那些不能或不宜一般化于合同法中的商事规则,则通过附加相应条件,或者以特别的术语表示,通过体系的方式专门地放置在有关章节之中。

即使是在采民商分立的国家和地区,商法也并没有因其单独立法而独立于民法,而仅仅以其单独立法成为民法的特别法。

18 世纪上半叶,法国学者波蒂埃从理论上阐明了民法应有的主导地

---

① 〔德〕迪特尔·施瓦布:《民法导论》,郑冲译,法律出版社 2006 年版,第 20 页。

位。他提出,民法是一般私法,商法则是特别私法,商业习惯和商事法庭的判例是民法的例外。《法国商法典》的制定需要遵循"民法的导向",其调整对象是民法的一般规范不足以调整的,基于行为的性质、形式与实际需要而应当作出特别规定的诸多问题。① 这一理论奠定了民法与商法的同一性价值。事实上,从16世纪中叶起,法国政府就开始颁布了相当数量的法令,这些法令尽管主要涉及程序法与商法,但都在《法国民法典》中留下了永久的烙印。②

德国在制定其1861年普通商法典时,就有一些学者提出了不同意见,认为商法是民法不可分离的一部分,仅需在民法的债法中进行规定就可以满足其适用。③ 因此德国在制定统一的民法典时,就将许多原普通商法典中的有关规定直接变成了民法的规则。德国法学界认为,理解《德国商法典》的有关规定,不能离开《德国民法典》所确立的一般原则与制度;《德国商法典》的有关规定只是对民法典一般性原则的变更、补充或排除;那些可以单独适用的商法规范如行纪、货运关系,则完全是债法中的特别合同而已,现代商法调整的问题实际上已经在或者应当在民法中享有恰当的位置。④ 采民商分立的德国商法将小营业经营者从商法适用领域中排除的根本性原则实际上是自相矛盾的。⑤ 有的学者更是直言:"德国商法典的两大规范对象为商事活动主体(商人及商事组织)及商事行为。商事组织方面,由于大量有关公司形态之特别法的颁布,商法典的重要性已经大为降低。至于商事行为方面,其多属债法之特别法,部分规定与民法重叠,部分规定甚至与民法抵触。商事行为中关于行纪、运送、承揽运送及寄托之规定,并非不能仿效瑞士直接规定在民法之中。2002年德国债法现代化后,商法典部分规定也随之调整。因此,商法规定应逐渐融合于民法之中。"⑥

---

① 《法国商法典》(上册),罗结珍译,北京大学出版社2015年版,"译者序",第6页。
② 参见〔澳〕瑞安:《民法的发展(〈民法导论〉摘译)》,楚建译,载《外国民法资料选编》,法律出版社1983年版。
③ 参见〔德〕卡斯滕·施密特:《商法典与当今商法研究的任务——法律实践视野下的商法法典化》,赵守政译,载《中德私法研究》(第15辑),北京大学出版社2017年版。
④ 〔德〕C. W. 卡纳里斯:《德国商法》,杨继译,法律出版社2006年版,第15页。
⑤ 同上书,第20—21页。
⑥ 〔德〕彼德·A.温德尔:《我们需要商法典吗?》,黄松茂译,载《财经法学》2017年第6期。

二、近现代民法发展的商法化过程

(一)源于古罗马法的合同法为适应商业的发展而产生

大陆法系的近代民法主要源于罗马私法,1804年《法国民法典》即为其代表,这部法典的起草者曾说,民法典"合同编包含了约定之债的所有内容,它应当成为法学家和法官们的教材,而我们几乎应当将此全部归功于罗马人"①。《法国民法典》被认为是整个罗马法系法典编纂的伟大范例。②

尽管古罗马法中的万民法主要是关于不同族群商业交易的法律,并且其中出现了许多有关近现代商业交易的基本规定③,不过近代合同法实为中世纪商业发达的产物。这主要是因为,罗马法是一种以保存财富而非积累财富为基础的法律体系,是为利用财产,而非寻求利润而创立的法律制度。因此保障古罗马财产的法律手段是所有权,整个法律体系以物为中心,正如乌尔比安所言:"所有的法律涉及的要么是物如何归属于个人,要么是个人如何保存其物,要么是个人如何转让或丧失某物。"在这种法律体系之下,合同被理解为人们取得或处分所有权的手段之一,目的在于保护缔约人处分自己之物的所有权人的利益。④ 由此,这使得古罗马法以形式主义观念为基础,只有在遵守并实行完成特定形式规则的情形下,合同方得以完成;而且,古罗马的合同还是一种非常具体的观念,只有那些具体明确的有名合同才有效力。

显然,这种法律体系的基础和烦琐的程式主义不能适应中世纪以来欧洲商业交易迅速发展的需要,后者要求合同成为交易的手段,特别是投机行

---

① 参见〔法〕弗朗索瓦·泰雷:《法国债法:契约篇》(上),罗结珍译,中国法制出版社2018年版,第54页。

② 〔德〕K.茨威格特、H.克茨:《比较法总论》,潘汉典等译,法律出版社2003年版,第118页。

③ 古罗马法适应了当时商品经济发展的要求,形成了发达和完备的法律形式和完整的法律体系,包括买卖、借贷、租赁、雇佣、合伙、保证等都有非常详细且明确的规定。这些规定不仅对后来欧洲各国的民法典产生了巨大的影响,也对产生于中世纪的商法施加了重要影响。因为虽然古罗马法作为一个整体社会在西欧出现了中断,但在各地有限的商业活动中,人们仍按罗马法的原则行事,这样就使得罗马法的某些原则成了各个地方的商业习惯得以继续存在。直到意大利商业大规模地复兴,城市再度崛起,这些商业习惯进一步地恢复和发展起来,成了中世纪商法的基础。参见由嵘、胡大展主编:《外国法制史》,北京大学出版社1989年版,第136页。

④ 参见〔意〕F.卡尔卡诺:《商法史》,贾婉婷译,商务印书馆2017年版,第32页。

为的手段,而非所有权的保有方式,亦即要求合同与所有权相分离,赋予其创造财富的新功能。商法能够在中世纪得以独立产生与发展,重要的原因就在于这个时候的商业发展已经达到了一定程度,需要相应的规则予以规范,但当时的教会法、普通法均不能适应这一需求。也就是说,商法的产生和独立完全是因为当时民法的不完备所引起的。

为适应社会经济发展的需要,当时的法学家(后期注释法学派)从原来主要是对查士丁尼的著作进行专门的研究,转向考虑如何发展一部符合时代要求的法律,他们对注释的罗马法再次加以改造,使之适应中世纪的生活条件。① 经过这些法学家的努力,一种完善的具有进步体系性的法律制度逐步产生,并形成了某种先进的法律思想。在这个过程中,包括商事交易习惯在内的各种习惯法被官方进行编纂,并被法学家们加以评述,交易习惯与罗马法在理论上得以结合,这使得散乱的习惯成为一种理性的规范汇编,罗马法则成了适应当下与未来经济生活需要的法律。② 今天的历史法学家们相信,中世纪法学家所要做的并不是去理解古代罗马的法律,而是致力于发展出一种能够将当时并存于欧洲各地的多种法律渊源和法律制度妥善整合起来的方法。他们的主要任务并非诠释古代的法律文献,而是将散布于各处的罗马法、日耳曼法、地方法、封建法、教会法、商法打造成为一个能够普遍通行于欧陆各地的完善法律体系。③

以法的社会发展史角度观察,欧洲完全是根据当时经济发展的生活模式接受了罗马法,接受罗马法的那些世纪(13—16世纪)事实上是市场经济和欧洲货币制度发展的初期阶段。"这种新型的经济关系在法律的层面上需要三种东西:一种稳定的法律,它足以确保司法和制度的安全,用于防范不测和市场计算;一种唯一的法律,它为欧洲内部市场之间的贸易的建立提

---

① 〔澳〕瑞安:《民法的发展(〈民法导论〉摘译)》,楚建译,载《外国民法资料选编》,法律出版社1983年版。

② 一般认为,较之法国,德国对于罗马法的继受更为全面。但事实上所谓的德国的继受罗马法,并非其继受古典的罗马法或《查士丁尼法典》,德国所继受的是在意大利北部注释法学派特别是评注法学派在《罗马法大全》的基础上通过学术性的加工,将当时的习惯法与贸易习俗加以整理出来的成果,德国继受的是这个法学知识的基本精神。陈惠馨:《德国法制史——从日耳曼到近代》,台湾元照出版有限公司2007年版,第248页。

③ 〔美〕塔玛尔·赫尔佐格:《欧洲法律简史——两千五百年来的变迁》,高仰光译,中国政法大学出版社2019年版,第141页。

供可能性；再有，就是一种个人主义的法律，它为企业家的活动提供一种适当的法律基础，因此活动超出了源于日耳曼的中世纪法律体系所规定的庄园式经济的限制。查士丁尼法正好构成了具备所有这些条件的一种法律体系，首先，其抽象化（即以规则确定具体情境、具体情境在规则之中通过极端形式化或极其一般化的方式来描述）同中世纪前期规范商业活动法律的个案主义背道而驰。其次，它作为协调所有欧洲市场的替补性的共同法律而被接受，从汉莎公国各城直至地中海沿岸，成为所有商人使用的一种通用语言。最后，罗马法系的伟大原则与市场关系的资本主义观念基本吻合：意思自治原则保障的商业自由，罗马法中自然人或法人的观念使商人能灵活而易行地联合，对财产的使用不施加任何社会或道德限制的所有权使人们能在市场上投放财物资本的权力不受限制。"①

美国学者伯尔曼认为，16世纪的欧洲法律科学不仅将罗马法和教会法整合起来，同时还将城市法、封建法和商法整合进来。历史学家所称的16世纪德国对罗马法的继受，实际上是在一个政治实体内部，统一包括罗马法在内的所有不同类型的法律运动。②

从保有财富到成为交易并不断地创造财富的合同及其规则，完全是为了适应中世纪以来商业的发展而产生的。商人和银行家们的习惯法是契约法在16世纪的一个主要渊源，而被誉为"书写出来的理性"的罗马法，经过研究被援引以弥补商人和银行家们的习惯法漏洞，廓清其中模糊不清的问题，使之加以体系化。③ 如产生于中世纪的运送合同，就是以商人的交易习惯为基础，其创立了一种目的在于经常性地附随于运送合同的特别文件——运单和收货收据，而运单和收货收据则通过罗马法中的租赁契约制

---

① 〔葡〕叶士朋：《欧洲法学史导论》，吕平义等译，中国政法大学出版社1998年版，第73—74页。
② 参见〔美〕哈罗德·J.伯尔曼：《法律与革命——新教改革对西方法律传统的影响》（第二卷），袁瑜琤等译，法律出版社2008年版，第136页。
③ 美国学者伯尔曼认为，近代西方商法的基本概念和制度形成于11世纪晚期和12世纪，而并非忽视这些概念和制度的创造者们得益于反映在新发现的查士丁尼法律文本中的罗马法。罗马法文献包含有适用于达成各种类型契约的一整套高度复杂的规则，如金钱借贷、财物借贷、抵押、买卖、租赁、合伙和委任等。只不过关于这些契约的规则没有被自觉概念化而已。参见〔美〕哈罗德·J.伯尔曼：《法律与革命—西方法律传统的形成》，贺卫方等译，中国大百科全书出版社1993年版，第413页。

度得以体系化。①

(二)民法的商法化和民商合一的基础在于二者人像的统一

民法的商法化或民商可以合一或一体,其基础在于民法与商法均视其法律上的人为理性的经济人,是具有权利能力而抽象的人,该统一的人像奠定了近代统一的民商法典(包括分立之下的民法典与商法典)基础。

作为规范人之行为的近现代法律(立法),其必须也只能通过某个或某些具有标准性的"人"为镜像,由此方使相应法律成为规范社会的统一的一般性规则,并使相应法律得以体系化。如公法系以国家或政府为基础,使得公法成为以限制公权力为己任的法;私法则以抽象平等的人为基础,这造就了私法的"权利之法"特征。② 人的形象不仅支配着法律的基本价值,也决定了初看仅具技术性的具体法律制度。③

日本学者星野英一认为,近代西方私法的特色首先在于,承认所有的人的完全平等的法律人格④,此完全平等的法律人格者并不是当时表现为形形色色的具体的个人,而"是根植于启蒙时代、尽可能地自由且平等、既理性又利己的抽象的个人,是兼容市民及商人的感受力的经济人"⑤。易言之,就是这样一种人,人们能够指望他们具有足够的业务能力和判断能力,在以契约自由、营业自由和竞争自由为基础而成立的市民营利团体中,理智地活动并避免损失。⑥

法国学者萨瓦第埃认为,民法典中的人,首先是"有尊严的存在,是自己和自己命运的主人,他忠实于自己的约定,觉悟到自己责任的存在"。其次,即使是土地所有者,也是一种"哲学性的人格、是一种抽象存在";编纂者们

---

① 参见〔意〕阿尔多·贝特鲁奇:《运送合同从罗马到意大利现行民法典的发展》,徐国栋译,载徐国栋主编:《罗马法与现代民法》(第1卷),中国法制出版社2000年版。
② 徐强胜:《〈合同法编〉(审议稿)民商合一的规范技术评析》,载《中国政法大学学报》2020年第2期。
③ 参见〔德〕奥科·贝伦茨:《〈德国民法典〉中的私法——其法典编纂史、与基本权的关系及其古典共和宪法思想基础》,吴香香译,商务印书馆2021年版,第14页。
④ 〔日〕星野英一:《私法中的人》,王闯译,中国法制出版社2004年版,第8页。
⑤ 德国学者古斯塔夫·博莫尔语,转引自〔日〕星野英一:《私法中的人》,王闯译,中国法制出版社2004年版,第7页。
⑥ 〔德〕K.茨威格特、H.克茨:《比较法总论》,潘汉典等译,法律出版社2003年版,第219页。

抬高这些精神,向着其想定的自由并与其所处的周围环境相分离。最后,在所有权与契约中,自由的人不需要任何监护,平等中的自由充分地保护着他。①

英美古典契约法规则也是建立在这样的关于人的镜像之上:这些抽象平等的行为者经验丰富、熟悉法律规则,其行为理性,以进一步增进他们在经济上的福利。由于他们之间都是理性的平等人,对于他们签署的文件或其他书面形式上的东西,他们都是已经阅读并理解其含义;他为自己理性行为所为的交易,法院不会也不应当进行所谓公平性审查,在没有欺诈、没有不当影响等情况下,他们之间的交易都是公平合理的。②

近代民法之所以这样看待人,是由所谓理性、平等的精神决定的。它要求打破封建社会关于人具有身份、等级的观念,以更好地发展资本主义。作为最早的近代民法典的法国民法,其具体制度、规定在把那些以前的习惯等作为内容的同时,还有贯穿整体的思想,即其必须是符合人权宣言的。民法的目的在于"所有的人的平等、自由、人身、所有权及其他权利的保护"。

不论是采民商合一的国家和地区,或采民商分立的国家和地区,包括英美法系在内,其民法或普通法中的人像主要是以传统商人——自由的人——为基础的。这既是西方资产阶级革命的诉求,也是资本主义经济发展的必然。整个资本主义社会经济的发展,使得财产的自由取得与流转成为社会的主要内容,这就必须承认所有主体对这些财产享有正当的权利。正如埃利希指出的那样,人一旦进行自己自身的经营,便会自然地取得因经营所需要的能力③,这是一群"很聪明、很自私并精于计算的人"。为此,相应民法和商法制度的设计也均以经济人的计算心理出发,发挥财产的交换价值而非使用价值;将契约关系中的道德因素和情感弱化,只是通过确定和分配法律上的权利、义务和责任,达到交易中的利润和风险的精确预期和控制之目的。④

从自由资本主义开始,各国民法典主要是以商人或相似智识的人为镜

---

① 转引自〔日〕星野英一:《私法中的人》,王闯译,中国法制出版社2004年版,第8页。
② 参见刘承韪:《契约法理论的历史嬗迭与现代发展:以英美契约法为核心的考察》,载《中外法学》2011年第4期。
③ 转引〔日〕星野英一:《私法中的人》,王闯译,中国法制出版社2004年版,第18页。
④ 参见朱晓喆:《私法的历史与理性》,北京大学出版社2019年版,第50页。

像予以编纂的,民商法因此一起成为以调整私关系为己任的私法。而且,从法技术的角度而言,离开统一的人像基础,统一且体系化、科学理性的民法典将是不可能实现的。民商法以商人或相似智识的人为人像基础,其统一了权利能力者,实现了平等与自由理念;民商法重要的现代民事法律行为及合同制度,成了简洁明了且便于操作并促进交易的制度。因为在这个法律世界中,仅需要知道对方是一个完全的法律主体,只是"当事人",至于具体如何则并不重要,完成交易最为重要①;每个人都是自由而完整的人,他们仅就其自由决定自己的负担而负有义务;契约自由与所有权自由成为近现代民商法的基本思想。②

在采民商分立的国家,其商法典的单独立法完全是因为历史原因,是统一的民法典尚未制定而商业发达需要相应规则之时产生的。

民法典与商法典的人像基础基本上是一致的,均以经济理性人为基础,他们都是强而智的人,是思辨且非感性的人,是高尚而非经验中的人,不必通过人的生活加以填补。即便在非商业领域,如侵害人格权领域内的侵权法,当时的法学界甚至认为都可以商人的沉着、计算倾向予以处理。③

从具体的有差异的人到抽象的无差别的人,承认一切人的完全平等的法的人格,是近代法的大原则。④ 这是一种可以称为私法"经典模式"的框架,它以意志与自治人格的概念为中心,并将私法视作推动自由和平等的个人之间的法律互动的一种手段。⑤ 可以说,近代私法之所以为统一的私法,就在于其以传统商人或相似智识之人为人像,而构建起自由和平等的民商事制度。

也正是如此,民商分立的做法并不具有必然性,商法与民法在基本原理、基本制度上是一致的,它们同为私法,商法的特殊性只不过是私法一般

---

① 谢鸿飞:《现代民法中的"人"》,载《北大法律评论》(2000年第3卷第2辑),北京大学出版社2001年版。
② 〔德〕拉德布鲁赫:《法学导论》,米健等译,中国大百科全书出版社1997年版,第66—67页。
③ 参见〔德〕罗尔夫·克尼佩尔:《法律与历史——论〈德国民法典〉的形成与变迁》,朱岩译,法律出版社2003年版,第87页。
④ 〔日〕星野英一:《私法中的人》,王闯译,中国法制出版社2004年版,第106页。
⑤ 〔美〕威廉·B. 埃瓦尔德:《比较法哲学》,于庆生等译,中国法制出版社2016年版,第195页。

原则的特殊化而已。在立法体例上,将商法独立化不仅是不必要的,还会引起法律规则之间的矛盾与不统一,民法与商法应是一体的。1847年,意大利学者就提出,传统上私法分立已不符合"经济生活基本统一"及"当代社会建设的同质"要求,社会经济制度的同质化也逐渐地在法律上显现出来,传统上仅为商人或商业及其经营所制定和使用的商法机制,日趋"普及化"或"共通化",民商二法应予以统一,商法应一并归入民法典。① 德国学者哥德施密特也注意到"私法的商法化",在他看来商法是民法的前驱,他断言,民法与商法的分界线是不断变化的,商法推陈出新的实体内容也逐渐为民法所吸收。1894年德国学者里查在其所著的《德国民法草案关于商法的理论及其影响》一书中,正式提出了"民法的商化"这一观点。②

(三) 近现代民法(典)的商化

近现代民法的发展,是一个商法化的过程,它在不断地吸收着作为经济世界先锋的商事规则和制度创新。

欧洲中世纪之前的法律主要是部族的、封建的,所谓民法的主要内容是关于人的身份法。中世纪商业的发达及自然法思想的复兴,从根本上改变了相应的法律思想,即,所有人都应该是全体的一分子,而不是他人的附属,人们都应从其所在的家族、部族中解放出来,自由地追求属于个人的利益。由是,相应的法律就应强调团体和他人的约束,趋向于追求个人的自由。以个人解放、人格平等、意思自由为指导原理,契约自由就成为契约法上最重要的原则,而契约的自由主要表现为商业交易的自由。显然,通过契约自由,人人皆可如商人那般从事商业活动。

1804年《法国民法典》被视为农业经济文明的产物③,强调以财产的归属为核心,合同被视为取得各类财产的手段,但该法典所确立的人格平等、财产权神圣、契约自由及自己责任的原则显然是商业得以大大发展的产物。因为,商业的发展使得人可以自由地通过契约交换自己的财产。正是如此,1804年《法国民法典》为1807年《法国商法典》的制定奠定了良好的一般法

---

① 郑玉波:《民法总则》,中国政法大学出版社2003年版,第2页。
② 赵中孚主编:《商法总论》,中国人民大学出版社1999年版,第32页。
③ 在《法国民法典》的主要草拟者波塔利斯看来,在发达国家,农业应当成为另一个商业部门。参见〔美〕迈克尔·E.泰格、玛德琳·R.利维:《法律与资本主义的兴起》,纪琨译,刘锋校,学林出版社1996年版,第286页。

基础,后者则成为调整某些特殊商业行为的法律规则。而作为一般法的民法典之所以能够成为商法典的一般法,完全是因为民法中得以商化的法律行为规则。一个例证是《法国民法典》的第三卷第三编,该编应当归功于罗马人,但罗马法的贡献从技术方面来说是主要的,其总体精神则源于商业发展的需要。《法国民法典》中的契约是一种诺成主义的观念,而且"契约无论是否有特定名称,均受本编所定的一般规则的约束"(第1107条第1款)。亦即,《法国民法典》采取的合同理论完全是不同于罗马法的。[①]这些合同理论一方面来自教会法思想,一方面则来自商业发展的需要。[②]法国的民法在很大程度上吸收了原属于商法的内容,这就像英国普通法吸纳古老的商法那样。[③]

商法的产生完全是因为当时民法规则的阙如。[④]在中世纪,地方习惯和所谓普通法不能为商人的活动提供交易所需要的大量规则,因此商法作为商人的国际法得到了极大的发展。但当大量在过去为商人所专司的贸易已由普通公民在日常生活中进行时,许多原来专门适用于商人的法律规则就开始适用于所有的人。那么,在这种商法进一步被扩大适用到普通民众时,其独立性就开始消失了,相应的商法规则通过成为民法的一般规则而被保留下来,并进而产生了所谓的"民法商法化"现象。而之所以如此,是因为"法律规则在某一个时代更加符合商业的需求而不是一般人的普遍需求,随后人们的普遍需求变得和商法一致了",从而使其可以被引入民法之中。如德国法上的买卖合同的非要式性就是一种古老的商事习惯法,但在当时民事交易中则需要必要的形式。当人们普遍要求形式自由时,该古老的商事

---

① 参见〔法〕弗朗索瓦·泰雷:《法国债法:契约篇》(上),罗结珍译,中国法制出版社2018年版,第55—56页。

② 《拿破仑法典》编纂的基本思想是合同自由和保护财产所有权这一绝对的权利。《拿破仑法典》被称为第三等级的胜利,而商人和自由职业者是构成第三等级的主要部分。参见〔英〕施米托夫:《国际贸易法文选》,赵秀文选译,郭寿康校,中国大百科全书出版社1993年版,第9页。

③ 〔法〕勒内·达维:《英国法与法国法:一种实质性比较》,潘华仿等译,清华大学出版社2002年版,第37页。

④ 如1837年的《葡萄牙商法典》分为陆上商业活动与海上商业活动两大部分,其内容不仅包括实体商法,而且还有程序、司法组织,甚至民法的规范。而之所以出现民法规范,是因为当时没有民法典。参见〔葡〕马里奥·朱莉欧·德·阿尔梅达·科斯塔:《葡萄牙法律史》(第三版),唐晓晴译,法律出版社2014年版,第346页下。

习惯就成了大众化的规则。① 恩德曼(Endemann)提出,商法只应当通过民法的不完备性来说明,这种不完备性很早就被商人阶层较之其他阶层所克服。第一个时代的民法改革因此就必须导向一个新的再次融合。② 德国在编纂民法典时,其民法典筹备委员会要求"那些适用于普遍性交易并被民法典所吸收的法律原则,应该从普通商法典中删除"。基于此,德国1861年旧商法典的许多条款被放置于1896年民法典之中,如代理制度、合同缔结制度、合同解释规则、多个合同当事人的连带责任规则、合同履行地的确定、合同履行辅助人的责任以及损害赔偿责任等。《德国商法典》留下的仅是那些被《德国民法典》认为多余的法律规则。③

实践中,瑞士本拟参考1861年《德国普通商法典》,先行制定统一的"商法典",但在制定的过程中发现,由于社会经济的发展,商行为与非商行为、商人与非商人之间的界限已经很难区分。这个时期,恰巧德国准备着手起草一部统一的债法,几位著名学者和法官于1865年草拟了"德累斯顿债法草案"。受此影响,瑞士决定不再单独制定商法典,并明确扬弃了商行为的概念,还试图将商法实质地整合在一般债法中,将传统商行为规则一般化于其中,从而于1881年出台了几乎完全是商事化的《瑞士债务法》④,其于1937年被并入1912年的《瑞士民法典》成为第五编之后,正式开启了大陆法系民商合一的立法体例。因为《瑞士债务法》是以1861年《德国普通商法典》和1865年《德累斯顿债法草案》为模本的,故其中的内容更多的是商法,它本来也是可以称为"商法典"的。⑤ 也就是说,作为世界上第一部民商合一的法典,《瑞士债务法》是以传统商人为镜像的,并以该镜像假定交易主体的智识与能力,它反映了"瑞士人皆为商人"的理念。可以看出,采民商分立的法国与德国,其民法典吸纳了大量原本适用于商人或商业的活动规则,其商法典的单独立法主要是因为历史的原因。采民商合一的瑞士则直接将适用

---

① 参见〔德〕菲利普·黑克:《为什么存在独立于民法的商法》,林洹民译,载翟志勇、泮伟江主编:《北航法学》(2018年第1卷·总第6卷),中国政法大学出版社2019年版。
② 同上书,第9页。
③ 参见〔德〕卡斯滕·施密特:《商法典与当今商法研究的任务——法律实践视野下的商法法典化》,赵守政译,载《中德私法研究》(第15辑),北京大学出版社2017年版。
④ 殷安军:《瑞士法上民商合一立法模式的形成兼评"单一法典"理念》,载《中外法学》2014年第6期。
⑤ 谢怀栻:《外国民商法精要》(第三版),程啸增订,法律出版社2014年版,第124页。

于商业活动的债务规则统一于所有人。

民商合一所导致的不只是在立法体例上商法典不再独立,更多的是将"所有债务关系纳入高度发达的商法技术性规范之中"[1]。将作为社会经济发展开路先锋的商事规则通过适当的规范技术,统一体系化于民法之中,使近现代民法典不仅成为人们获得与保有财富的法律规范,更成为人们得以自由追求财富的制度,从而最大限度地提升了每个人自由发展的空间。可以这样认为,民法之所以被称为市场经济基本法,完全是因为其通过商法化实现了人人皆可如商人那般自由交易与行动的目的,尽管这一过程是渐进的和缓慢的。

第三节　合同法的商业化、体系化与民商分合

一、合同法的商业化与体系化

民商合一是近现代民法商法化与商法民法化的结果,其中,民法商法化是民法吸收商法实质规则的过程,商法民法化则主要是商法借鉴利用民法的概念和制度的过程。也就是说,民商合一的实质是,将传统上原属于商事的规则,通过不再区分商人与非商人的适用而一体化于所有人[2],这其实就是商事性质的规则一般化问题。同时,对于那些不能或不便一体化于所有人的商事规则,则通过附加相应条件体系化于民法典之中[3],即所谓的"统合"。在法律规范的实现上,合同法的民商合一是通过合同的商业化及体系化加以实现的。

随着资本主义制度统治地位的确立,普通的人可以自由进入商业交易领域,商人并始不再是一个与普通民众相对立的阶层,他们已经和从事商事交易的一般公众融为一体;同时,商业活动也随着社会经济的进步而处于不

---

[1] 〔意〕马里奥·罗东迪:《意大利自治商法的产生与衰落》,夏龙泽译,载《中德私法研究》(第15辑),北京大学出版社2017年版。

[2] 王轶、关淑芳:《民法商法关系论——以民法典编纂为背景》,载《社会科学战线》2016年第4期。

[3] 徐强胜:《民商合一下民法典中商行为规则设置的比较研究》,载《法学杂志》2015年第6期。

断变化之中,特别是随着生产社会化的发展和参与商业交易主体的非特定性,商业交易范围已扩展到工业、农业、不动产、有价证券、期货等领域,商业活动成了社会普遍的基本活动。由此,调整商人阶层的传统商法开放性地扩大于整个商业交易领域,相应地,"商人"的概念也不再成为少数人的特权性的概念,而成为一个只要具备相应条件就可以实现的法律术语。其结果是,商法出现了泛化现象,其不仅调整领域广泛且调整主体扩大到所有的经商之人。商品经济的深入发展使得商法已不再是关于商人特权的法律,而成为社会普遍性的营业自由的商人法律,也就是说,商法的调整规则已经成为整个商品经济社会的经商规则。那么,以调整所有平等主体之间财产关系和人身关系为己任的民法就必然成为近现代商法规则的一般性规定了,二者之间的接轨与融合也成为必然。

　　早在16世纪中期的英国,凡是富有的城市居民,只要愿意服从伦敦所掌管的财政体制规定,就都有很多从事贸易和经营的机会。依照商人法签订的契约,在商人法庭、大法院和海事法庭均可要求强制履行。[①] 这些从欧洲大陆法传来的原则日益得到采用和研究。违诺诉讼在16世纪扩大了范围,其将那些简单的债务纠纷也纳入了进来,产生了不同于传统的加封印的契约诉讼的"债务诺言令状"诉讼。正如法官所称:"每一项将来有效契约本身即带来一份诺言令状。"[②]

　　商法并非纯粹的商业的法律,其不单独调整也从未单独调整过商业领域,它和民法中的债与合同的规定一起对商业领域进行调整。在过去,商法的重要渊源——商业团体章程——明显地参照了民法,而当时的民法主要是包含在《民法大全》中的罗马私法。所以,现代商法(如《德国商法典》)尽管规定商事领域中商法优先进行调整,但同时规定商法没有规定时则适用民法。商法中的"商业性"的本质不能被理解为在私法中同时

---

　　① 我国学者郭瑜认为,作为商法重要组成部分的海商法与民商法之间甚至可以视为母子之间的关系,前者是后者的母法,其理论依据就在于海商法古老的历史,公元前9世纪的《罗德法》奠定了海商法在商法中的统领与优势地位,其中的诸多制度也为民法提供了借鉴与模板。据说英国普通法大量源于海商法精神的制度,如合同落空理论、合同的条件与担保、根本违约、中间条款理论与间接损失,都可以在海商法中找到原始规则的影子,以至于在英国流行一种说法:对普通理解的前提就是对海商法的学习与掌握。参见郭瑜:《海商法的精神:中国的实践和理论》,北京大学出版社2005年版,第64页下。

　　② 参见〔美〕迈克尔·E.泰格、玛德琳·R.利维:《法律与资本主义的兴起》,纪琨译,刘锋校,学林出版社1996年版,第215页下。

存在民法以及与其区别的商法，而是应当从发展、演进的角度理解：商法从一开始是作为一项法律创新而被引入经济关系的调整体系之路，即在不同历史时期由商人阶级直接创立或请求国家授予的"特殊"商事规则的总称。因此，在适当的时候，这些"商事的"规则就会发展成为共同的私法规则而成为民法。①

商法与民法的靠拢，其实质是商法的商业（扩大）化与民法的同时商业化。这时，相应规则的体系化就成为必然：这首先主要表现在商主体的民事化上，即任何人只要符合法定条件都可以成为商人；其次，商行为的民事化，即商事行为须遵守民事行为的基本规定，其特殊性是民事行为的例外；最后，商事诉讼的民事化，即商事法庭行使的规则与程序同民事法庭没有太大的区别，而且基本上是一致的，由于商主体的民事化而使传统专门调整商人的商事法庭失去了存在的必要性，商事法庭的单独设立也就不再具有意义。

瑞士在制定其债务法时，将商法作为债务法的一部分，商法的多数法律条文不只是对商人适用，也对一般公民适用。私法权利被"商业化"了，并遵从商业的逻辑与商业的规律。② 日本采民商分立，但在制定其民法典时，将本适用于商人的一些规则予以民法化，以体现其民法的商业化。如日本民法第469条、第470条、第472条集中设置了关于指示债权的规定，商法也在第278条以下包含了有关规定。但事实上，成为民法中的指示债权者在日本社会事实上并不存在，适应日本社会投资需要的、具有流通性债权并起作用的指示式债务证券也始终未出现。因此，有关条文仅起到了民法相应规则的商业化作用，并成为商法规则不足适用时的补充与基础。③

二、民商分立下合同法商业化的历史考察

民事合同的商业化是指将原主要适用于商业交易的合同规则直接采用或改造为不分民事与商事而统一适用，因其是商事规则去除了适用对象的

---

① 参见〔意〕F.卡尔卡诺：《商法史》，贾婉婷译，商务印书馆2017年版，第3—4页。
② 参见〔瑞士〕彭瑞宁：《瑞士法律史》（第二版），李婧嵘等译，法律出版社2020年版，第188页。
③ 参见〔日〕我妻荣：《债权在近代法中的优越地位》，王书江等译，中国大百科全书出版社1999年版，第27页下。

限制而一体适用,故亦称商事规则在合同法中的一般化。

契约法是交易的产物,在中世纪之前,法律实践已经创造出了可提起诉讼且内容上可自由分化的契约请求权,但此时,与发展成熟的纯商业交易所要求的那种法律状态,距离还很遥远。① 因为此时的契约所要求的形式性特别强烈,债务关系具有严格的个人性格。从法律原理的逻辑上来看,罗马法比中世纪的法律更为理性,不过,许多现代特有的资本主义的法律制度,是源于中世纪而非古罗马,这既有经济方面的因素的影响,也有法律技术方面的问题。

马克斯·韦伯认为,西方中世纪法律的思维方式,如不将证书合逻辑地当作是一种理性的证明手段,而是纯粹直观式地视之为权利的一种感官性的"担纲者",这其实是一种法律上的"泛灵论";再如因法律的分化林立而造成的惯习,亦即所有的共同体对于其成员的行为皆负有对外的连带责任等,都是在法律发展的逻辑面和国家制度面上的种种"落后",比起在逻辑上和"技术—政治"上更加理性化的罗马法,在商业交易上为实际可用的法律技术模式更能提供宽广的发展空间。"常见的一般状况是,与正在形成中的近代资本主义特别能匹配的那种特别的法律状态——就像中世纪的商法上的各种制度,较容易在这种社会脉络里发展出来。"②

近代契约法完全产生于商业交易的需求,而此时的商业交易需求主要是商人们创造出来的规则。契约法的本质是平等对待所有参与契约关系的各方当事人,而这只能在大规模且较复杂的贸易体制下方能实现。因为在这种情形之下,订约各方在法律面前才会变得没有个人性。③ 契约法的商业性体现在如下方面:

第一,作为近现代契约法核心的契约自由,从法哲学的角度来看其源于自然法学派的演绎,实质则是大规模且不断持续的商业交易结果。

在法律交易中,大规模且持续不断的交易顺利进行,要求交易各方应当互相尊重。在法律形式化之下,没有也无须对对方意志的尊重,尊重意志只

---

① 〔德〕马克斯·韦伯:《法律社会学:非正当性的支配》,康乐等译,广西师范大学出版社2011年版,第60页。
② 同上书,第71—72页。
③ 〔美〕迈克尔·E.泰格、玛德琳·R.利维:《法律与资本主义的兴起》,纪琨译,刘锋校,学林出版社1996年版,第146页。

能是因为法律的实质化。马克斯·韦伯将实质化的概念导入民法之中,他将直至自由合意的发展和紧接着的(商事)法律行为解释的必然性,视为因一个"实质的"而导致法律形式主义的消融。在传统的商事法律中,实质化的标准是"利益相关者的普遍观点,即一个普通的、实质的商业标准的普遍观点"①。所以,契约自由实际上是商业发展的结果,是普遍的商业交易利益在合同法中的体现与要求。

自然法学派主要是通过理论将契约自由提升到一个法哲学的高度,即每个人都是生而平等且自由的,因而可以自由地签订合同②,但这种自由的实质是商业的,而非个人的,体现在合同法上,就是合同各方因其订立合同而受到合同的约束,从而使合同成为所谓"私人立法"。在契约自由之下,人仅仅是意志的载体,是意志而非人,成为决定契约成立的因素。从此,合意不再是简单的合意,而是成为自由意志的绝对命令的合意,并由此建立在实定法中,也是现实世界唯一的契约概念。③ 进而在一切民法的基础上,没有哪种法律结果不是一种意志的表现。④ 意志的平等造就了现实世界的人的平等,最终,原本主要限于商人身份的交易平等成为社会所有人——不论出身、财富、经历——的平等,涉及商人身份的商法因此逐步失去其特殊性。

1804年《法国民法典》一方面将契约自由的观念予以了具体化,另一方面通过"所有人均享有民事权利"的权利能力制度将契约自由推广到所有人,这事实上将贸易的权利授予了所有人。进一步,1807年《法国商法典》采客观主义立法模式,"商人"不再是一个具有法律意义的特定身份,贸易与商人之间实现了分离,任何人都可以成为商人。而且,即便是商行为,尽管与一般民事行为有所区别,但仍须遵从民事行为的一般规则。实际上,商法

---

① 〔德〕罗尔夫·克尼佩尔:《法律与历史——论〈德国民法典〉的形成与变迁》,朱岩译,法律出版社2003年版,第210页。

② 近代自然法学为契约自由提供了形式化和体系化的理论基础。在自然法学中,每个人的权利只能是建立在人的本性之上,通过"自由行动"表现其人格,具有"不受限制的意愿"的权利的自由。进而,客观的法律秩序本身的建立乃是通过人与人之间自愿的行为("社会契约")而实现的,其内容便是个体为保障共同生活而希望交出的权利。参见〔葡〕叶士朋:《欧洲法学史导论》,吕平义等译,中国政法大学出版社1998年版,第159页。

③ 傅静坤:《二十世纪契约法》,法律出版社1997年版,第159页。

④ 〔葡〕叶士朋:《欧洲法学史导论》,吕平义等译,中国政法大学出版社1998年版,第158页。

典仅仅是在商业领域对民法典的补充，甚至可以说，正是在商法典中，契约自由的观念、制度才得以扩展到一切领域。亦即，契约自由尽管在民法典中得以规定并具体化，但其最终是通过商事领域中的契约自由予以扩大并发展到非商事领域的。维亚克尔认为，就经济政策而言，在契约自由、所有权自由和遗嘱自由这三种私法自治的基本形态中表现出来的法律上的形成自由，正符合早期的兴盛期资本主义扩张的、全面的企业主社会的期望；后者作为开拓者的社会，特别依赖契约缔结、资本投资和自由的继承。[①]

同时，也正是契约自由通过商法典的适用与扩张，公法与私法的传统区分也才得以重新确认，为契约自由独立于国家干预提供了有力的保障。也就是说，通过民商法典的制定和公法私法的划分，贸易所需要的契约自由能够扩大到一切可能的领域。契约成为资产阶级重构整个社会的工具。[②]

第二，作为合意的合同是经过中世纪和近代学者对罗马法的注释、演绎而来的，注释与演绎的目的是适应商业交易的需要。

罗马法的合同主要是一种要式性的，其不仅要求合同须在对话者之间进行，且要求形式上无任何瑕疵，否则将是无效的。尽管在罗马共和国末期出现了作为例外的诺成契约，但其仅限于买卖、赁约、合伙及委托四种。[③] 对于罗马法而言，当事人之间的合意并非合同的必备要素，罗马法关于缔结合同的方式十分丰富，罗马人既可以通过物的交付及其所有权的移转方式订立合同，也可以借由言辞的方式通过程式化的言辞订立合同，甚至可以通过文书记载的方式订立缔结合同之债，但在这些方式中，合意并没有相应的地

[①] 〔德〕弗朗茨·维亚克尔：《古典私法典的社会模式与现代社会的发展》，傅广宇译，商务印书馆 2021 版，第 18 页。

[②] 参见陈颐：《从中世纪商人法到近代民商法典——1000—1807 年欧陆贸易史中的法律变迁》，载《华东法律评论》（第一卷），法律出版社 2002 年版，第 284—285 页。

[③] 作为例外的诺成契约的特征均产生单纯的合意，不需要任何形式或任何人的行为，也不必给付某物。这种合意的特征让人很容易与现代合同中的合意联系在一起，但罗马法并未单独提出合意概念并将其一般化与抽象化，而宁愿针对每个具体的契约就事论事地讨论这一要件。就买卖来说，它要求当事人必须就所买卖的特定物和固定的价格达成合意。如果合意不具备这些条件之一或全部，就不是买卖契约。参见徐涤宇：《合同概念的历史变迁及其解释》，载《法学研究》2004 年第 2 期，第 59 页。

位。① 到了 13 世纪以后，罗马法开始逐步全面接受所谓的"裸的合意"②，将关注点投向了当事人的意思领域。"裸的合意"产生的诉权原则与罗马法是相冲突的。14 至 15 世纪的法学家在维持罗马法原则的前提下，作出了相应让步。巴尔多鲁（Bartolus,1314—1357）主张，虽然意大利的商事习惯承认了"裸的合意"能够产生债的效力，但只有清偿约定才能具备约束力。最终巴尔杜斯（Balde,1406 年逝）提出妥协解决的方案，即是否赋予合意的法律效力并不重要，基于"原因"的合意被给予法律效力才是关键。③ 可以说，并非是罗马法为中世纪后期以来的贸易复兴提供了足够的规则，而是中世纪后期兴起的"法律科学"的演绎，使得契约成为大规模贸易的基本规则，中世纪兴起的"法律科学"，是基于贸易的需要与现实而发展起来的。④

合意规则的确立为贸易形式的变革提供了充分的规则空间，其一方面是学术的产物，法律学术的介入开始了贸易领域的契约规则的系统化，贸易领域的契约规则从而获得了自我扩张的能力，即：当新的实践需要新的规则时，商人们无须再去揣摩同行们细微的心理变化，而能直接从原有的规则体系中推演出新的规则。但另一方面需要注意的是，学者通过学术演绎而来的精妙的合同理论，并不能使社会关系发生转变，后者是一个权力问题，一个占用和营运某种生产的体制。也就是说，不能认为，不管物质条件如何，只要自由协议这一法律概念充分发展，资产阶级社会关系就会出现，契约法并非其原则合乎正义，而是商人阶级扩大进而成为整个有产阶级的结果。⑤ 从这个角度观察，作为契约核心的合意不是一个单纯的心理事实，而更多的是一种需要法律调整的社会事实。

---

① 参见谢潇：《意大利现代合同法研究》（第一卷），中国社会科学出版社 2021 年版，第 80 页。

② 罗马法原则上不承认意思之单纯表示产生法律效果，无方式合意不产生任何诉权，但作为例外，罗马法容忍买卖等四种契约的无方式合意。对此，中世纪注释法学将此称分为所谓"裸的合意"与"穿着衣服的合意"。参见顾祝轩：《民法概念史·债权》，法律出版社 2016 年版，第 346 页。

③ 参见同上书，第 351 页。

④ 参见陈颐：《从中世纪商人法到近代民商法典——1000—1807 年欧陆贸易史中的法律变迁》，载《华东法律评论》（第一卷），法律出版社 2002 年版，第 265—266 页。

⑤ 参见〔美〕迈克尔·E. 泰格、玛德琳·R. 利维：《法律与资本主义的兴起》，纪琨译，刘锋校，学林出版社 1996 年版，第 204 页。

实践的发展与理论的推动,使得中世纪后期以来关于商人阶层的具体但分散的交易规则,渐渐成为近代抽象的、人人平等的体系化民商法。

第三,合同法的缔约模型源自商人之间交易的情形。

近现代合同法确立了"要约—承诺"的缔约模型,即一方发出要约的意思表示,一方作出承诺的意思表示,从而形成所谓的"合同"。

在罗马时代,合同义务原本是以订立契约确立的,订约时双方当事人都需要亲自到场,即使这种手续被放弃,一般来说合同的订立仍需双方当事人在场,可能由奴仆或有权之人或为此目的指定一自由民"代表"当事人订立。因此,罗马法学家从未认为有必要将同意用"要约"和"承诺"这两种陈述方式单独地宣布来表示。在欧洲所有的法律制度中,不论其进行系统编纂与否,关于通过要约和承诺订立合同的原则,基本上是自18世纪以来的商人们发展起来的。《葡萄牙民法典》和《奥地利民法典》几乎没有提及这一问题,1804年《法国民法典》基本也没有提及。①

据考证,"要约—承诺"的缔约模型最早出现在1861年《德国普通商法典》,该法典以商人之间的交易作为基本情形,规定了隔地者之间的契约交易规范。从此以后,经由要约和承诺的"相向模型"被固定了下来。之后,1900年《德国民法典》采纳了以上隔地者之间的缔约模型,并将其扩展适用于对话者之间的契约类型。至此,自罗马法以来,作为基本交易形态的对话者间的交易成了例外,而作为例外的隔地者间的交易反而占据了主流。②

第四,作为民法"帝王条款"的"诚信"源自商人之间的交易。

诚实信用被称为现代民法的"帝王条款",其一般被认为源于罗马法中的"善意"(bona fides),但罗马法中的"善意"原来仅适用于未受法律调整的交易行为产生的诉讼的理由说明,只是到了中世纪以后,大规模的商业交易使得商人们日常的谈判"不必依赖于精细和考究"。也就是说,诚信原则是一种商事交易习惯,这一商人法在中世纪以来就由特别商人法院予以适用,它充斥着诚信和常识的观念。英国大法官曼斯菲尔德相信确定性在商事交

---

① 参见〔德〕H. 克茨:《欧洲合同法》(上卷),周忠海等译,法律出版社2001年版,第23页。

② 顾祝轩:《体系概念史:欧陆民法典编纂何以可能》,法律出版社2019年版,第151页。

易中的重要作用,但解决合同纠纷的通常目标是公平而非确定性。① 1896年《德国民法典》将诚实信用原则推向了债法的顶峰,要求一切债务关系均应受这一原则的拘束,并进而通过判例将其认定为各项具体法律规定之上的上位原则。

第五,合同法中的诸多制度是由作为民法先锋的商法制度发展而来。

典型者如合同解除制度。罗马法向来不承认因违约而解约的一般性权利,直到19世纪末,根据德国共同法建立的合同理论,仍然保持着排除单方解除合同权利的罗马法规则,除非解约条款明确授予解约救济。但1861年《德国普通商法典》在债务人迟延的情形下,打破了该规则。《德国民法典》的起草者借鉴了这个做法,并将这个源于商法的成功革新制度移植到一般私法领域。② 伴随资本主义社会商事交易的发达,人们逐渐认识到过度的契约约束力反而阻碍了商事交易,德国法从起初仅仅承认裁判内解除转向了承诺裁判外解除,并最终导入了单方解除权。③

其他比较典型的制度还有如1861年《德国普通商法典》第278条关于商事行为的解释规定被置入了《德国民法典》后成为其第133条,即:"解释意思表示时,应当查明真实的意思,并且不得拘泥于所使用之表达的字面意义。"该规范成为适用于所有法律行为的解释规则,且有时也适用于法律和其他一般性规定的解释。按照该规定,如果是在需要受领的意思表示时,解释受到交易保护视角的支配,即为表示的受领人的利益予以客观解释;只有在单方面进行的意思表示情形,才以主观解释为标准。④ 进一步,当一个交易习惯使得承诺的意思表示成为多余时,则无须再进行承诺的意思表示(《德国民法典》第151条)。其被归纳为信赖原则并加以客观化,即使当没有作出意思表示或不存在意思表示时,在一系列的情况下,法典拟制了有拘束力的意思表示(《德国民法典》第496条、第516条第2款、第568条、第

---

① 参见〔德〕赖因哈德·齐默尔曼:《罗马法、当代法与欧洲法:现今的民法传统》,常鹏翱译,北京大学出版社2009年版,第163页下。
② 同上书,第91页。
③ 参见孙宪忠:《德国民法中的形成权》,载《环球法律评论》2006年第4期;顾祝轩:《民法概念史·债权》,法律出版社2016年版,第201页下。
④ 《德国民法典——全条文注释》(上册),杜景林、卢谌译,中国政法大学出版社2015年版,第102—103页。

615 条),这是一种典型的"合理的人"思维,即商人的视角。另外,依据《德国民法典》第 427 条所确立的多个合同当事人之间的连带责任、合同履行地的确定、合同履行辅助人的责任以及损害赔偿责任等,均来自 1861 年《德国普通商法典》。德国在制定其民法典时,将 1861 年《德国普通商法典》中的相当部分内容纳入了其中,这适应了《德国民法典》以小商人为镜像的经济发展需要。

第六,作为典型合同的买卖合同是典型商事交易。

尽管买卖契约经历了漫长的历史演变过程,但最终占据主导地位的是基于单纯的买卖约定而形成的诺成契约。1270 年汉堡的城市法明确规定了未来买卖即针对将来获得的商品的买卖形态。① 在原始文献中,买卖合同被称为买卖②(mercatura)或交易(negotiatio),其包含了两个不同的方面,即以出售为目的的购买和出售以出售为目的的购买之物。其中第一个方面包含了手工业者与商人之间的交易,通过这种交易,商人能够从前者那里储备以待出售的商品,此外还包括农业生产者与商人之间的交易,商人从事这类交易的目的是为手工业者提供原材料。而第二个方面则包括了批发商之间的交易、批发商与零售商之间的交易以及零售商与消费者之间的交易。③

第七,其他诸多有名合同主要是以商业交易为基础进行构造。

典型者如《德国民法典》第二编第八章"具体债务关系"中第 24 节关于"无记名债券"的规定,其成文化直接源于德国商事法院的推动。据考证,德国的无记名债券,源于 1740 年前后萨克森的国债,但当时并无对债券受让人以债务不成立或在成立后消灭为抗辩事由的规定,抗辩权理论也不发达。到了 18 世纪末,随着商业市场的发达,对受让人的保护成了必须解决的问题。很多人主张应保护无记名债券的受让人地位,至少就债务不成立与消灭的危险应加以保护,以促进其流通。经过德国商事法院的努力,立法上促成了德国民法草案有关规定的面世,即无记名债券发行人就发行行为的效

---

① 参见顾祝轩:《民法概念史·债权》,法律出版社 2016 年版,第 435 页。
② 德语"Kauf"(买卖)一词源自拉丁语"caupo"(小商人)。19 世纪英国的契约法,主要是通过处理那些有关买卖的人和商业组织的案件建立起来的。
③ 〔意〕F. 卡尔卡诺:《商法史》,贾婉婷译,商务印书馆 2017 年版,第 34 页。

力,对直接持有人仅可主张"由证书产生的"抗辩,即民法第 796 条的规定。①另如被称为民事合伙的合伙合同(《德国民法典》第 705 条以下),本源于古罗马法上的合伙(societas),并以之为模型,但在制定其民法典时,由于受到了独立于合伙(societas)而发展起来的商事合伙(commenda)的影响,合伙在共同法中获得了更大的存续稳定性,并由此发展出了对于内部关系的规则以及对于外部关系中代理责任的规则。②

采民商分立的 1896 年《德国民法典》,在其法典编纂的无身份差别的统一性中,对旧的出身身份和职业身份的权力剥夺和差别的消除得到了表达。在这个过程中,作为商人阶级法的商法中那些表面上的例外,事实上并非身份法的属性。因为每个人都可以从事商业活动,商法不过是商业活动的特别法,商法提高了一般私法的形式主义的合理化。正是因为这些特点,商法具有典型性地成了一般债法的"开路先锋"。体现着这些特点的契约缔结和契约展开的技术规则,德国在 1900 年从旧的《德意志普通商法典》转移到了《德国民法典》。③ 也就是说,《德国民法典》的制定是一个如何将原主要调整商人的商业关系的内容一般化于其中的过程,从而使其成为能够调整所有人的规则。其中,商法学者的努力可谓功不可没。这也致使 1898 年《德国商法典》仅被作为 1861 年的《德国普通商法典》的躯干而存在下来④,成为私法的特别法。

当然,在《德国民法典》制定过程中,也借鉴了很多古罗马法的制度,但这些制度显得与时代不符。如其第 607 条第 1 项规定:受领金钱或其他代替物作为消费借贷者,负有以种类、品质、数量相同之物返还之义务。该规定就受到古罗马法以来的要物契约说的影响,德国学者认为,该规定在制定

---

① 参见〔日〕我妻荣:《债权在近代法中的优越地位》,王书江等译,中国大百科全书出版社 1999 年版,第 38 页。
② 参见〔德〕马克斯·卡泽尔、罗尔夫·克努特尔:《罗马私法》,田士永译,法律出版社 2018 年版,第 484—485 页。
③ 〔德〕弗朗茨·维亚克尔:《古典私法典的社会模式与现代社会的发展》,傅广宇译,商务印书馆 2021 年版,第 18—19 页。
④ 参见〔德〕卡斯滕·施密特:《商法典与当今商法研究的任务——法律实践视野下的商法法典化》,赵守政译,载《中德私法研究》(第 15 辑),北京大学出版社 2017 年版。

时就已显陈旧落伍。[1]

三、民商合一下合同的商业化的历史考察——以意大利为例

意大利原随法国采民商分立,但在 1942 年将民法与商法统一起来,颁布了民商合一体例的新《意大利民法典》。意大利 1942 年的改革展示了两个极其重要的方面:一是将债的内容系统化于一编中(第四编);二是将"民事"债与"商事"债合为一个统一的概念,不再有所区分。[2] 其中,第一个方面的重大改观是以所有权为中心的做法转变为以财富流转为中心,即将债和合同从原民法典中混杂的"所有权取得和转让的方式"中区分出来,集中规定于一编之中(第四编)。这不仅弥补了将债和合同作为所有权的辅助规范做法的缺陷,更加突出了现代社会所要求的以合同为主要形式的商品交易需求的规范价值。第二个方面,即取消"民事"债与"商事"债的区分,在形式上取消了商法,但在实质上却是私法的"商法化",包含于法典第四章的债法和合同法与其说是对应了以前《民法典》中的规定,不如说是对应了《商法典》中的内容。所以,《意大利民法典》的统一只是在形式上创立了一部平等地适用于所有人的法律,而整个私法体系的"商法化"则强调了所有权利益从属于企业利益[3],即民事合同的商业化,是指商业需要而非民事普通生活的一般需求成了意大利新民法典的理念。

《意大利民法典》立法说明书非常注重细致描述旧民法典中的原则如何转变为统一的民法典中的内容。相关的规定包括期间、金钱之债、合同的成立、利息之债、选择之债、多数债务人之债、代理、合同的解除、买卖以及对出卖之物的瑕疵报告和查明、强制执行、出卖他人物、委任、协议扣押、借贷、寄托,除此之外还包括清偿地点、对出卖之物的交付、清偿的不可迟延性以及对诉讼赎回的取消等。该法典还拒绝了《拿破仑民法典》中"阻碍债权功能

---

[1] 所以在后来的实施中,除了单纯私人借贷之外,借贷主要靠定型化契约条款处理,民法的该规定几无适用余地。参见陈自强:《整合中之契约法》,北京大学出版社 2012 年版,第 16 页下。

[2] 〔意〕安东尼·拉托雷:《意大利法典(债编)对罗马法的继受》,刘家安译,载杨振山主编:《罗马法·中国法与民法法典化——物权和债权之研究》,中国政法大学出版社 2001 年版,第 389 页。

[3] 〔意〕F. 卡尔卡诺:《商法史》,贾婉婷译,商务印书馆 2017 年版,第 109 页。

的人文主义倾向","对债权人有利"的原则的设置也超出了商业债务的范畴,在统一法典的层面得到了一般化,因为"债权已经具有了普遍重要性"。①

意大利学者认为,将私法集中于一部单一的法典(即取消单独的商法典),对债的部分具有最为深刻的意义:其单一规划是经"商事"债的规则给予生动地重新表述后的结果,这些商事规则原本只对商人及商行为具有效力,它们具有补充性并且经常与"民事"债的规则相背离。②

1942年的《意大利民法典》通过民商合一的技术实现了民法的"商法化",它从原商法典吸收了相应规则并使之适用于所有人,如:(1)金钱之债的履行地为"缔约时债权人所在地"的规则(第1182条第3款);(2)多数人之债的"连带"推定,每个债务人均须"就全部债务为清偿",即使"每个人以不同的方式而负债",从而显著地加强了债权人的地位(第1292条至第1294条);(3)"出卖他人之物"的有效性(第1478条),而原民法典第1459条却否认其效力,对其效力的认可是以原商法典第59条为基础作出的,"考虑到交易的便利性、当事人是否现实地拥有物是无关紧要的";(4)债的负担的推定,新法典为委任(第1709条)、协议扣押(第1802条)及消费借贷(第1815条)作出了如此规定,推翻了原民法典中的相反规定,并且适用了"与现代经济生活相适应"的商法规则。③

企业的历史进程和强势扩张则体现为意大利在1942年实现了民商法典的统一:二者统一在民法典的名目之下,虽然民法典仍是表面上的胜者,但商法典渗透其中。商事之债的各项原则成为债法的一般原则,企业跃升为共同的法律制度,不论是农业企业、小规模企业、手工业企业、自耕农企业、小商人企业等都是企业,公有企业也是企业。④

---

① 〔意〕F. 卡尔卡诺:《商法史》,贾婉婷译,商务印书馆2017年版,第109—110页。
② 〔意〕安东尼·拉托雷:《意大利民法典(债编)对罗马法的继受》,刘家安译,载杨振山主编:《罗马法·中国法与民法法典化——物权和债权之研究》,中国政法大学出版社2001年版,第390页。
③ 同上书,第390—391页。
④ 〔意〕那塔利诺·伊尔蒂:《民法典的理念》,李飞译,载明辉、李昊主编:《北航法律评论》(2012年第1辑),法律出版社2012年版。

本 章 小 结

民商合一的实质是民法的商法化,而非商法的民法化。即使是采民商分立的德国,其民法也基本上被商法化了,其商法典是仅针对大商人的行为规则。民法的商法化意味着,本调整商人或商行为的规则成了所有人的行为规则,所有人都被视为理性而精于计算的人,"每个人都可以成为自己的立法者"。在19世纪欧洲民法法典化之后,欧洲人认为,法官只是简单地按照制定好的法典适用法律就是了,对于当事人,则应充分尊重其意思自治,因为"大伙儿都是理性的,他们每个人都知道自己在做什么"。

不过,民法的商法化并没有完全抹去民商的区分及适用规则的差异。在采民商分立的法国和德国、日本,是通过民法典之外的商法典解决二者之外的区分问题。在采民商合一的瑞士、意大利和荷兰,则是通过体系化与例外规定解决这一问题,其中体系化的是那些纯粹商事的合同,如运输合同、行纪合同等直接以有名合同置入合同编;例外规定则是不宜一般化的商事规则通过特殊化规定解决。

从最早实行民商合一的瑞士民法开始,各国和地区民法典中的人像并没有完全否认商人与普通人之间的差异,它们只是将普通人当作了具有与商人同样的智识而已。但以营业为主要目的的商人之间的商业关系,与以生活为主要内容的普通人之间的非商业关系,毕竟是不同的,因此在这些民商合一的民法典中,也都程度不同地有专门针对商人或非商人的规定。[①] 同时,这些采民商合一的国家和地区,也通过一般条款的控制,来解决合同法过于商事化的不平衡。一般条款是那些与社会评价相关的条款,属于规范性构成要件的因素,它们特别地具有模糊性,并且构成法条的核心内容,典型者如诚实信用条款、权利不得滥用条款、公序良俗、善意等。尽管这些条款损害了法律的确定性,允许法官自由裁量,但这些具有"开放结构"要素的一般条款为不断变动的社会打开了相应的窗户,使立法延伸到了立法所依

[①] 参见徐强胜:《民商合一下民法典中商行为规则设置的比较研究》,载《法学杂志》2015年第6期。

据的社会评价视角。法官可以根据相应的社会基本评价,判断某个具体的商业关系中的个人或非商人身份者所需要的保护和利益平衡。

而在我国,《民法典》合同规则的商事化①一方面必然有利于促进我国社会主义市场经济的发展,但另一方面也须看到其对普通民众可能带来的不利影响。在某种意义上,商事化并非意味着必然按照商事的规则"僵硬地"平等处理不同身份的人之间的交易,而只是通过商事化的规则能够有利于不同身份的人,至少不能因为商事化明显地偏向于一方。因此,在解释和运用合同规则时,须在具有不同身份者之间区别性地进行个案处理,以更多地关注民生,实现我国民法典的人本性价值。②

---

① 参见徐强胜:《〈合同法编〉(审议稿)民商合一的规范技术评析》,载《中国政法大学学报》2020年第2期。
② 参见王利明:《论民法典的民本性》,载《中国人民大学学报》2020年第4期。

第二章 域外合同法民商合一的规范技术路径

第一节 引 言

对于欧洲大陆的贸易法来说,19世纪是一个编纂法典的时代。近代早期,商事法虽然有意大利和西班牙城市的一些商事条例,以及路易十四的《贸易法》,但是这些法律并没有带来什么,只是一些完全的法律条例而已。法典意义上的商法始于1794年《普鲁士一般邦法》,这部法律有近2000个条款涉及商法,即从第475条到第2464条,这是商法历史上的第一部法典。① 随后是1807年《法国商法典》,除了法兰西帝国以外,它同时适用于那些被拿破仑征服过的国家,并对这些国家随后制定法典的活动产生了挥之不去的影响。1807年《法国商法典》开启了私法民商分立的先河,它不再是古老等级的商人法,而是一种特别抽象的配合商业功能的法,并因其成功的形塑而成为市民社会一般法律交易的"先驱"。② 在将近一个世纪之后的1897年,《德国商法典》将民商分立推向了它的历史高峰,并在下一个世纪到来之前,预示了它最后的辉煌。以今天的眼光来看,法国和德国的民商分立可以说完全是历史的产物,它对于法律的调控技术具有说明意义,但私法实际上并不能划分为两个清晰的领域,在此之后,对于后来的大多数国家来说,民商合一的法典化成为最好的选择。

---

① 〔德〕乌维·维瑟尔:《欧洲法律史:从古希腊到〈里斯本条约〉》,刘国良译,中央编译出版社2016年版,第585—586页。
② 〔德〕弗朗茨·维亚克尔:《近代私法史——以德意志的发展为观察重点》(下册),黄建辉、陈爱娥译,上海三联书店2006年版,第444页。

本章选取了大陆法系几个代表性国家民商合一的民法典（草案），包括瑞士、意大利和荷兰，以及在时间上离我们较近的欧盟，后者从20世纪以来一直致力于实现欧洲范围内的私法统一，并在21世纪的第一个十年孕育出了法典化的成果。通过比较的视角，本章拟提出并解决如下问题：其一，从《瑞士民法典》开始，采取民商合一立法体例国家的合同法都分别采取了何种规范技术模式？在这一技术模式下，其民商合一的合同规范又呈现出何种特点？其二，以上国家的民法典的合同规范安排是如何进行其民商合一规范技术工作的？换句话说，其合同规则是通过何种路径协调并融合私法中并存的商事规则的？其三，如果民商合一的规范技术能够实现合同规则在民法和商法这两个领域并行不悖地运行，那么这一规范技术的效用是如何实现的？其四，以上域外合同法民商合一的规范技术背后，又折射出了其立法上的何种价值取向？以下内容尝试对上述问题做出回答。

第二节 域外合同法民商合一的规范技术模式

所谓民商合一的规范技术模式，是指采取民商合一立法体例的合同规范在立法技术上采取的协调民商事规则的趋同性做法，它包括立法技术上的统一化立法和法律规范上的差异化设计。在合同规范上，采取了民商合一的规范技术，也就意味着承认了以下的前提性设定：(1)统一化是合同立法的最佳策略，民事规范和商事规范在统一合同法中不存在实质性冲突，否则它违背体系的原则；(2)立法模式上的统一设定可以消除之前那些过于差异化的安排，权威法律体系的存在不仅对参与商事活动的人来说是重要的，而且对于吸引那些准备进行新交易的投资者和企业而言也是必要的[①]；(3)合同规则解释上的"开闭原则"设定可以维护法律的稳定性，它对于法律的适用是开放的，但对于法律的修改是封闭的。大体来讲，域外合同立法中民商合一的规范技术主要包括三种模式，分别是瑞士模式、意大利和荷兰模式、欧盟模式。

---

① 〔瑞典〕彼得·瓦尔格伦：《论立法技术》，庄瑞银译，载《中山大学法律评论》2014年第4期。

一、瑞士的"统一分"模式:以民商事一般规范为主,以商事特殊规范为辅

瑞士民法中的合同法规范主要是指《瑞士民法典》第五编《瑞士债务法》。《瑞士民法典》的前四编分别是人法、亲属法、继承法、物权法,这是传统民法的范畴;其第五编是债务法,该编具有庞大的体量,包含了较多的商事规则,体例也比较独特,而且非常典型地运用了民商合一的规范技术。

《瑞士债务法》的全称是《关于补充瑞士民法典的联邦法律(第五编:债务法)》,它又分为五个分编,包括:第一分编"通则",第二分编"各种合同",第三分编"商事组织与合作社",第四分编"商事登记簿、商号名称和商业会计",第五分编"有价证券"。可以看出,从整个民法典的结构上看,《瑞士债务法》并不是一个独立于民法典的单独部分,它包括了交易法意义上的债法(第一分编和第二分编),这是债法的实质;也包括了商事交易和商事组织规则(第三分编至第五分编),这是商法的内容。《瑞士债务法》第三分编至第五分编的内容,在民商分立的法国和德国应该属于商法典的范畴,整个债务法实际上也是一部小型的商法典,即它更多的是关于商法的规定,是一部以商事规范为主要内容的民商合一私法典。

《瑞士债务法》中的合同规范包括第一分编和第二分编的规定,其中,第一分编是"通则",第二分编规定了"各种合同"。

(一)合同通则的规定

第一分编"通则"共有五章,分别是:第一章"债的发生";第二章"债的效力";第三章"债的消灭";第四章"债的特别关系";第五章"债权让与和债务承担"。从具体的规范上来看,通则部分主要是关于债的一般原则和规则的规定,对于所有的合同类型具有普适性,它以一般民商事规则为主,以关于商人或商事行为的特殊规则为辅,对于特殊化的商事规则,法典通过不同的手段进行了技术化的处理。

首先,通则的一些规定明确以"营业主""营业"等商人和商行为性质的词汇或类似词汇进行表述,与一般民事主体之间进行了区分。这些规定有:签名的代替规则中的汇票签名(第15条),法人、登记于商事登记簿的公司或合伙解散时的代理消灭规则(第35条第2款),商事代理权特别规定的保留(第40条),商品或服务的提供属于提供人职业上或营业上的行为(第40a条第1款),非用于经营或商业目的之宠物损害赔偿(第42条,第43条),营

业主对于受雇人或其他辅助人因执行职务所致损害的赔偿责任(第 55 条)，营业时间中的履行(第 79 条)，给付物为商品时的提存规则(第 92 条第 2 款)，给付物有交易所或公共市场市价的变卖规定(第 93 条第 2 款)，商人之间适用较高的迟延利息(第 104 条第 3 款)，雇佣人为其受雇人投保法定责任险(第 113 条)，商事交互计算关系中抵消的效力(第 124 条第 3 款)，商业性债权较短的时效期间(第 128 条第 1 款)，财产和营业的概括承受(第 181 条)等。

其次，通则的一些规定以"惯例""交易习惯"等类似表述强调商事规则的特别适用。这些规定有：通过机械方式复制亲笔签名用以代替亲笔签名，仅在其为交易习惯上使用，特别是用于大量发行的有价证券(第 14 条第 2 款)；应支付利息的债务的利率未经约定，且无法律或习惯可依据的，年利率为百分之五(第 73 条第 1 款)；除合同另有约定或另有地方习惯外，受领人得保留保证金，且不因此扣减债权额(第 158 条第 2 款)；债务人不得收取贴现，但依约定或惯例可以收取贴现的除外(第 81 条第 2 款)。

再者，通则中的一些规定其实是以商事交易为规范模型且主要是适用于商人之间，即它们在事实上和实质上主要适用于商事领域，但在法律上并没有被进行特别的技术化处理。如第 6 条关于默示承诺的规定，"依据行为性质或情事，无须期待明示之承诺者，如要约未在合理期间内被拒绝，视为已订立合同"；再比如第 7 条关于"无拘束力的要约、价格宣传、商品陈列"的规定，也更多地见于企业或商事经营者。

最后，通则中的一些规定在一些特定场合需要通过法院和法官的解释来实现民事和商事的区分。比如第 2 条第 2 款规定，对于合同的非必要之点，当事人意思不一致时，法院应依行为性质裁判；第 163 条第 3 款，对于约定违约金数额过高的，法院得依裁判衡量减少之。

可以看出，《瑞士债务法》合同通则中包含了较多的商事规则，立法通过不同的技术手段对这些规则的特别适用进行了规定，这主要是指在法律表述上使用某些商事性或暗含商事性的词眼。

(二) 分则部分的规定

第二分编"各种合同"共分十八章(第六章至第二十三章)，分别列举规定了不同的具体合同类型。

第六章"买卖和互易"包括五节内容，分别是：第一节"一般规定"，第二节"动产买卖",第三节"不动产买卖",第四节"特种买卖",第五节"互易合同"。和通则部分的处理技术相似,该章规定以一般民商事规则为主,以商事特殊规则为辅,商事规则的特别适用主要通过两种手段实现:其一,以"合同另有约定或另有习惯"条款申明商事规则的特别适用,如第 184 条第 2 款、第 188 条、第 189 条第 1 款、第 211 条第 2 款;其二,以直接的"在商事交易情形"的表述申明商事规则的特别适用,如第 190 条第 1 款、第 191 条第 2 款、第 212 条第 3 款。

第七章"赠与合同"主要适用于民事领域。

第八章"租赁"分为"使用租赁"和"用益租赁"。"使用租赁"分为"住房租赁"和"营业场所租赁",分别对应了民事和商事两个领域,并进行了一体化的规定。"用益租赁"的租赁物除住房和营业场所之外,还包括了农林企业和农用土地的租赁,法典对其进行了区别于住房和营业场所用益租赁的特别规定(第 276a 条),这主要是为了实现对非商事生产的农业活动的特别保护。

第九章"借贷"分为"使用借贷"和"消费借贷",消费借贷中的商事特别规定包括:第 313 条第 2 款规定,在商事借贷情形,虽未约定利息,借用人仍应支付利息;第 314 条第 3 款规定,预先约定将利息算入本金计算复利的无效,但商事往来账户的利息计算,以及历来就有复利计息惯例的消费借贷,特别是储蓄银行关于储户的利息计算,不在此限。可以看出,这里使用了非常明显的"商事""惯例"之类的词眼,以区别民事活动和商事活动。

第十章"劳务合同"分为四节,分别是:第一节"个人劳务合同",第二节"特种个人劳务合同",第三节"集体劳务合同和标准劳务合同",第四节"强制性规定"。其中,第一节"个人劳务合同"统一规定了民事和商事劳务合同,并通过频繁使用的"习惯""商业惯例""企业""营业"等词眼来区分民事和商事。第二节"特种个人劳务合同"包括学徒合同、旅行推销合同、家庭劳务合同,其中关于旅行推销合同的规定(第 347—350 条)是典型的商事规范。

第十一章"承揽合同"同时包括民事规范和商事规范,但其主要是以商事交易规则为主。

第十二章"出版合同"是典型的商事合同。

第十三章"委任"包括一般委任(含婚姻或同性伴侣关系之媒介委任)、

信用证和信用委任、居间合同、商事代理合同。其中,一般委任同时适用于民事和商事,信用证和信用委任、居间合同、商事代理合同则是典型的商事,可以说,该章主要也是以商事委任规则为主的。

第十四章"无因管理"、第十五章"行纪"、第十六章"运送合同"、第十七章"经理权及其他商业代理权"、第十八章"指示证券"、第十九章"寄托合同"是典型的商事交易合同。

第二十章"保证"同时适用于民事和商事,其通过两种规范方式体现其商事性:一是明确保证人如果是商人或经营者则如何(如第494条第2款、第503条第2款),二是明确如果保证人是自然人则如何(如第493条第2款、第500条第1款)。另外,该章还明确规定了连带责任保证必须是在合同中明确加以规定或有相似的明确用语,其实质是强调连带责任保证是精明的商人之间的事情。该章其实也是将商事保证一般化了,但同时专门规定了自然人如何避免保证的不利影响。

此外,《瑞士债务法》还规定了赌博和打赌(第二十一章)、终身定期金契约和终身供养契约(第二十二章)、单纯合伙(第二十三章)。

可以看出,《瑞士债务法》的合同分则同样对民商事合同规范进行了一体化处理,特别的商事规则设计主要通过两种途径实现:其一,在一般性规定中对商事规范进行特别设置;其二,对典型的商事合同进行专门规定。从整体来看,债务法第二分编"各种合同"主要是以商事规则为主,以普通民事规则为辅来设置的,商事合同不是处于辅助地位的法律规范,相反,商事合同占据了合同分则的大半壁江山,体现了"瑞士人皆为商人"的立法理念。

(三)瑞士模式的总结

从上述《瑞士债务法》的合同规范安排上来看,其民商合一的规范技术是以一般民商事规范为主,以商事特殊规范为辅的"统—分"模式。从"统"的层面来看,《瑞士债务法》中的交易规则首先是针对所有人的商业交易,这种做法使得该法典除了特别标明的仅适用于商人的特殊规则之外,所有规则均同时适用于商事行为和民事行为。[1] 从"分"的层面来看,《瑞士债务法》在立法上并不排斥明显的商事规范进入民法典,而是在一体化处理民商事

---

[1] 〔德〕K.茨威格特、H.克茨:《〈瑞士民法典〉的制定及其特色》,谢怀栻译,载谢怀栻:《外国民商法精要》(第三版),程啸增订,法律出版社2014年版,第135页。

规则的同时兼顾了商事交易规则的特殊性,并通过"企业""营业""交易习惯""商事交易"等商事性法律词汇来申明商事规则的特别适用,这强调了民、商之间应有的"分"。《瑞士债务法》这种既一体化处理民商事规范、又强调商事规则特别适用的民商合一的规范技术模式可以被称为"统一分"模式。

二、意大利和荷兰的"统一合"模式:将民商事规范一体化处理,较少强调商事规范的特殊性

(一) 意大利

民商合一意义上的意大利民法典是指制定并颁布于1942年的《意大利民法典》。《意大利民法典》共分六编,包括:序编"一般原则",第一编"人与家庭",第二编"继承",第三编"所有权",第四编"债",第五编"劳动",第六编"权利的保护"。其中,第四编"债"非常典型地运用了民商合一的规范技术。

《意大利民法典》的债编总论分别为第一章"债的总论"共148条(第1173—1320条)和第二章"合同总论"共149条(第1321—1469条)。其中,"债"是指产生于合同、违法行为或法律规定的任何其他产生债的行为或事实(第1173条),"合同"是双方或多方当事人关于彼此法律关系的设立、变更或消灭的合意(第1321条)。

第一章"债的总论"在表述上直接涉及商事交易规则的仅仅只有其第1176条"履行中的勤谨注意",该条规定:"在债的履行中,债务人应当尽善良家父般的勤谨注意。"(第1款)"因职务活动发生债的履行的,勤谨注意应当考虑所进行的活动性质。"(第2款)从法条逻辑上看,该条第1款针对的是一般民事活动中的勤谨注意,第2款则以"职务活动"的表述强调了商事性活动中的勤谨注意。也就是说,该条第2款虽然在法律表述上没有明确以"商人""企业主"等类似表述明确区分出商事活动,但是以"职务活动"这一客观标准从实质上区分了民事和商事,因此它主要是从商人(商行为)的角度对债务履行的勤谨注意义务进行了设定,即它是关于商事交易的规则设定。

第一章"债的总论"涉及的商事规则还包括关于"惯例"的表述,相较于第1176条直接以"职务活动"进行表述的方式,关于"惯例"的规定可以说是间接性的,而且往往需要经由解释,即经由裁判解释适用于商事领域。该章以"惯例"方式进行特别规定的商事规则包括：第 1181 条的"部分履行"、第 1183 条的"履行期间"、第 1187 条的"期间的计算"、第 1214 条的"根据惯例的提交和提存"、第 1269 条的"给付的委托"、第 1283 条的"复利"。

第二章"合同总论"对商事规则进行特别规定的方式主要有两种：其一，在法律表述上直接以"企业主""经营者""商业企业"为规范对象，如第 1330 条"企业主的死亡或丧失能力"、第 1368 条第 2 款"解释的一般惯例"、第 1400 条"代理的特别形式"、第 1469 条以下关于消费合同的规定；其二，通过"行业规则""惯例"的表述对商事规则进行特别规定，如第 1322 条"合同自治"的行业规则、第 1339 条"条款的自动插入"的行业规则、第 1340 条"惯例条款"的惯例、第 1454 条第 2 款"履行催告"的惯例、第 1457 条第 1 款"当事人一方的必要期间"的惯例。

债编分论中，设第三章"各类合同"，共分 26 节，该章规定的各类合同中，买卖、互易、租赁、委任、代理、寄存、保证属于一般的民商事规则，同时适用于民事和商事；借贷、永久年金、终身年金、赌博与赌金、不动产典质、和解、财产转让于债权人属于传统的民事规则；代销、供给、承揽、运送、居间、寄托、合意托管、往来账户、银行合同、保险则主要是商事规则，适用于商事领域。

通过以上总结可以看出，《意大利民法典》民商合一的合同规范安排在总论和分论中有不同体现：在关于债和合同的一般规定的总论部分，法典将私法中的民商事规则进行了一体化处理，只有少量条文涉及了商事规则的特殊适用；在分论部分，则对特殊的商事合同类型进行了专门的规定。不过从总体上看，《意大利民法典》中的合同规范并不刻意强调商事规则区分于民事规则的特殊性，而是强调两者的"统"和"合"，这从其一体化处理的合同总论的规定即可看出。

（二）荷兰

《荷兰民法典》共计十编，分别是：第一编"人法和家庭法"、第二编"法人"、第三编"财产法总则"、第四编"继承法"、第五编"物权"、第六编"债法总则"、第七编"有名合同"、第八编"运输法"、第九编"智力成果法"、第十编"国际私法"。民商合一意义上的合同规范安排主要体现在其第六编"债法总则"和第七编"有名合同"。

民法典第六编"债法总则"包括债的一般规定（第一章至第四章）和"合同总则"（第五章）。

在债的一般规定部分,和《意大利民法典》相似,《荷兰民法典》并不刻意区分民事和商事,专门涉及商事的规定很少。首先,第119a条明确使用了"商事合同"的表述。这里的商事合同是指:"从事执业或营业的一个或多个自然人之间或者一个或多个法人之间签订的且据此一个或多个当事人必须给予某物或做某事的有偿合同。"可见,"执业或营业"是它的核心特征。其次,该部分也以"执业或营业"的表述区分出了商事规则,如第118条、第171条、第175条。再者,某些条款虽然并未明确是企业或营业者之间的规则,如第140条关于往来账户的规定,但它其实是商事交易规则。最后,该编也通过所谓的"习惯"来确定当事人之间(其实主要是企业之间)的权利义务关系,如第48条第1款规定:"债权人必须对每一笔偿付出具收据,但依合同、习惯、公平原则有不同要求的除外。"

在"合同总则"的部分,与债的一般规定部分的规范手段相似,某些条款主要是通过"执业或营业"的表述来区分民事和商事,典型的条款有第214条关于营业或执业的合同要求,以及第236条和247条规定的当一方当事人是不从事营业或执业的自然人时,视为不合理地加重了其负担的合同条款情形。

第七编"有名合同"规定的合同类型包括买卖和互易合同、消费借贷合同、赠与合同、租赁合同、农业租赁合同、使用借贷合同、服务合同、旅游合同、出版合同、寄托合同、劳动合同、集体劳动合同、建筑合同、合伙合同、保证合同、结算合同、赌博合同、保险合同、年金合同、汇票和本票合同、支票合同。其中,消费借贷、服务合同、旅游合同、出版合同、建筑合同、结算合同、保险合同、汇票和本票合同、支票合同基本上是商事合同;赠与合同、农业租赁合同、使用借贷合同、劳动合同、集体劳动合同、赌博合同、年金合同则属于民事合同;其他合同如买卖合同、租赁合同则是一般的民商事合同,包括民事和商事。

可见,《荷兰民法典》的合同规范安排和《意大利民法典》相同,也是在合同的总论部分将民商事规则进行一体化处理,而较少地强调商事规则的特殊性,对于特殊的商事合同,则在合同分则中进行了专门规定。

(三)意大利和荷兰模式的总结

《意大利民法典》和《荷兰民法典》在民商合一的合同规范安排上具有显著的相似性,那就是两部法典更强调民事规范和商事规范的"统"和"合",关于商人或企业的特别性规定较少,这不同于《瑞士民法典》的做法。

以《荷兰民法典》为例,其合同总论中并没有关于商人的概念,也没有"企业"或"经营者"的类似表述,只是在某些条文中使用了"执业或营业"的商事性表述来区分民事规范。但是,这并不意味着立法者忽略了商事规则的特殊性,相反,法典的合同分则部分规定了大量的商事合同,并兼顾到了商事交易的规范需求。因此,与《瑞士民法典》相比,《意大利民法典》和《荷兰民法典》对于民事和商事规范的融合是比较深入的,这种将民商事规范一体化处理,而较少强调商事规范特殊性的合同规范安排,可被称为民商合一规范技术的"统一合"模式。

三、欧盟的"商人法"模式:统一合同法以商事规范为基础建立,同时兼顾非商人(特别是消费者)的特殊规范需求

欧盟的统一合同法是指其《欧洲示范民法典草案》(DCFR,又译作《共同参考框架草案》)中的合同规范。《欧洲示范民法典草案》共分十卷,包括:第一卷"一般条款",第二卷"合同和其他法律行为",第三卷"债及相关权利",第四卷"有名合同及其产生的权利义务",第五卷"无因管理他人事务",第六卷"造成他人损害的非合同责任",第七卷"不当得利",第八卷"物的所有权的取得和丧失",第九卷"动产担保物权",第十卷"信托"。其中,除了第五卷、第六卷、第七卷、第八卷不直接涉及合同规范以外,其他各卷大都是关于合同规范的直接规定。①

(一)合同总则的规定

《欧洲示范民法典草案》关于合同总则的规定主要是其第一卷"一般条款"、第二卷"合同和其他法律行为"和第三卷"债及相关权利"。

第一卷是"一般条款"。首先第 105 条直接明确区分了"消费者"和"经营者"。其中,消费者是指任何不以贸易、交易或职业活动为其行为主要目的的自然人,经营者是指任何以贸易、营利活动或职业活动为其行为目的的自然人或法人。这实质上是从主体上区分出了商人和非商人。此外,一般条款部分还规定了合同的解释和发展(第 102 条)、善意和公平交易(第 103

---

① 第九卷"动产担保物权"虽然从名称上来讲属于传统民法的物权范畴,但其实质上是关于合同交易规范的规定,关于担保物权的规定也主要是服务于债权。

条)、合理性(第 104 条)、书面和类似的表达(第 106 条)、"签名"和类似表达(第 107 条)、定义列表(第 108 条)、通知(第 109 条),它们实质上都是关于商事交易的规则,具有区分于一般民事交易的惯常性、复杂性和专业性,草案对这些规则进行了专门的强调。

第二卷是"合同和其他法律行为"。该卷共分为九章,包括一般规定、禁止歧视、营销行为和先合同义务、合同的订立、撤回权、代理、效力欠缺、解释、合同的内容与效力。

第一章"一般规定"基本上都是立足于商事交易需求进行设置的条款,如第 103 条中的单方允诺,它在商业信用证中扮演着重要角色;第 104 条的惯例和习惯;第 105 条的推定知道;第 106 条的形式;第 107 条的混合合同,其实质上是为了鼓励商业交易上创新而设置;第 108 条的部分无效或不生效;第 109 条的格式条款;第 110 条"未经个别协商"条款。

第二章"禁止歧视"是关于合同规则背后隐含的假设,即除非有正当理由,合同当事人应得到法律上的同等对待,它实质上是合同规则对于所有主体一体适用的要求。

第三章"营销行为和先合同义务"规定了企业或经营者在合同缔结之前的特别义务和责任,这实质上是对商事主体更高的合同义务要求。

第四章"合同的订立"的许多规定对商人之间特殊的合同交易规则进行了特别处理,如第 210 条关于"商人之间正式的合同确认"的规定。

第五章"撤回权"主要适用于合同一方当事人(通常是消费者)需要特殊保护的情形,如上门推销、远程交易等,其实质是约束作为合同强势方的商业经营者。

第六章"代理"同样照顾到了商事交易,比如根据惯例或实践决定的默示的代理权授予(第 103 条)。

第七章"效力欠缺"主要是处理各种可能导致合同无效的情形以及合同被撤销后的损害赔偿。

第八章"解释"要求合同的解释必须考虑前期的磋商、习惯、行业通常解释、惯例等,并强调经个别磋商的条款优先(第 104 条)和有解释的合同条款优先(第 106 条)。

第九章"合同的内容与效力"涉及的商事规则包括:合同条款可以源于当事人之间明示或默示的合意,双方当事人已经确立的习惯做法或惯例(第

101 条);当事人在经营活动中作出的陈述视为合同条款的先合同陈述(第102 条);未经个别磋商的条款须采合理方式提醒(第 103 条);经营者之间订立的不公平条款的认定(第 405 条)等。

第三卷"债及相关权利"共有七章。该卷是关于债的一般规定、债务履行规则以及债务不履行救济的规定,其直接涉及商事交易的条款主要有"商事合同中的利息"(第Ⅲ-3:710 条)、"与利息有关的不公平条款"(第Ⅲ-3:711 条)。

(二)合同分则的规定

合同分则的规定主要是指第四卷"有名合同及其产生的权利义务",该卷分为八编,各编之下又分设各章。

第一编是"买卖合同",共分六章。该编主要适用于货物买卖合同和与消费品担保相关的合同(第Ⅳ.A-1:101 条),其中,货物买卖合同的规则设计主要立足于商事交易活动,且主要是动产买卖,消费品担保是指在消费品买卖合同中对消费者所作的允诺(第Ⅳ.A-6:101 条)。该编同时区分出了消费品买卖合同,其是指卖方是经营者而买方是消费者的合同(第Ⅳ.A-1:204 条),该合同确保了对消费者较高的保护程度,目的在于保护所涉交易中被视为弱势一方的利益。可以看出,该编是以商事买卖合同为主、消费买卖合同为辅而设计的,同时强调了商事化的买卖合同规则和消费者利益保护。

第二编是"货物租赁",分为七章。与第一编"买卖合同"的规定相同,该编适用于动产租赁,且明确区分出了消费租赁合同,其是指出租人为经营者而承租人为消费者的租赁合同(Ⅳ.B-1:102 条),并将其作为例外。

第三编为"服务合同",分为八章。该编并没有明确区分消费服务合同,主要是从具有专业技能的服务者及需合作的被服务方的角度加以规范的,且更多的是强调服务方的义务和责任。

第四编是"委托合同",分为七章。该编包括了我国法上的委托合同、行纪合同和居间合同,而且主要是关于委托一般规则的规定,并主要规定了委托内部关系的处理。该编没有专门的经营者表述或类似的商事性表述,但要求受托人须具备相应技能和注意义务,以及如果声称具有更高标准的技能时的更高的责任要求(第Ⅳ.D-3:103 条)。

第五编是"商事代理、特许经营和分销",分为五章,即"一般规定""适用于本编范围内的所有合同的规则""商事代理""特许经营""分销",可以看出,本编是典型的商事合同。

第六编是"借贷合同",本编适用于所有的借贷合同,但明确排除了企业提供给消费者借贷的合同(第Ⅳ.F-1:101条)。

第七编是"保证合同",分为四章。该编将保证区分为从属保证和独立保证,后者是典型的商事性质的保证,是随着20世纪商业的发展而产生的保证制度。① 该编同时规定了关于消费者保证的特殊规则,即消费者作为保证人时,其仅负补充责任,而非连带责任(第Ⅳ.G-4:105条)。

第八编是"赠与",共分四章。该编是典型的民事规则,但其也对商人作出的赠与和非商人作出的赠与设计了不同的规则,如规定商业赠与不受形式要件的保护(第Ⅳ.H-2:102条)。

(三)欧盟模式的总结

《欧洲示范民法典草案》关于合同交易规范的安排主要是以商事交易规则为主、以非商事交易规则为辅进行设置安排,同时草案对消费者保护的特殊规则在不同合同类型中进行了专门规定。这一规范技术既充分满足了企业和经营者这样的商人群体在经营活动中的合同规范需求,又能最大程度地兼顾商事活动之外的普通民事主体特别是普通消费者的利益保护问题。

总体上看,欧盟这一民商合一的合同规范技术可被称为"商人法"模式,即统一合同法是以商事规范为基础建立,同时兼顾了非商人(特别是消费者)的特殊规范需求。

第三节 域外合同法民商合一的规范路径差异

在民商合一的合同规范安排上,不同的规范路径,可以产生不同的规范技术模式。

以上域外合同法中不同的民商合一规范技术模式的差异,在根本上源于它们之间在民商合一规范路径上的差异。这一方面是历史的原因,

---

① 欧洲民法典研究组、欧盟现行私法研究组编著:《欧洲私法的原则、定义与示范规则:欧洲示范民法典草案》(第四卷),于庆生等译,法律出版社2014年版,第1104页。

上述国家(地区)在制定它们的民法典(草案)的过程中,分别面临着不同的国情和社会形势,以及学说上关于民法和商法关系的争论,这些客观的立法因素影响了最终形成的法律文本。另一方面是法律发展的结果,这主要是私法体系内民法和商法的融合性发展,从《瑞士民法典》开始,私法的统一化运动便开始不断深入发展,商人和普通民事主体之间的差异逐渐缩小;及至欧洲的私法统一化运动,所有的合同规则都经过了商事化的处理,所有的私法都被要求是超国家性质的共同体私法,它不仅涵盖商法、公司法和其他诸多特别法领域,而且深入到私法的核心中去[①],它是全民皆商的欧洲私法。

但是,不论从何种层面上理解合同规范技术的民商合一,它在本质上都是一个如何处理民法和商法关系的问题,并进而表现为商法规范如何融入私法规范的问题。因此,探寻域外合同法中民商合一规范路径的差异及其成因,对于我们准确理解建立在民法商法化、主观商到客观商、体系化和例外规定这些范畴之上的合同法规范技术的形成具有重要意义。

一、瑞士"统一分"模式的路径依据:民商合一是私法的合一

(一)《瑞士民法典》在形式上实现了私法合一:民法意义上的前四编和商法意义上的第五编

无论是从历史影响上还是以今天的眼光来看,《瑞士民法典》在世界范围内都是一部颇具特色和具有重要意义的法典。这主要是因为,在欧洲大陆近代私法"法典化"的历史进程中,《瑞士民法典》率先确立并实现了"民商合一"的立法体例,这与前一个世纪被视为正统的"民商分立"的德国法和法国法的做法完全不同。对此,弗朗茨·维亚克尔评论道:"瑞士联邦的民法典是中欧学说汇编学的第二次法典化。"[②]从对我国的法律影响上来看,我国"民商合一"立法体例的形成和坚持,也非常明显地受到了

[①] 〔德〕赖纳·舒尔策:《欧洲私法》,孟翰译,载《南京大学法律评论》2003年第19期。

[②] 〔德〕弗朗茨·维亚克尔:《近代私法史——以德意志的发展为观察重点》(上册),黄建辉、陈爱娥译,上海三联书店2006年版,第471页。

这部法典的影响。① 谢怀栻先生即指出,从旧中国到新中国,我国民事立法"民商合一"大原则的确立是受到了《瑞士民法典》的启发。②

《瑞士民法典》于 1907 年通过、1912 年生效实施,它在结构上拥有独特的体例。《瑞士民法典》在一定程度上体现了德国式的罗马法传统,比如整个结构的"五编式"(人法、亲属法、继承法、物权法和债务法)便是追随学说汇纂理论的产物。但是,它又不符合德国潘德克顿式的民法典体系,这主要是因为它不设"总则",提取公因式的"总则"一直被视为德国民法的象征,而《瑞士民法典》的开头只有一个序言性质(法例)的 10 条规定。《瑞士民法典》不设"总则"并没有带来什么不好的影响,它一直都有被很好地适用,这愈加说明德国式的总则编可能只是一种抽象思辨的产物。《瑞士民法典》不设总则还因为债务法中的"通则"实际上承担了总则式法典中法律行为的规范功能,《瑞士民法典》第 4 条即规定,"债法部分关于合同订立、生效和终止的一般规定适用于民法的其他方面",这也大大减少了民法典规定总则编的必要。《瑞士民法典》这种独特的逻辑体例,即它追求"从实际运用中的联系出发而加以安排"③,对我们理解整个法典的规范技术逻辑具有重要意义。

《瑞士民法典》的前四编是人法、亲属法、继承法、物权法,主要是关于民法的规定。第五编是债务法,包括通则,各种合同,商事组织与合作社,商事登记簿、商号名称和商业会计、有价证券。可以看出,债务法的第一、二分编属于合同的范畴,第三分编到第五分编属于商法的范畴,民法和商法在形式上的区分在债务法中表现得十分明显。《瑞士民法典》这一特点既不同于民商分立的德国法、法国法中民法和商法的规定,也不同于后来的民商合一国家的民法典中债法部分的规定,在世界范围内可谓独树一帜。因此,从结构上看,《瑞士民法典》的前四编和第五编虽然在整体上属于一部统一的民法典,但两者在形式上又可以分为两个部分,一部分是民法意义上的前四编,

---

① 虽然我国历史上曾有过短暂的"民商分立"的立法尝试,官方在此背景下制定并颁布了《钦定大清商律》,但是今人多认为,晚清历史上"民商分立"的立法实验受制于当时的社会历史背景,即清政府寄希望于通过尽快仿照西法制定商律以达到收回法外治权的目的,这与欧洲历史上的法典化实践不可同日而语。参见何勤华、李秀清:《外国法与中国法:20 世纪中国移植外国法反思》,中国政法大学出版社 2003 年版,第 212 页。

② 谢怀栻:《外国民商法精要》(第三版),程啸增订,法律出版社 2014 年版,第 123 页。

③ 〔德〕K. 茨威格特、H. 克茨:《比较法总论》,潘汉典等译,法律出版社 2003 年版,第 317 页。

一部分是商法意义上的第五编，这两个部分是私法合一在法典中的体现。

（二）《瑞士债务法》在实质上实现了私法合一：民商合一的合同法规范

《瑞士债务法》的前两分编，即第一分编"通则"和第二分编"各种合同"，体现了实质意义上的私法合一，即合同规范安排上的民商合一。作为以商法为主要内容的《瑞士债务法》，其合同规范的制定并非建立在商人和商行为的基础之上，而是建立在私法合一的基础之上，这主要因为当时瑞士各地的商业十分发达，商人的特殊性已不复存在，甚至特殊的商行为也失去其纯粹性。[①] 在1864年提出债务法草案时，鉴于很难将商行为与一般合同加以区别，草案的起草者扬弃了商行为的概念，而试图将商法实质地整合在一般债法之中。

瑞士法学家孟辛格（Walther Munzinger，1830—1873年）是瑞士债法典的主要起草者，其关于民法和商法关系的见解很大程度上影响了瑞士债法典的体例、风格和制度上的设想，瑞士债法典草案以及后来的《瑞士债务法》被深深地烙上了孟辛格的个人印记。早在1862年对统一瑞士商法典的建议书中，孟辛格就已经明确地提出了其关于民法和商法关系的基本看法。他认为，起草单纯针对商人群体的独立商法典，其实质是将法典的适用对象只限定于具有特殊身份的群体，这在政治上并不可取；哪怕是在法律技术上，将私法中的商法规范抽象出来并意图编纂一部独立的商法典，也不具有说服力。孟辛格提出的理由包括：（1）民、商事法律规范的隔离，意味着否认了法律行为的多样性；（2）民事规范和商事规范之间具有紧密的内在联系，立法无法实现法律技术上的精确切割；（3）民商分立将大幅度提高法律适用者"找法"的难度，并引起民众和法官在法律理解上的分歧。[②] 以今天的眼光来看，一百多年的时间过去了，孟辛格的真知灼见仍不失其光辉，这些问题现在仍是私法的核心问题。需要指出的是，孟辛格虽然反对民商分立的立法体例，但这并不意味着他否认私法中商事规范的独立性，相反，他将商法理解为现实社会中的法律交往催生的新的私法形式，这一私法形式通过法典层面的（商事）特别法律规范存在，并被统一的民商合一法典所涵盖。[③]

---

① 谢怀栻：《大陆法国家民法典研究》，中国法制出版社2004年版，第83页。
② 参见史广龙：《民商合一立法方法在瑞士民法典中的实现》，载《法律方法》2014年第2期。
③ 同上。

一方面,《瑞士债务法》之所以能在统一民法框架下将公司、票据等典型的商事法律纳入其中进行规定,还受到了法典制定过程中政治因素的影响。在统一私法立法的进程中,瑞士的统一私法活动始终伴随着联邦立法权限的争取,在这一过程中,瑞士联邦首先是争取到了统一债法的立法权,经过多次修订的统一债法草案于 1881 年在立法机关获得通过。1898 年,瑞士联邦的立法权涵盖到整个私法领域,立法机关这才着手起草统一民法典的工作,并在随后将债务法的内容并入了民法典。实际上,在统一的民法典和债务法制定之前,瑞士德语区的私法实践已经开始将大量的商事法律规范纳入一元化的私法体系,这是一元化法典观念的基础,瑞士内部也曾有过多次制定统一商法典的计划并且已经付诸实行。另一方面,在统一立法活动中,由于瑞士联邦立法的权限受到宪法制约,仿照德国进行统一商事立法的活动在联邦议会中引起了关于立法权限的广泛争论,这一争论的最终结果是,瑞士在 1868 年决定取消原先的商法统一计划而转向一般债法的制定,其中的债法包括了原先起草计划中的商法内容。① 也就是说,瑞士本来是打算制定一部统一的商法典,但是联邦立法权限的争论将立法权限问题深入到了立法技术问题的层面,瑞士在一个偶然的历史情境中走上了一条"民商合一"的道路。

二、意大利和荷兰"统一合"模式的路径依据:民商合一是民法的商法化

(一)意大利

民商合一意义上的意大利民法典是指制定并颁布于 1942 年的《意大利民法典》,这部法典诞生于第二次世界大战期间,但并未受到当时盛行的法西斯思想的影响。在 1942 年《意大利民法典》之前,意大利曾追随法国法的模式,近现代私法意义上的第一部民法典诞生于 1865 年;随后,意大利又于 1882 年颁布了单独的商法典。这样一来,从 19 世纪下半叶到 20 世纪上半叶,意大利就形成了 1865 年《意大利民法典》和 1882 年《意大利商法典》并行的"民商分立"的私法格局。1942 年,意大利将原有的民法典和商法典统一了起来,颁布了民商合一意义上的新的《意大利民法典》。

---

① 殷安军:《瑞士法上民商合一立法模式的形成兼评"单一法典"理念》,载《中外法学》2014 年第 6 期。

1942年意大利的民商法典改革展示了两个极其重要的方面：第一个方面是将原来立法中以所有权为中心的做法转变为以财富流转为中心的做法，即将债和合同从原民法典中混杂的"所有权取得和转让的方式"中区分出来，集中规定于一编。这不仅弥补了将债和合同作为所有权的辅助规范做法的缺陷，而且更加突出了现代社会所要求的以合同为主要形式的商品交易规范。第二个方面是取消了民事债与商事债的区分，即在成文法的形式上取消了商法，但在实质上却是私法的"商法化"，包含于法典第四章的债法和合同法与其说是对应了之前民法典中的规定，不如说是对应了商法典中的内容。在这一意义上，意大利的法律体系侧重于满足形式合法性的要求，实在法的体系，特别是法典法的体系，在某种意义上被等同于法律规则的总体。[①]

与民商合一的《瑞士民法典》的立法过程相似，意大利私法原来也采民商分立的立法理念，而且意大利更往前推进的一步是，其在随后确实制定出了单独的商法典，民法典和商法典并驾齐驱的格局持续了将近半个多世纪。可见，商法典的成文化在欧洲国家当时的历史背景中不能不说是一个现实的问题。意大利民商合一立法体例的形成同样受到了关于民商合一和民商分立的争论以及权威学者观点的影响。意大利民法典编纂过程中民商合一的立法理念被认为是受到了学者莫塔内里和维梵德的影响，前者是抽象的民商合一理论的创始人，后者是1942年《意大利民法典》具体的民商合一的造意者，两者民商合一的理论主张影响了不同时期意大利立法的走向。[②]

总体来看，《意大利民法典》是因为通过将民法和商法在一部法典中进行有机地融合，而受到了国际上的广泛关注。而且可以明显看出，《意大利民法典》在进行民法与商法统一的工作时，更多是通过商行为规则统一了传统的民事规则，即它更多考虑的是现实的商事规范需求。1942年《意大利民法典》的第四编中的债法规则基本上源自1882年《意大利商法典》。1882年商法典中关于合同缔结、金钱债务、债务利息、可选择债务、连带债务、代理、合同解除、强制执行、出卖他人之物、买卖、保管、互易等法律规则几乎被

[①] 〔意〕布斯奈里：《意大利私法体系之概观》，薛军译，载《中外法学》2004年第6期。

[②] 徐国栋：《民商合一的多重内涵与理论反思：以1942年〈意大利民法典〉民商合一模式的解读为中心》，载《中外法学》2019年第4期。

"原封不动"地吸纳到了民法典当中。① 这样一来,在民法和商法统一立法的过程中,给予债务人以优先保护的"有利于债务人原则"受到了严重削弱,意大利也是在后来为了响应欧盟消费者保护指令的要求而通过修改相应章节以强调保护普通消费者。② 相较于《瑞士债务法》,《意大利民法典》更强调民商的"合"与"统",其关于商人或企业的例外规定很少。这和这部法律在1942年制定过程中立法者们的两个基本思路有关:一是私主体应被置于所有的利益范围的中心地位,这些利益范围涉及民事活动和商事活动、所有权和经营管理、物和行为;二是全部的私生活要反映在同一部法典中,即民法典中,因而民法典是个人法与家庭法、财产法与继承法、企业法同经济组织法的统一。③

(二)荷兰

《荷兰民法典》的产生伴随着荷兰经济发展在17世纪经历的由盛而衰的过程。在17世纪初,荷兰凭借高超的造船技术和高效的商业秩序,在短时间内建立了跨洋贸易的帝国运输网络,并从西班牙手中夺取了海上霸权。在此期间,荷兰已经培育出了一种卓越独特的法律,在这种法律文化之中,古老的尼德兰法律习惯与他们在大学里出色地维护的罗马法融为一体。④ 然而好景不长,17世纪下半叶,荷兰在法荷战争中完败于法国"太阳王"路易十四,逐渐丧失了政治上的独立性,接下来,荷兰的前两部民法典都受到了法国的影响。

荷兰的第一部民法典颁布于1809年,这部法典是直接"翻译"了1804年《法国民法典》的成果。1813年,荷兰从法国统治下重获独立,立即开始筹备独立的民法典,并于1838年完成,并在同一年颁布了独立的商法典,在整体上延续了法国法民商分立的立法模式。1838年的民法典同样以《法国民法典》为蓝本,分为自然人和家庭、法人、物权、债权、证据和时效五编。1947年以后,荷兰重新开始审视自己的民法典和商法典,并考虑将二者统

---

① 夏小雄:《私法商法化:体系重构及制度调整》,载《法商研究》2019年第4期。
② 〔意〕桑德罗·斯奇巴尼:《意大利民法典》,费安玲等译,中国政法大学出版社1997年版,前言第5页。
③ 费安玲:《1942年〈意大利民法典〉的产生及其特点》,载《比较法研究》1998年第1期。
④ 〔德〕K.茨威格特、H.克茨:《比较法总论》,潘汉典等译,法律出版社2003年版,第190页。

一编纂在一起。1970年,《荷兰民法典》第一编"人法和家庭法"颁布,1976年第二编"法人"颁布,1992年其核心部分即关于"财产法"的第三、五、六编生效,2003年其其第四编"继承法"生效,其剩下的部分,主要是有名合同领域的制定工作仍在继续。

1992年生效的"财产法"是《荷兰民法典》的核心部分,该年的荷兰民法典也基本上完成了之前民法典和商法典的整合工作,在立法体例上确立了民商合一的立法模式。从法典结构上看,1992年民法典深受德国法的影响。首先,法典区分了"人"和"物",即人法(法典的第一、二部分)和财产法的一般规定(法典的第三部分);其次,法典在财产法中区分了物法和债法,即法典的第五部分和第六部分;最后,法典在债法中区分了总则性质的一般性规定和分则性质的特殊合同,即法典的第六部分、第七部分和第八部分。至于1838年商法典中的内容,其中的一般性规定被分散到了民法典的法人、财产法总则、合同法以及公司、破产、保险等特别法之中;与船舶运输有关的大部分内容独立为民法典第八部分的运输法与运输方式,剩余的一部分完全被整合到民法典中。

从民商合一的规范技术特点上来看,《荷兰民法典》中的某些一般性规定实质上是由之前一些商法典中的规定转化而来的,如目击人证明规则、连带责任、默认规则、债权时效、惩罚金规则、迟延履行、价格决定机制、代理规则、损害赔偿规则、补偿规则。[①] 商事性规范转化为一般性民事性规范的结果是,该部分的商事规范被废除了,如民法典财产法总则部分的代理规则便取代了商法典中的商事代理规则。同时,《荷兰民法典》也最大程度地吸纳了新时期的商事立法成果,将消费者保护法和劳动法也纳入了民法典进行规定:"无论一方当事人是商人还是消费者,都不会导致特别法典的适用。商人是市民,消费者也是市民,所以他们的行为都受到民法典的规制。"[②] 这实现了更为现代化的民商事统筹立法。

总体来讲,《荷兰民法典》在德国法和法国法之间,在民法和商法之间从

[①] 夏沁:《私法合一抑或民商合一——中荷民法典民商合一立法体例比较研究》,载《湖北社会科学》2020年第3期。

[②] 〔荷〕J.海玛:《欧盟立法对荷兰民法典的影响——主要探讨消费者保护》,苏蓓译,王卫国校,载王卫国主编:《荷兰经验与民法再法典化》,中国政法大学出版社2007年版。

法典技术的层面进行了成功的融合。同时,欧洲的统一私法运动也对荷兰的立法产生了一定的影响。比如,其买卖法的规定很明显地受到了1992年同样在荷兰生效的《关于国际货物销售统一法公约》和《联合国国际货物销售合同公约》的影响,债务履行的具体规定受到了比利时、荷兰、卢森堡三国经济联盟草案的影响,产品责任、独立的商务代理和旅游合同则受到了欧洲统一立法的启示。① 由于民法和商法是私法领域规范市场经济的最主要的规则,两者之间在许多方面的规定具有共通性,《荷兰民法典》通过其开放性、融合性和现代性的立法举措,实现了法典层面的民商合一。

三、欧盟的"商人法"模式:民商合一是全民皆商的现代商事交易法

(一)"单一市场"的立法目标

在欧洲,欧共体成立以后,欧盟各成员国一直在努力实现欧洲范围内的统一立法特别是统一私法立法的目标。2009年,在学术研究机构的推动下,欧洲民法典研究组和欧盟现行私法研究组最终完成了《欧洲私法的原则、定义与示范规则:欧洲示范民法典草案》,即《欧洲示范民法典草案》(DCFR)。该草案充分吸收了欧洲现有私法统一的立法经验和成果,是当前世界上较新的民法典草案。《欧洲示范民法典草案》的目的在于推进欧盟"单一市场"的建立,消除欧盟各国市场由于私法的不统一而导致的商品在自由流通上的障碍。因此,该草案是典型的民商合一并以商事规则为主的立法。自由、安全、正义和效率是该法典所坚持的四项基本原则。②

欧盟国家在私法尤其是债法制度上之所以能够实现趋同性统一,主要是因为欧盟成员国家有着共同的罗马法律文化根基。罗马法中的法典化、债的制度设计、意思表示、有名契约与无名契约等理性制度设计通过德国、意大利、法国、英国等参与欧盟债法起草的法学家的思维直接影响了欧盟合同法、侵权法等债法的内容,并与现代债法思想共同构成了欧盟债法的制度

---

① 焦富民、盛敏:《论荷兰民法典的开放性、融和性与现代性——兼及对中国制定民法典的启示》,载《法学家》2005年第5期。
② 欧洲民法典研究组、欧盟现行私法研究组著:《欧洲私法的原则、定义与示范规则:欧洲示范民法典草案》(第一、二、三卷),高圣平等译,法律出版社2014年版,第50页。

与法学思想基础。①

　　与欧洲国家之前颁布的那些早期代表性的民法典的活动不同,推动欧洲范围内的法典编纂的首要理由不再是出于政治上的考虑,而是为了保证欧盟范围内的货物和服务完全和有效的自由流动,而与合同有关的法律规范的差别则可能导致对商业的阻碍。② 因此,对欧洲合同法规则进行统一调整和安排是必要的,因为成员国之间合同法规则的差异对市场运行产生了一些负面的影响,其也可能显著地阻碍了欧盟市场内部一些特定的商业活动组织模式。比如,在确定什么构成要约以及要约的地位如何时,不同成员国的法律给出的答案大相径庭,某些国家的要约在另外一些国家可能是要约邀请,此外,要约的撤销在不同的国家也有不同规则。③

　　《欧洲示范民法典草案》中的合同法规则占据了领先地位,因为它主要是商事的,并在跨国关系中被频繁使用。而且,从欧洲民法的统一趋势上来看,欧洲学者也是更倾向于制定统一的合同法,欧盟机构批准的合同法法典化的目标同样也是财产法的目标。④ 此外,《欧洲示范民法典草案》也伴随着 20 世纪以来欧洲社会政治经济结构和欧洲国家宪法体制变迁的过程,在这一历史背景下,民法也开始了新一轮的融合性和改革性演变。那些与市场活动直接联系的法律(比如合同法,以及广义民法中的商事性法律),受到市场逻辑的强大影响,逐渐开始重新强调私人自治作为民法的基础性价值,并且将效率最大化作为法律对民事活动进行调整的基本价值取向。⑤

---

① 费安玲:《论欧洲一体化进程中欧洲债法趋同之罗马法基础》,载《比较法研究》2008年第 1 期。但是,罗马法律并不是欧洲法律统一完全的和唯一的基础,它只是提供了一个法律传统意义上的追易地和应用场。实际上,在罗马法形成的时期,在罗马之外,成文的和官方的法很少被应用,那里通用的是地方性的惯例和以传统方式解决争端的途径。甚至在一些具有特殊文化的省份,如埃及和希腊,地方法具有极其重要的特殊性,它拒绝古典罗马法的模式。参见〔葡〕叶士朋:《欧洲法学史导论》,吕平义等译,中国政法大学出版社 1998 年版,第 62 页。
② 〔意〕比扬卡:《关于欧洲民法典编纂的短论》,薛军译,载《中外法学》2004 年第 6 期。
③ 参见张彤:《欧洲合同法最新发展之探析》,载《比较法研究》2009 年第 2 期。
④ 张彤:《欧洲一体化进程中的欧洲民法趋同和法典化研究》,载《比较法研究》2008 年第 1 期。
⑤ 薛军:《"民法—宪法"关系的演变与民法的转型——以欧洲近现代民法的发展轨迹为中心》,载《中国法学》2010 年第 1 期。

(二)"经营者—消费者"的规范重点

从总体上看,《欧洲示范民法典草案》关于合同交易的规范主要是以商行为规则为主、以非商行为规则为辅进行设置安排的,并同时照顾了非商人群体特别是消费者群体的利益保护问题,即"经营者—消费者"的合同规范重点。这种模式的优点在于,既能充分提供企业或经营者在营业活动中的商事规范需求,又能最大程度地照顾到商事活动之外的普通民事主体,特别是普通消费者。具体来讲,这一规范模式的技术路径包括以下两个方面的内容:

其一,草案中的合同规则主要是以商事交易活动为模型和对象进行安排的,它的主要规范对象是商事经营者。实际上,除了商事性的一般合同规定之外,在草案制定的过程中,由德国私法学家克里斯蒂安·冯·巴尔领导的欧洲民法典研究组以《欧洲合同法原则》为出发点,也研制了除了一般合同法之外的核心的财产关系法律。这部分与欧洲市场内部的商业活动有着紧密的关联,主要包括三个领域的法律:一是某些特殊类型的合同,包括买卖、服务、贷款协议和信用保证、保险合同,以及长期的商事合同(代理、特许经营及经销合同);二是内部与市场关系密切相关的动产法,包括动产的转让、担保以及信托法;三是非合同之债,包括侵权、不当得利和无因管理。[1] 可以看出,这些也都是以商业经营者为主要适用对象的商事交易规则。

其二,草案也重点规范了与消费者相关的合同规则。一直以来,欧盟制定统一合同法的意图和实践都是在一个协商性的合同共同框架下进行,这一框架显示了它需要规范和可以规范的两个非常重要的合同领域,即关于经营者和消费者的合同领域。根据这一规范重点,合同规范呈现出的特点是:"一般"合同法和消费者合同被规定在一个统一的规范之中,以超越人为的零碎状态,构建统一的制度。[2] 在20世纪80年代,欧共体相关指令所统一的合同法领域是以保护"内部市场"为目的,以"消费者保护法"为核心作为其指导。21世纪以来,欧共体有关"消费者法"的指令已然形成了丰富的规范性法律渊源,并极大地影响到了一般合同法的大多数关键领域。例如

---

[1] 朱淑丽:《欧盟民法法典化研究》,上海人民出版社2013年版,第59页。
[2] 〔意〕阿尔多·贝杜奇:《制定一个欧洲民法典?——〈共同参考框架草案〉(DCFR)及其历史根源》,罗智敏译,载《比较法研究》2010年第6期。

合同的约束力或者可撤销性、对缔约当事人的非歧视义务、不公平条款和一般交易条件、迟延支付、买卖合同中的担保、电子商务等。这些指令是具有强制效力的"实在法",如何将这些各自独立的分散的"欧共体法",特别是"消费者法"发展成一个真正"具有内在紧密联系的欧洲合同法"成了立法上最被关注的问题。[1]

第四节 域外合同法民商合一的规范技术效用

合同法民商合一的规范技术效用是指,通过民商合一的规范安排在合同规则体系上实现的私法一致性,其实质上是商事规范融入合同规范的形式和限度的结果。总结域外合同法中民商合一的规范技术,可以发现其技术效用分别体现在以下三个方面:其一,统一合同法在法律体系上容纳了商事规范;其二,统一合同法在法律规范上区分了民事和商事;其三,统一合同法在法政策上兼顾了特殊领域。

一、统一合同法在法律体系上容纳了商事规范

从法律体系上看,立法上采取民商合一体例最为明显的功效是在私法体系上实现了民法和商法的融合,在合同法的意义上,合同规范通过同时设置的民事规范和商事规范实现了法律体系上的圆满性和融贯性。虽然法律体例上的民商合一排除了单独的商法典,但这并不意味着统一的民法典排除了商事规范,只是一般法和特别法的私法阐述方式由"体例"进入"规范",一般法给予特别法一定的补充与指引,特别法也不违背一般法的规范机理,并在具体领域适用。[2] 从历史上看,一些民商合一国家在采取民商合一立法体例之前,也都有过制定独立商法典的设想和实践(如瑞士和意大利),但是这些国家最终之所以采取了民商合一的法典化选择,法律体系的统一性是其重要的考虑,倘若统一合同法能够通过不同手段容纳私法中的商事规范,

---

[1] 张彤:《欧洲合同法的最新发展现状与前景展望》,载《中国欧洲学会欧洲法律研究会2008年年会论文集》,第391页。

[2] 参见易军:《原则/例外关系的民法阐释》,载《中国社会科学》2019年第9期。

一部独立的商法典便不再必要。民商合一的合同法对商事规范的容纳主要体现在以下几个方面：

（一）合同规范不排斥设置商事规范，并对商事规则进行特别安排

《瑞士债务法》是这一规范效用最为明显和典型的体现。瑞士作为最早制定民商合一法典的国家，其合同法中民商合一的规范技术具有一定的开拓性和先进性。而且可以明显看出，《瑞士债务法》中包含着较多的商事规范，统一民法典在立法价值取向上并不排斥明显的商事规则进入民法典。如前所述，这里的历史背景是，瑞士在制定统一债务法和民法典之前，实际上是打算制定一部统一的商法典的，但是，这一立法计划因历史问题而被搁置，瑞士转而走向了制定民商合一民法典的道路。但是，瑞士在制定民法典的同时，并未遗弃或忽略之前立法活动中总结的商事立法经验，许多的商事规范被写入了民法典，甚至许多商事交易规则成了合同规则的模型。

因此，瑞士尽管采取了民商合一的立法体例，但并不排斥商人和商行为意义上的商法规范。在瑞士私法统一的进程中，虽然后来的立法活动取消了原先的商法统一计划，转向制定一般债法，但是瑞士债法中其实包含了原先商法典计划中的商法内容。瑞士民法典的起草者虽然否认商人在法律适用上的特殊地位，但不否认商人需要特殊的商事规则，而且这些规则往往加重了商人的义务和责任，它是尊重商事交易逻辑的结果，不是不平等地处理私法主体所参与的法律活动的结果。据此，瑞士民法典通过设置一些特殊的商事交易规则实现民商合一，这些规则有很多，比如营业主对于受雇人或其辅助人因执行职务所造成的损害应当承担赔偿责任（第55条）、商人之间的迟延利息以较高的利率计算（第104条第3款）、雇佣人需要对其受雇人投保法定责任险（第113条）、商业性债权适用较短的时效期间（第128条）等。

（二）合同规范设置"一般条款"和"法源条款"，通过能动的法律解释适用商事规则

"一般条款"和"法源条款"的设置是合同法民商合一规范效用的另一个表现。从规范属性上来讲，一般条款是适用于所有合同交易类型的一般规范，因此它可以同时适用于民事和商事，并通过法律解释实现。以《欧洲示范民法典草案》为例，草案的第一卷便是关于"一般条款"的规定，它规定了合同的解释、善意和公平交易、合理性和合同形式，其实质上是通过一般化

的规定为不能具体化的商事规则的解释和适用留存空间,如其关于"合理性"的规定便需要结合具体的案件情况进行认定。

除了"一般条款","法源条款"通过所谓的"惯例""交易习惯"等类似表述为商事交易提供裁判依据。比如,《瑞士债务法》便在保留和尊重了之前各州创制的旧法和习惯的基础上,在统一法典中设置了"当事人另有约定""依据交易习惯"等除外规定,为商事活动留存了额外的法律适用空间,它实际上也是立法上有意规定的不完备条款①,这些条款涉及的规则包括债务的履行期、债务的履行顺序、代理权的消灭等。法源性质的除外规定条款给当事人留下了自由约定和依据交易习惯的规则,在这一点上,合同法充分照顾了既有的商业交易习惯和惯例,消除了商事规范进入民法典的障碍。

需要注意的是,设置了一般条款和法源条款同时意味着承认了法律漏洞的存在,并赋予了法官解释合同和法律的权力。仍以《瑞士债务法》为例。《瑞士债务法》规定了较多的一般条款,这些条款需要通过法官的解释得以适用。在适用依据上,《瑞士民法典》赋予了法官高度的自由裁量权,民法典的第1条包含了涉及法官和法律之间关系的规则,法典通过对法源和法源适用顺序的原则性规定,对法官的自由裁判权提供了指导,并转化为了"法院应依行为的性质或者交易习惯进行裁判或者予以确定""不得违反诚信原则""法院需要依据公平原则判决"等具体规则。《瑞士民法典》第1条的规定表明,在瑞士的法律体系中,法院的功能绝不仅仅局限于对现有的法律规定予以适用,如果法律缺少必要的规定,法院可以并且必须创造性地创设新的规则。② 这项工作和这些新的规则无疑在商事领域运用得更为广泛,不过,这也建立在瑞士有着成熟的司法系统的基础之上。

(三)合同规范设计立足商事交易,某些合同规则实际上是商事规则

立足商事交易模型设计合同规则最为典型的立法便是《欧洲示范民法典草案》。草案虽然没有明确规定其适用主体是商人性质的经营者群体,但其合同规则完全可以说是商事的,是一部纯粹的商事合同法。《欧洲合同法原则》和《国际商事合同通则》这些草案所依据的文本,自出版之后便逐渐获

---

① 〔德〕K. 茨威格特、H. 克茨:《〈瑞士民法典〉的制定及其特色》,谢怀栻译,载谢怀栻:《外国民商法精要》(第三版),程啸增订,法律出版社2014年版。
② 〔瑞士〕艾姆尼格:《〈瑞士民法典〉之法官与法律的关系》,姜龙、沈建峰译,载《法律科学(西北政法大学学报)》2013年第3期。

得了实质上的法律渊源的地位,前者是一套欧盟共同市场法的抽象规则,后者系统化且与时俱进地汇编了国际上所认可的国际商事合同法律规则。①

除了《欧洲示范民法典草案》,大陆法系成熟的民法典中也包含了立足商事交易规则设计的合同规则。以《瑞士债务法》中的"瑕疵通知"为例。《瑞士债务法》第201条第1款规定,买受人应按物的性质,依通常程序从速检查受领物,如发现有应由出卖人负担保责任的瑕疵,应立即通知出卖人。根据该款规定,买受人的瑕疵通知义务并不区分商人和非商人,所有的民事主体在收到货物之后,都应该及时检查货物,并将瑕疵情况通知对方。这与《德国商法典》的规定不同。《德国商法典》第377条第1款规定,买卖对当事人双方均为商行为的,买受人应在出卖人交付后不迟延地对商品进行检查,但以此举依通常的营业为可能为限,并在出现瑕疵时,不迟延地向出卖人进行通知。②根据该款规定的表述,其明确该规则适用于"商行为"的情形,且对于双方而言都属于"商行为"的买卖。很显然,《瑞士债务法》在这里将主要适用于商事交易领域的瑕疵通知规则一般性地规定在买卖合同之中,并上升成为买卖合同的一般规则,而这一规则在民商分立的德国实际上属于商法典的范畴。

将主要适用于商人之间的特殊规则强加于普通民事主体的交易领域,《瑞士债务法》的这一做法当然会面临是否过分加重了买受人义务的诘问,对此,瑞士主要通过法院进行能动司法解释解决这一问题。在司法实践中,瑞士法院分别从适用领域和适用主体两个层面对瑕疵通知规则进行了限缩性解释。瑞士法院认为,在买受人对标的物进行检查,从而确定是否存在瑕疵的问题上,法律适用者必须考虑个案中的各种特殊因素,遵循诚实信用原则,兼顾交易习惯和行业惯例,以进行综合判断。在此基础上,瑞士联邦法院在个案权衡的基础上,逐渐发展出了一系列相关的判例类型,并对商人与非商人进行了区别对待。③瑞士的这一做法乍看起来似乎远离了成文法的规定,但实际上,尽管在《德国商法典》中,其将瑕疵通知规则限定在了当事

---

① 参见〔德〕尼尔斯·杨森:《欧洲法律多元格局:国别法、欧洲法以及民间法典编纂》,罗浏虎译,载《求是学刊》2016年第1期。
② 《德国商法典》,杜景林、卢谌译,法律出版社2010年版,第221页。
③ 史广龙:《民商合一立法方法在瑞士民法典中的实现》,载《法律方法》2014年第2期。

人双方都是从事"商行为"的前提下,法官在法律适用的过程中,仍然需要判断某种买卖合同是否为商行为,买卖双方是否为商人,并在具体的个案中权衡瑕疵通知义务的范围和限度,这与瑞士法中瑕疵通知规则的适用并无本质不同。

二、统一合同法在法律规范上区分了民事和商事

(一)法律条款中的民事条款和商事条款

在法律规范的意义上,合同法民商合一的规范技术效用通过法律规范中的结合型条款得以体现,这些结合型条款一方面照顾了某一合同规则在民事领域和商事领域的共通性,另一方面也在商人和非商人之间、商行为和非商行为之间划出了一条清晰的界限。结合型条款包括普通结合型条款和特殊结合型条款。

普通结合型条款是指,通过主观标准或客观标准在同一个条文中同时规定民事规则和商事规则的适用。以《瑞士债务法》第 313 条规定的消费借贷合同中的利息支付规则为例。该条第 1 款规定,在通常的消费借贷合同中,只有在有约定利息时,借与人才可以请求支付利息。同条第 2 款规定,在商事借贷领域,虽然没有约定利息,借用人仍应该支付利息。这里采用了客观的商行为标准,以普通民事领域和特殊商事领域来区分不同的利息支付规则。《瑞士债务法》中的普通结合型条款还包括第 104 条第 3 款"商人之间较高的迟延利息"、第 128 条"商业债权较短的时效期间"等。在《意大利民法典》中,同样存在这种普通结合型条款,如其第 1368 条关于"解释的一般惯例"的规定:"模棱两可的条款,应当根据合同缔结地的一般惯例进行解释。"(第 1 款)"合同一方当事人是企业主的,模棱两可的条款应当根据企业所在地的一般惯例进行解释。"(第 2 款)该条的两款规定分别对应了民事和商事。

特殊结合型条款是指,不以主观或客观标准对民商事活动进行区分适用,而是在法律条款中对商事惯例作出明确指示适用或隐含地指明特别商业惯例优先适用的条款。仍以《瑞士债务法》中的特殊结合型条款为例,前者如商业交互计算中抵销的特别惯例(第 124 条第 3 款)、商业交易中的买卖价格惯例(第 212 条第 3 款)、营业利润分享惯例(第 322a 条)、向第三人预支或者授信(第 429 条第 2 款)、履约保证(第 430 条第 1 款),后者如利息

的清偿(第73条第1款)、交付费用(第188条)、利息的规定(第314条第2款)。在《意大利民法典》中,由于其是"统一合"的规范模式,较少强调商事规则的特殊性,因此其多隐含地指明了特别商业惯例的优先适用,比如第1181条的"部分履行"、第1183条的"履行期间"、第1187条的"期间的计算"、第1214条"根据惯例的提交和提存"、第1269条"给付的委托"、第1283条的"复利"。

(二)具体合同中的民事合同和商事合同

在具体的合同类型上,民商合一的规范效用同样实现了民事合同和商事合同的区分,这里以买卖合同和租赁合同为例。

在《瑞士债务法》中,其第六章买卖合同是以一般的民商事规则为主,以特殊的商事规则为辅,商事规则的特别适用主要是通过两种方式实现:其一,买卖合同中的某些规则直接明确规定以商主体为适用对象,如第190条"商事合同因出卖人陷于迟延而解除"、第191条"商事交易中买受人接受替代物交付而产生差价的损害赔偿责任"、第212条"商事买卖价金计算中重量的特殊计算方式"、第215条"商事交易损害赔偿的计算方式"。其二,买卖合同中的某些规则虽然并未明确规定适用于商人,但其规定主要也是适用于商行为包括其惯例的,如第189条"买卖物的交付地是清偿地之外时由买受人负担运费的除外规定"、第201条"因事物性质买受人具有瑕疵的立即通知义务"、第204条"异地送货中买受人和物之所在地主管机关对出卖人的利益保护义务"、第205条"买受人提出解约,法院考虑出卖人利益可有判决赔偿减价的自由裁量权"、第211条"买受人立即受领买卖物的除外规定"、第213条"因习惯买卖价金可无须催告而当然发生利息"。

在《意大利民法典》中,买卖合同的民商事区分并不明显,往往需要通过解释来区分适用,但是其合同规范中也包含了一些商事性的规则,比如第1472条"未来物的买卖"、第1476条第3款"出卖人的权利瑕疵担保责任"、第1480条"部分属于他人之物的买卖"。其中,第1476条第3款的权利瑕疵担保责任可以使买受人顺利取得没有权利争议的标的物,并减少买受人的顾虑,这有利于促进商业交易的快速达成,故而法典对其进行了专门规定。此外,商事买卖的专节规定还包括满意保留买卖(第1520条)、试用买卖(第1521条)、货样买卖(第1522条)、对证券的买卖和凭票付款的买卖(第1527—1530条)、有价证券附期限的买卖(第1531—1536条)。

《瑞士债务法》的第八章是关于租赁合同的规定。本章最初只有关于"使用租赁"的规定,之后依 1989 年的《瑞士联邦修正案》,增设了"用益租赁",这样一来,第八章被分为了"使用租赁"和"用益租赁"两个部分。在"使用租赁"中,以租赁标的物的不同,租赁可分为"住房使用租赁"和"营业场所使用租赁",由此区分出民事租赁和商事租赁。两者之间的区别体现在:第一,终止租赁关系的预告期不同。依据《瑞士债务法》第 266 条的规定,租赁物为住房时,合同当事人得以 3 个月为预告期间,通知租赁关系的终止日期;租赁物为营业场所时,当事人得以 6 个月为预告期间,通知租赁关系的终止日期。第二,契约延长期限上限不同。依据第 272b 条的规定,住房的租赁合同,最长得延长四年;营业场所的租赁契约,最长得延长六年。法律之所以对商事租赁规定更长的期限,是因为商事租赁中对营业场所的依赖程度更高,经营场所对商户来讲,其重要性并不亚于商号,因为顾客经常以地理位置来辨识自己信任的商家。第三,住房租赁中配偶可以享有承租人终止合同的有关权利(第 273a 条第 1 款)。法典对家庭住房租赁中配偶所享有的合同解除权进行特别规定,是因为民事租赁事关基本的家庭生活经营,夫妻双方在决定合同是否履行问题上有同等的处理权。

在"用益租赁"中,《瑞士债务法》规定租赁的标的物除了住房和营业场所之外,还包括了农用土地和企业、设备、牲畜和库存物质等(第 276 条、第 277 条)。其中,营业场所租赁规定可参照适用"使用租赁"的规定(第 292 条)。但是"使用租赁"的第 263 条规定:"营业场所的承租人,经出租人同意,可以将租赁关系转移于第三人。但是承租人仍对第三人负连带责任,至租赁关系依合同或法律规定终止或应当终止为止,最长期间不得超过两年。"立法做此安排,是因为营业场所租赁的承租人是商人,法律对其施以了更严格的责任。对此,瑞士学者认为,租赁合同这类继续性合同中的一些规则具有一定的保护弱者的社会法性质,当租赁合同作为有名的继续性合同被类推适用到其他类型的继续性合同时,需要格外注意它们背后的特殊目的,以避免将这些特别设立的规则一般性地适用于其他的继续性合同之中。[1] 总体来看,《瑞士债务法》第八章租赁合同是将民事租赁和商事租赁分

---

[1] 金印:《〈瑞士债法 2020〉及其对我国民法典编纂的启示》,载梁慧星主编:《民商法论丛》(第 61 卷),法律出版社 2016 年版。

别进行了独立规定,并在具体规则上强调两者之间应有的区分。

与《瑞士债务法》根据租赁用途将租赁合同分为使用租赁和用益租赁不同,《意大利民法典》直接依据不同的租赁标的将租赁合同区分为"城市不动产的租赁"和"产生孳息的物品租赁",这是明显商事化的思维。具体来讲,《意大利民法典》将租赁中的商事租赁作为一般规则,对不同于商事规则的特殊规则在"城市不动产的租赁"和"产生孳息的物品租赁"两节中进行专门规定。也就是说,《意大利民法典》中的租赁合同是将商事租赁一般化,而对民事租赁进行了特别规定,其一般规定带有着明显的商事色彩。例如,第1574条"期间未定的租赁"规定,对于用于商业经营的房屋,期间为1年,但地方惯例不在此限;第1596条"租赁因期间届满而终止"规定,对于未定期的租赁,在第1574条规定的期间届满之前,在行业规范确定的期间内,当事人一方没有通知另一方解约的,未定期间的租赁不终止。这里"地方惯例""行业规范"等商事性表述,是以商事租赁为一般规范对象,旨在实现承租人在租赁期间内能够持续稳定地使用商业租赁物。

(三)法律适用中的民事逻辑和商事逻辑

为了实现商事活动中促进交易的目的,域外合同法中设计了诸多"有利于债权人"的规则,比如突出保证中连带责任的适用、要求金钱之债在债权人住所地清偿、对债务人履行宽限期的限制、债务利息的特别计算,这些有别于传统的"有利于债务人"的规则设计旨在保护债权人的利益,促进商业性资金的快速周转和流动,这也是民事和商事的区分思维。但是,如前所述,与《瑞士债务法》在法律规定中直接区分出了民事和商事的做法不同,《意大利民法典》对民商事规则进行了一体化的设置,可以直接适用的商事规则条款较少,商事规则的适用往往需要通过法律解释实现。

比如,《意大利民法典》第1266条是关于债权转让人担保义务的规定,其同瑞士的做法相同,区分适用场景,分为有偿和无偿。但是《意大利民法典》在瑞士法"有偿让与债权时,让与人应担保债权在让与时有效存在"(《瑞士债务法》第171条第1款)规定的基础上,增加了"转让人个人行为担保"的规定,以强化商事领域中债权转让人的责任。此时,在债权不存在或者无法实现的情况下,让与人即使通过协议排除了己方责任,也要为自己的行为所引起的损害承担责任。据此逻辑,《意大利民法典》在让与债权的范围上实际上也纳入了未来债权。实践中,现代商业交易迫切需要通过转让未来债权以实现商业经营中的资金回笼,但是传统观点认为单纯"期待利益"的让与是投机性的,并且可能会损害让与人自身的经济自由,故而禁止一切未来债权的转让形式。显然,传统观点立足于对民事主体的强势保护。① 然而,面对商业需求尤其是银行业的实际需要,《意大利民法典》可以在解释论层面上承认转让未来债权的有效性,即在法律解释方法上,由于本节(债权的转让)并没有转让未来债权的禁止性规定,根据"法不禁止即自由"原理,可以认为意大利立法承认了对转让未来债权的有效性。②

在《意大利民法典》中,对于没有进行特别规定、从成文法中也不能推导出来的商事规则,法律适用过程中的解释往往是在"信赖保护""交易安全"等商事原则下展开的。

比如,《意大利民法典》对合同合意的解释更倾向于形式主义,因为相较于意思主义,它更强调对交易外观的信赖保护。《意大利民法典》第1325条规定,当事人的合意是合同的要件。对于这里的"合意"的理解,过去通说认为,合意中必须蕴含意思,合意与意思的恰当关系应当由个人主义的合同理论表述。但是,学者们如今开始从两个方面考虑对合意进行形式解释:一是从法政策的角度来看,合同法理应鼓励交易,具体到合同订立领域,其基本价值倾向应当是促成合同的成立,而非动辄否定合同的成立。如果通说坚持以个人意思主义解释合意,那么势必导致能够真正成立并获得履行的合同数量减少,如此不利于社会经济的发展。二是从法体系的角度来看,作为合同撤销事由的错误、欺诈、受其胁迫等"意思瑕疵",按照个人意思主义的理解,更应该归于合同不成立,而非已经成立的合同的可撤销状态,这样一来,"意思瑕疵"一节实际上显示了合意形式理论的阙如,以及个人主义造成的法体系的失调。③

又如,《意大利民法典》第1431条关于"可识别的错误"规定:依据合同的内容、具体情况或者缔约人身份,如果正常注意即可发现的错误视为可识

---

① 例如,《瑞士债务法》第325条即规定,通过以债务履行担保的方式而对将来工资的让与无效。

② 参见〔德〕H.克茨:《欧洲合同法》(上卷),周忠海等译,法律出版社2001年版,第392—400页。

③ 参见谢潇:《意大利现代合同法研究(第一卷)》,中国社会科学出版社2021年版,第87页。

别的错误。该条规定提升了商业交易中错误的认定标准,从而限制交易者以错误为由主张撤销合同。同时,结合第 1433 条的规定,这种错误的认定标准可以扩大至在表示或者转达中的错误,这可以说在最大程度地维护合同的有效性。

此外,《意大利民法典》第 1458 条规定了合同解除的溯及力,但是从三个方面限制其影响以保护交易:第一,第 1 款排除了持续履行和定期履行合同;第二,第 2 款明确规定解除合同不得损害第三人取得的权利,不论第三人是善意还是恶意,也不论合同是有偿还是无偿;第三,通过《意大利民法典》第 1453 条的规定,肯定了解除合同不影响履行利益的损害赔偿。关于合同解除和损害赔偿的问题,1865 年《意大利民法典》的规定是,债权人无论选择继续履行还是解除合同,这两种情况都可以要求损害赔偿。现行《意大利民法典》的规定是,对价给付合同的一方当事人不履行义务时,他方当事人可以在要求履行或者解除契约之间作出选择,但是在任何情况下,承担损害赔偿的责任不受影响。立法作此调整的原因是,有学者对原法典中的继续履行和解除合同进行了区分,认为解除合同时的损害赔偿性质不同于合同履行时的损害赔偿,它保护的是信赖利益而非履行利益。①

三、统一合同法在法政策上兼顾了特殊领域

法政策意义上的民商合一的规范技术效用需要放在法典化的历史背景中进行讨论。20 世纪以来,随着新的生产方式和经济革命的出现,以往私法中的"自然人"主体模型逐渐丧失支配性和法律上的参照意义,新的私法主体不断产生和分化,并出现了企业家、劳动者、消费者等不同法律群体。与此同时,企业的生产活动和营业活动占据了合同规范的重心,而另一方的劳动者和消费者则处于一个相对弱势的法律地位。由此而来的结果是,随着私法的解构和不断商化,商人以外的私法主体的利益面临着紧迫的保护需求,从法律政策上将已经完全商事化了的合同规则中区分出特殊领域,并对其中的利益主体进行特别保护便成为立法的导向,这里最为典型的是关于劳动者和消费者的保护问题。

---

① 参见陆青:《意大利法中违约解除效果实证考察》,载《法学》2010 年第 5 期。

（一）《意大利民法典》中的劳动编

严格来讲，《意大利民法典》的第五编"劳动"并不属于债和合同的范畴，因为从法典的结构上来看，"劳动"编位于民法典的第五编，与第四编"债"并列，两者同为法典的一编，不存在隶属关系。但这只是形式上的结论。从实质上看，《意大利民法典》中的劳动不仅包括了交换意义上的劳动合同，还包括了企业意义上的企业劳动，由于合同规范只能调整前者，而不能顾及后者，法典便将关于劳动的规范综合规定为单独的一编。《意大利民法典》是大陆法系国家唯一设置了独立的劳动编的民法典，它不仅是一种新的立法形式，也是传统债法体系现代化的成果，更是民商合一规范技术效用的合同体例上的体现。

在基本的立法原则上，《意大利民法典》的劳动编是从法律关系主体的定义出发的，而不是从产生法律关系的劳动合同定义开始的。[①] 也就是说，劳动编是以"人"而不是"合同"的规范主线为基础的。劳动编中的"人"实质上是指企业及其相关主体，其规范构造不以传统的交换合同为基础和模型，而是从"企业"这一组织面向出发，其劳动包括了普通的民事劳动合同和企业中的劳动。《意大利民法典》劳动编这一商事性的"企业"规范路线，是法典没有将它在债编进行规定的直接原因。

《意大利民法典》劳动编体现的是以"企业"取代"商行为"的立法观念，其虽然名为"劳动"，但其实质上是以企业概念为中心的（第2082条），并主要调整各类职业性营业活动。传统意义上农业企业、工业企业、商业企业、银行、保险等从事经营活动的主体均被纳入了"企业"的范畴之下，"商人"的概念被"企业主"的概念所取代。此外，各类公司、互助社、合作社以及与这些企业相关的竞争、专利等活动也被纳入该编的范围。[②]《意大利民法典》劳动编之所以采取以"企业"取代"商行为"的立法观念，实际上是为了实现对"企业—劳动者"领域更为全面的规范，这尤其兼顾了企业劳动者的利益保护问题。

---

① 粟瑜、王全兴：《〈意大利民法典〉劳动编及其启示》，载《法学》2015年第10期。
② 夏小雄：《私法商法化：体系重构及制度调整》，载《法商研究》2019年第4期。

(二)《欧洲示范民法典草案》中的消费者条款

消费者保护在欧盟的民法典编纂中一直占据着重要位置,"建立内部市场"和"消费者保护"也一直是其统一立法的核心政策目标,囊括了消费者保护条款的独立的统一合同法实体规则,可以实现内部市场的发展和弱势群体的保护,这也是之前颁行的欧洲共同买卖法的目的所在。①《欧洲示范民法典草案》中关于消费者保护的立法模式选择明显地展示了其民商合一的体系效应以及其保护消费者利益的现实性立法思路。

一直以来,欧盟的统一私法运动都需要解决商事性规范的一般化安排问题,特别是消费者条款,它关系到法典的结构,尤其是合同领域。目前,除了德国和荷兰将消费者保护纳入了它们的民法典以外,大多数国家的合同法体系都分成了两个独立的部分:一个是民法典中不具有强制性的一般合同法,它是任意性的法律规范;另一个是特殊的强制性规范,它针对的是身份和地位不平等的市场参与者,法国甚至将所有的消费者法律整合为一部《消费者法典》(1997年)。在欧盟统一立法的进程中,尽管实践中存在上述"民法—特别法"双轨制的做法,然而大多数的学者都主张,无论是在成员国的层面还是在欧盟层面,都不应该继续重复以往法典编纂者的错误,他们认为合同和商事合同之间的区分存在问题。从学理上来看,消费者保护私法并不是债法的一个独立分支(如合同、侵权、不当得利),"它由背离一般私法原则的一些特殊规定构成,但不能离开这些一般原则而发展"。因此,学者们大都认为,在一般私法之外,制定一部独立的消费者合同法典会影响私法的质量,相反,应该把消费者合同法与一般私法融合在一起,并将整个合同法予以系统化。对于如何融合的问题,专家们提出了两个方案:一是在法典中设置一个独立的部分——"消费者保护",二是在有需要的地方直接插入有关消费者保护的规则。前者的难点在于如何区分不同的法律领域,这是立法上的一种技术性困难;后者被认为是一种更好的选择,因为它可以在法律需要照顾的领域,直接插入消费者保护的条款,而不用过于顾及法典的体系性。②

---

① 金晶:《"处变不惊"的欧洲私法》,载《北航法律评论》(2014年第1辑总第5辑),法律出版社2015年版。

② 参见朱淑丽:《欧盟民法法典化研究》,上海人民出版社2013年版,第45—47页。

第五节 域外合同法民商合一的技术价值折射

无论是采民商合一还是民商分立的立法体例,其立法选择的背后都暗含着进行这一立法选择的价值基础。从结果上看,民商合一和民商分立的差别似乎仅仅是形式上的,也即在民法典之外是否存在独立的商法典,但是这并非两者之间差异的全貌,也不能完全展现造成这一差异的诸多实质性因素。就民商合一这一立法选择来讲,它就包含着关于商人、主体性、法典的形式、私法的体系等有别于民商分立的观念差异。以下内容讨论域外合同法中民商合一规范技术的价值基础,并总结其形式及表现。

一、主体平等

(一) 合同法民商合一的规范基础在于二者"人像"的统一

在主体的意义上,民法和商法有着共同的人格基础,那就是"私法人",私法人是民法和商法共同的"人像"基础。

在《瑞士债务法》中,立法之所以能将民事规范和商事规范放在一套合同规则中进行规定,主要是因为《瑞士民法典》的制定立足于其统一的"人像"基础,这里的人像是指"理性人"(Vernuenftige),他具有"理性"(Vernunft)。"理性人"不但按照"理性"从事行为,还体现了交易中的诚实信用原则(《瑞士民法典》第 2 条①)所要求的其他品质,"他身上凝聚着诚实信用戒律对人类形象的假定"②。瑞士民法塑造的这一"理性人"的人像,使得债务法中的许多规则需要据此作出解释,包括合意的形成、信赖原则、合同的解释和补充等。《瑞士民法典》对私法人理性能力的强调,在其法典中关于自然人规定的部分即可看出。《瑞士民法典》第 16 条规定了自然人的"判断

---

① 该条规定:"任何人在行使权利和履行义务时,都应该遵守诚实信用原则。显然滥用权利的,不受法律之保护。"于海涌、赵希璇译:《瑞士民法典》,法律出版社 2016 年版,第 5 页。《瑞士民法典》第一次在法典中确立了民法基本原则制度,采用了以基本原则的形式处理成文法局限性的立法模式,这对我国民事立法基本原则条款的确立影响重大。《瑞士民法典》第 2 条规定的诚实信用和禁止权利滥用原则是其"法例"中唯一的也是最为重要的基本原则条款。

② 参见〔瑞士〕彼得·高赫:《理性人:瑞士债法中的人像》,谢鸿飞译,载梁慧星主编:《民商法论丛》(第 35 卷),法律出版社 2006 年版。

能力"①,在其表述中,是以"理智行为"的词汇出现,当某人能够理性地行为时,他便具有判断能力。这里的"理性地行为"包括两个因素:首先是拥有理性,也就是认识特定行为之意义、合目的性以及效果的能力;然后是能够据此行动,即基于理性认识按照其自由意志行动,以及以通常的方式抗拒外部意志可能影响的能力。② 可以看出,《瑞士民法典》中的自然人法,并不是"弱而愚"意义上的人法,而是私法上"强而智"的人像。③

在《意大利民法典》中,法典民商合一的理论和历史基础也不再过多考虑商人的特殊职位。客观的历史经验表明,构成民商分立的情况和条件在当时已经不复存在,"商法不再是某一行业的例外法或特别法,而是在越来越广阔的范围内无差别地适用于所有公民的法律",在这一背景下,具有客观商业属性的某些法律行为与该法律行为是否由商人实施便不再具有关联。④ 这一结论的直接后果是独立的商法典被废除了,同时这也是立法改革的第一步;并且,以"企业主"(imprenditore)概念代替了"商人"(commerciante)概念,在法律表述上消除了"商人",这为现实的民商合一奠定了更为客观的基础。

在《荷兰民法典》中,法典尽管承认商人和普通人之间存在一定差异,但在法律的总体设计上并没有进行特别差异化的安排。这主要是因为,在法国大革命以前,荷兰并不存在民商分立,荷兰学者也强调私法领域的民商合一。实际上,新荷兰民法典坚持民商合一也是始于1838年法律发展的逻辑结果。尤其是1838年《荷兰商法典》第1条的规定,除明显的背离外,民法典适用于所有商法典调整的事项。1838年,在拿破仑时代被引入的商事特别法庭被废除。随后破产法从商法典中独立出去,不再仅适用于商人(1893年)。而后,在1934年,几乎所有商人与非商人之间残留的差别从私法中被全部排除掉。因此,在这样的条件下,将民法和商法分别单独制定法典也就

---

① "没有因年幼、智障、精神缺陷、醉酒或其他类似原因而失去理智行为的能力的任何人,均具有本法意义上的判断能力。"于海涌、赵希璇译:《瑞士民法典》,法律出版社2016年版,第10页。
② 〔瑞士〕贝蒂娜·许莉曼—高朴、耶尔格·施密特:《瑞士民法:基本原则与人法》(第二版),纪海龙译,中国政法大学出版社2015年版,第210页。
③ 〔日〕星野英一:《私法中的人》,王闯译,中国法制出版社2004年版,第60页。
④ 〔意〕马里奥·罗东迪:《意大利自治商法的产生与衰落》,夏龙洋译,载王洪亮等主编:《中德私法研究》(第15卷),北京大学出版社2017年版。

不再合适。①

在《欧洲示范民法典草案》中,合同规范假想的适用主体是那些从事跨区域商业交易的人,是"欧洲人",是"商人",他们不需要传统民法中那些关怀性的基本设定,因此草案只规定了那些对于从事这种交易最为重要的规则。草案的规划和设想是未来式的,即它没有以"民法人"作为规范设置的镜像基础,不是以民法人囊括了商法人,而是以商法人囊括了民法人,这使合同法统一的人像基础更为牢固,成文法具有了更大的弹性和解释的空间。此外,草案也不仅仅满足于这种商法人的人像基础,它进一步承认了人不仅是适用法律的主体,还是制定法律的参与者,越来越多的私人参与者可以参与制定不同于传统合同的规则,以适用于各种不同的关系。这种私人规制常常填补了官方机构留下的空白:如果不能满足当事人对法律的确定性和可获得性的要求,他们将转而求助于私人创造的秩序。②

(二)合同法民商合一的规范安排消解了民法人和商法人在合同规则上的差异

传统民商分立观点中,一个很重要的前提性假设是,民法人和商法人是非常不同的,因此立法者必须作某种区分性的设置,以保护其中一方,或者减少对另一方的保护程度。但是这种民法人和商法人的区分在不涉及人格的合同规范中的重要性下降,过分差异化的设计反而影响了法律适用的统一性。

第一,在法律适用的意义上,并不存在一个民法人和商法人的区分,此时只有一个法律的主体,那就是人,如果说有区分,那也是"能力"上的区分,即能力上的弱者,他是指那些在大企业面前经济和社会力量弱小、仅靠个人的能力最终不能与之对抗而达到自己愿望的人。③但是这种能力上的区分在合同规则中并不占据重要地位,因为除了一些强制性的合同领域之外,合同规则假定的是自由人的交易,自由人包含三种能力,其一是自主选择与行

---

① 〔荷〕亚瑟·S. 哈特坎普:《荷兰民法典 1947~1992 年的修订》,吴民许等译,王卫国校,载王卫国主编:《荷兰经验与民法再法典化》,中国政法大学出版社 2007 年版。
② 〔荷〕扬·M. 斯密茨:《欧洲合同法的未来》,邓辉译,载《法治现代化研究》2018 年第 3 期。
③ 胡玉鸿:《"个人"的法哲学叙述》,山东人民出版社 2008 年版,第 515 页。另亦可参见〔日〕星野英一:《私法中的人》,王闯译,中国法制出版社 2004 年版,第 66—70 页。

动的能力,其二是参与行动并介入各种事物和不同关系的能力,其三是自我发展的能力①,他是抽象法律意义上的平等和自由的人,包括了民法人和商法人。

第二,民法人和商法人的差异,本质上不是民法和商法之间不可调节的差异,而是民法人自身的发展和实现的问题。在民法所设定的人像中,最基本的就是"抽象人"与"理性人"。民法宛如蒙上双眼的正义女神,不考虑每个个体的具体境况与特殊情况,不分贫富贵贱,无视强弱智愚;在其视野下,每个人都是没有差别的个体,不因其身份而异其待遇。不仅如此,民法上的人还是理性人,理性人乃一追寻最大自我利益之人,此种人对他人的福利仅给予有限之关心。② 当民法人实现了自身的发展,成为真正的抽象人和经济人,他也就成了商人。根据日本学者田中耕太郎的见解,民法中的"理性人"更接近于现代法中的"商人",他是完全无视附着于人的自然和人为色彩、与其他的人相对立的一个赤裸裸的"经济人",是"从所有的个人性的及社会性的羁绊中解放出来的纯粹理性之人"。③ 这样一来,民法人和商法人之间的界限也就随之消失了。

二、规范商人

(一)商事规范设置对商人提出了善意和公平交易的要求

域外民商合一的合同规范中专门设置了关于善意和公平交易的条款,如《欧洲示范民法典草案》第Ⅰ-1:103 条、《荷兰民法典》第 2 条和第 248 条,它们实际上主要是为了规范商事主体的行为,以妥当处理商人之间、商人和非商人之间的利益关系。

善意和公平交易条款源于罗马法。在罗马法时代,市民法和万民法之间存在冲突,某些涉及外邦人的商业交易根据市民法的习惯是合法的,但在出于维护商业环境的层面则是不合理的。为了解决这一问题,罗马法发展出了"恶意抗辩",赋予裁判官根据内心公平和合理的标准裁判某一项交易是否合法,此时,自由裁量意义上的善意和公平是裁判官进行商业考虑的重

---

① 〔英〕史蒂文·卢克斯:《个人主义》,阎克文译,江苏人民出版社 2001 年版,第 120—121 页。
② 易军:《个人主义方法论与私法》,载《法学研究》2006 年第 1 期。
③ 参见〔日〕星野英一:《私法中的人》,王闯译,中国法制出版社 2004 年版,第 42—43 页。

要要素。善意和公平交易规则为促进商事交易做出了重要的贡献,同时也给商人群体提出了更高的交易道德上的要求,在这一点上,全世界的商法基于相同的理性和正义的前提得出的结论势必普遍一致。①

以《荷兰民法典》为例。法典第 2 条关于"债的一般规定"规定:"债权人和债务人之间必须依合理和公平准则行事。""按照法律、习惯或法律行为对债权人和债务人有约束力的规则,在特定情形下,按照合理和公平准则为不能接受的,不予适用。"在旧的法典中,该规定采用的是《法国民法典》的表述,仅规定"合同必须依善意履行",但是理论上认为,这里善意仍然是一个模糊的概念,它只有进入由其他具有更明确内容的概念所构成的法律模型时才能得到有效表达。②在荷兰法院的判例中,善意的适用是由具体的客观事实和环境决定的,这些条件包括:在发生损害的情况下的过错程度;可预见损害的性质和严重性;当事人相互之间的关系及各自的社会角色;合同的性质和内容;合同的缔约情形等。新的民法典使用了"合理和公平"表述来替代"善意",从而"善意"成了财产法中主观判断的表述,例如非所有权人因善意而获得动产所有权;"合理和公平"成了债法尤其是合同法中客观判断的表述。③

《荷兰民法典》中关于善意和公平交易的规定明显多于其他国家,如其债法编第 23 条关于附条件之债中条件成就和不成就的认定的规定、第 48 条关于债务履行中债务人出具收据的除外规定、第 94 条关于违约金的减少和增加的规定、第 220 条关于悬赏要约被撤回后的补偿的规定。在合同规则中,善意和公平交易同样是认定合同效力的重要标准,法典第 248 条关于"合同的法律效力"即规定:"合同不仅具有当事人约定的法律效力,也具有根据合同的性质,基于法律、习惯或合理公平准则产生的法律效力。""在特定情形下,因合同而约束当事人的规则根据合理公平准则不可接受的,该规则不适用。"

---

① 〔德〕赖因哈德·齐默尔曼:《罗马法、当代法与欧洲法:现今的民法传统》,常鹏翱译,北京大学出版社 2009 年版,第 166 页。
② 参见〔德〕莱因哈德·齐默曼、〔英〕西蒙·惠特克:《欧洲合同法中的诚信原则》,丁光宇等译,法律出版社 2005 年版,第 29—30 页。
③ 参见〔荷〕D. C. 福克马、A. S. 哈特凯普:《荷兰新民法典上的债法》,载公丕祥主编:《法制现代化研究》(第 4 卷),南京师范大学出版社 1998 年版。

（二）商事规范的特殊化并非给予商人"特权"，而是给予其更多的义务和责任

通过域外民商合一的合同法规范可以看出，其关于商事规则的设置无论是将之一般化还是特殊化，其基本的原则都是强调作为商人的企业或经营者的义务和责任，并对其设置了相应的区分于普通民事主体的合同规则。对于商人来说，对他的义务和责任的强调，包括其可归责性的基础是与其商业性的"动机"相联系的，即商人的行动被理解为了有计划的、至少是能够预测的、对环境的建构，而不是把它理解为对不可避免的东西的实施。① 商人作为从事营业经营的人，其营业活动通常具有职业性、专业性、长期性与精于计算性的特点，而普通民事主体多从事的是与其生存和生活有关的人身性事务，其参与经济活动的过程也具有随意性和非营业性的特点，因此民商合一的合同规则对于商人往往强调其义务和责任，对于普通民事主体，则强调其权利和保护。

以《荷兰民法典》为例，法典通过对合同交易人能力的区分和识别，来实现对商人群体和非商人群体在责任问题上的不同安排。在荷兰的司法实践中，法官认为，如果当事人双方均为商人或营业者、执业人，则其经验、专业知识决定了双方自治的合同须严格得到遵守；如果一方当事人为商人或营业者、执业人，另一方当事人为非商人或营业者，则须认真考虑非商人或非营业者的无经验、无专业性的实际情形进行判断。这也就是所谓须关注当事人的能力和特质问题。② 这种关注当事人的能力和特质同时可适用于同为营业者或企业的情形，如大公司和小公司之间，大公司很少被施予基于错误的救济，而且合同常常以对其不利的方式解释。这种思维模式其实是典型的现代商法思维——商人和强者应承担更多的义务和责任。当然，荷兰之所以采取这种开放标准，是以其具有强大而可靠的司法机关为前提的。

---

① 参见〔德〕京特·雅科布斯：《规范·人格体·社会：法哲学前思》，冯军译，法律出版社2001年版，第75—76页。
② 〔荷〕J. 海玛：《荷兰新民法典导论》，载王卫国主译：《荷兰民法典》（第3、5、6编），中国政法大学出版社2006年版。

三、关切民生

(一) 将劳动法和消费者法在民法典而不是特别法典中进行规定,凸显了其社会基本法的属性

泛市场化原则可能与私法中人的保护,特别是非商人群体的保护产生潜在冲突。因此,对于不具有"交易性""互换性"特征的人的行为需要进行一定的保护。这些保护涉及人的基本生存和人格利益,并使得合同模型中的"互换"机制出现障碍,此时就不能根据市场原则否认对这些利益的保护和满足,而是应该直接地、优先地保护这样的利益。① 在私法中,劳动法和消费者法即处于这种市场机制和非市场机制的中间地带,它可能面临泛市场化带来的关于人的保护的问题。

《意大利民法典》将关于劳动的规定单独设为其民法典的一编,这凸显了其对以劳动法为代表的私法特殊领域的照顾。意大利民商合一意义上的劳动编是劳动法的基本法,同时是债法(债编)的特别法。从民法典的结构沿袭上看,《意大利民法典》中的"劳动"是商法意义上的"劳动",1942年的《意大利民法典》是对之前的1865年民法典和1882年商法典进行体系化整合的成果,1882年商法典中的大部分商行为规则被纳入了民法典的债编,成为调整合同法律关系的主导性规则;与商事营业活动相关的企业、公司、劳动、竞争、专利等制度则被纳入了第五编"劳动"。劳动编是意大利民法典中最具特色的一编,而且其实质上都是关于商法的规则,是以"企业"为中心的商法规范。但是,《意大利民法典》从商事法的角度对劳动规范安排进行的特殊规定,实际上是从劳动规则社会化的角度出发,突破了传统民法中关于雇佣合同等类似合同的规则,对劳动者提供的一种倾斜性的保护。

在理论上,劳动合同和承揽都是劳动关系的表现形式。根据意大利民法典立法理由书,劳动合同和承揽的本质差异不在于结果,而在于承揽中存在一个有组织的企业,承揽人通过组织企业生产实现成果交付;而劳动合同

---

① 参见薛军:《人的保护:中国民法典编撰的价值基础》,载《中国社会科学》2006年第4期。

的给付方则需要通过自身劳动履行合同。① 因此,有学者把劳动合同看作某种"小型的"的承揽,认为它适用于调整以偶然方式建立起来的关系,如与电器维修工、家政人员签订的合同。很明显,劳动合同规制的劳动类型是低成本、相对不稳定但事关温饱的劳动形式。《意大利民法典》将这种劳动合同纳入法典的体系,在一般法的意义上承认了劳动法的社会基本法的属性,以彰显法典对民生的关切。

此外,劳动编在一般法中的基础地位,也可以从一般法的层面补阙新类型劳动关系的立法空白。比如,在意大利,骑手属于新的工作类型,但并不属于传统的从属性劳动关系中的劳动者,因此,理论界将处于从属性劳动与自由劳动之间灰色地带的劳动关系称为"类从属性劳动关系"或"协作性与持续性的合作关系"。然而,涉及劳动关系保护的法律没有直接将之进行专门规定,法院于是采用了民法典中从属性劳动和自由劳动的分类,即将骑手按照两种类型进行规定:一类适用从属性劳动者的保护,即服从于雇主约束的、持续性工作的骑手;另一类适用自由劳动者的保护,即偶然地以不持续方式工作的骑手。不论骑手和平台之间的关系是从属性劳动还是自由劳动,骑手都应该享有反歧视的权利。② 现如今平台经济方兴未艾,意大利法中的劳动合同实现了新经济形式中可能处于弱势地位的从业者的利益保护问题。

除了劳动法以外,将消费者法在民法典中进行规定也体现了这一关切民生的价值导向。《意大利民法典》在其合同总论中的第 14 节直接新增了消费者合同,分别涉及经营者与消费者之间订立合同中的欺压性条款的表现形式、条款的欺压性查明、不公平条款(格式条款)的形式和解释、欺压性条款的无效和禁止性诉权,这在一般法的意义上避免了消费者合同中可能出现的不公平条款,并限制经营者利用自身优势欺压消费者。《欧洲示范民法典草案》更是直接以消费者保护为规范重点设计了统一合同法,其合同规则中消费者条款无处不在。

---

① 《意大利民法典立法理由书》第 700 段,转引自〔意〕毛罗·托斯卡罗:《作业合同:服务合同的意大利模式?》,陆青译,载梁慧星主编:《民商法论丛》(第 71 卷),社会科学文献出版社 2021 年版。

② 参见罗智敏:《算法歧视的司法审查——意大利户户送有限责任公司算法歧视案评析》,载《交大法学》2021 年第 2 期。

(二)将租赁合同在适用情形上进行区分,兼顾到了社会弱势主体的利益保护

合同法规范民商合一的技术安排在具体合同类型中也兼顾到了社会弱势主体的利益保护,这以《意大利民法典》中的租赁合同为典型。

《意大利民法典》中的租赁分为商事租赁和民事租赁,民事租赁包括"城市不动产的租赁"和"产生孳息的物品租赁",其中城市不动产租赁是指以城市住宅为租赁客体的租赁,其最大特点在于其租赁期间不同于一般租赁的租赁期间。《意大利民法典》第1573条规定,除法律另有规定外,一般租赁的租赁期间不得超过30年。即使当事人之间根据约定所达成的租赁期间超过30年,甚至是永久租赁,法律也只承认该租赁合同的租赁期间为30年。但是,在城市不动产租赁中,根据第1907条的规定,租赁合同的租赁期间可以延续至承租人死亡后2年,换言之,对于城市不动产租赁而言,倘若承租人能够活到合同生效之日起30年以上,则最长的租赁期间不受一般规定的限制。法律在此之所以排除城市不动产租赁最长期间的限制,主要是因为该租赁类型的目的是满足一般民事主体的生活居住需求。可见,城市不动产租赁中的承租人在《意大利民法典》中受到了法律上的特别保护。

在《意大利民法典》中,最为重要的产生孳息的物品租赁是耕地租赁。所谓产生孳息的物品租赁,是指承租人自出租人处租赁可以产生孳息的物(包括动产和不动产),根据物的经济用途与自己的生产性利益,对租赁物进行管理,并取得租赁物的孳息或者其他利益的租赁。对于此种租赁,因为粮食生产事关国家社会的稳定,所以法典设置了一系列保护佃农利益的规则。例如,法典第1628条规定,耕地租赁期间不得低于行业规则所确定的最低期限,倘若约定的租赁期间低于行业规则所规定的最低期间,则约定的租赁期间延展至行业规则所规定的期间。第1629条规定,用于种植树木的土地的租赁,其租赁期间最长可达99年。以上两条都保障了佃农在作物生长期内对土地租赁权的享有,这便利了农业生产的保护和经营。此外,在意大利的行业惯例中,农地租赁的最短期限是15年。如果土地所有者准备出售土地,承租人有优先购买权。还有一个特别的规定是第1636条,该条规定,倘若耕地的租赁期间是1年,而至少1/2的果实因意外事件遭受损失,则承租人可以主张减少租金,但是金额不得超过1/2。在出租人没有任何过错的前提下,该条文赋予了果农(承租人)主张降低租金的权利,使出租人和承租

人共同承担因不可抗力造成的孳息损失,这在世界范围内的租赁合同规范中十分鲜见,但也可以看出《意大利民法典》在民商合一的法典中对特殊主体的法律保护。

本章小结

私法领域的民商分立和民商合一问题的实质是,商事规范融入民事规范的可能性及其限度问题,在行为规范的意义上,即统一合同规范如何容纳商行为规范的问题。从上述关于《瑞士民法典》《瑞士债务法》、《意大利民法典》、《荷兰民法典》及《欧洲示范民法典草案》的比较讨论中可以看出,这些民商合一国家(地区)的民法典(草案)中的合同规范对于商行为规范的具体调整方式尽管有所不同,但基本上可以概括为三种模式:

第一种模式以《瑞士民法典》为代表。这一模式将可以一体适用的商事规则在合同规范中进行一般化规定,同时也将商人特别适用的规则或普通人不适用一般规定的规则进行例外设置。这一模式的特点是,尽管立法上将许多关于企业或商人之间的行为规则一般化为了通用的民商事规则,但立法同时强调某些不能或不宜一般化的商行为规则的特殊性,或者在一般化的民商事规则之外将关于普通人的相关规则作出特殊处理。这一模式的优点是,一方面将可以普遍化的商行为规则一般化为所有人均可适用的规则,从而使得普通民众也可以如商人那样自由充分地从事经济活动;另一方面具有专业性与职业性的行为规则仅可适用于具有商人身份的企业或其他经营者,从而使得商人承担更多的义务和责任,同时也使普通民众避免因自己的商事能力不足承担过多的义务和责任。

第二种模式以《意大利民法典》和《荷兰民法典》为代表。这一模式最大限度地将商行为规则一般化为了通用的民商事规则,同时在立法上较少地设置关于商人的特殊规则,而由法官通过自由裁量处理民商事区分问题。这种模式的优点在于承认每个参与法律活动的主体,不论其是普通民众还是企业或其他经营者,都具有参与商事活动的能力,法律对之一视同仁。当然,该模式的前提是该国具有成熟发达的司法体系。

第三种模式以《欧洲示范民法典草案》为代表。这一模式基于现代商业社会经营者和消费者的主体分野去设置相应规则,并以企业和经营者之间的规则为主,以关于消费者保护的规则为辅。这种模式的优点在于既能充分实现企业或经营者在营业中的规则需求,又能最大限度地保护参与商业活动的消费者。

通过以上比较也可以发现,合同法中民商合一的规范技术并非为了消灭商事规则,而是将商事规则通过一般化上升为能够同时适用于普通人和企业的行为规则;同时,对于不能或不便一般化的商事规则,仍然在法典的相关章节中进行特殊安排。从这个意义上来说,私法领域的统一合同规范,就是要在一定程度上"扬弃"商人和商行为的概念,而这一工作的完成往往通过合同规范的统一去实现。当商法开始由主观商扩张到客观商,也就意味着私法开始由主体法过渡到行为法,"主体"的意义开始消解,"行为"跃升成了私法规则的标准和阀门。既往的经验也表明,超越地域范围的法律统一化需求,在交易法相关领域最容易得到广泛实现,比如债法、商法与有价证券法。相反,家庭法、不动产法和继承法的统一,往往在预期的很久之后才能实现。① 因此,在民商合一的过程中,对合同交易规范中商法特殊性的技术处理是一个关键的环节,这关系到私法的统一程度问题。

当然,不同国家和地区的社会经济情况不同,民法典中对民商合一的商行为规则的安排便不相同。如最早实行民商合一的《瑞士民法典》关于商事交易规则明确的特殊性安排便明显多于后来的《意大利民法典》和《荷兰民法典》,而最新的《欧洲示范民法典草案》为了促进统一欧盟市场的形成,则明确以企业或营业者的行为规范为主要内容。不过,尽管不同国家和地区的立法背景不同,但其民商合一的主要做法都是在债和合同的规定中将普通人也视为商人(而非将商人视为普通人)以统一行为规则,这立足于商事交易规则的开放性和统一性。同时,鉴于某些商事交易规则的特殊性,这些国家和地区也都将其以例外或专门规则的形式安排在民法典的相关章节之中。此外,基于非商事的行为不具有专业化和职业化的特点,民法典也对普通民事主体的利益进行特殊照顾和立法安排。

总的来说,从现在世界各国和地区的情况来看,民商合一是私法发展的必然趋势。我国虽然与这些国家(地区)的国情不同,但也并非没有立法经

---

① 〔德〕弗朗茨·维亚克尔:《近代私法史——以德意志的发展为观察重点》(下册),黄建辉、陈爱娥译,上海三联书店2006年版,第486页。

验上的参考点,比如我国和荷兰民商合一的民法典中所涉及的民商事规范,都包括了一般性民事规范、经营者规范以及消费者规范三重规范体系;①再比如,就我国和欧盟立法而言,两者都面临着协调大陆法学和英美法系不同合同规则的工作。② 因此,通过比较不同国家(地区)民商合一的立法选择及其模式问题,既有利于我们在一个更为广阔的比较视野中汇总经验,也有利于我国下一步的民法典解释和适用工作的展开。

---

① 夏沁:《私法合一抑或民商合一——中荷民法典民商合一立法体例比较研究》,载《湖北社会科学》2020 年第 3 期。
② 〔德〕文德浩:《统一民法典之探索:欧盟与中国之比较》,翟寅生译,载《清华法学》2010 年第 4 期。

第三章 《民法典》合同编民商合一的规范表达

第一节 引 言

民商合一的实质是私法的商事化,其将传统上属于商事性质的规则融入了普通私法,使得商法不再成为特别私法。在这个意义上,私法的商事化同时代表了商法的胜利及商法走向实质性的灭亡。[①] 但这也只是从整体意义上而言的,从相关法律规范的表达上,民商合一的法典仍在某种程度上显示了民商事之间应有的差异。瑞士、意大利和荷兰等采民商合一国家的民法典,在将可以一般化的商事规则整合入民法典的同时,也将那些仍然仅适用于商事活动的规则进行了体系性规定或特别安排,因而它们在规范表达上既体现了民商融合,也体现了一定的商事规则的特殊价值。在采民商分立的国家和地区,如德国,除了专门的商法典之外,其民法典在以"小商人"为镜像规范所谓平等主体之间民事法律关系的同时,也通过一般交易条款及诚实信用等原则来校正差异化安排可能出现的利益失衡。

在我国,1999年的《合同法》是在原《经济合同法》《涉外经济合同法》和《技术合同法》的基础上,并主要参考《联合国国际货物销售合同公约》和《国际商事合同通则》出台的,它们均是主要以企业或经营者为调整对象的合同,亦即其主要内容是商事的,因而其相应规范表达也主要体现了商事的性质。但由于该法同时还调整"包括自然人之间的买卖、租赁、借贷、赠与等合

[①] 〔葡〕乔治·曼努埃尔·高迪纽德·阿布莱乌:《商法教程》(第一卷),王薇译,法律出版社2017年版,第18页。

同关系"①,有关规范还体现着其民事的性质。也就是说,1999年的《合同法》是以商事为主、民事为辅的合同规则体系。

作为民商合一的典范,统一合同法不仅应在形式上实现民商合一,也应在实质上实现民商合一。前者是指合同法之外不需要另行单独制定有关商事合同的专门立法,后者是指合同法的有关内容既要体现出民事规则与商事规则的统一,也要体现出二者之间应有的差异。但从实际情况上来看,1999年《合同法》将民事规则与商事规则进行了统一,所有合同不分对象与行为性质均适用同样的规则,而民事和商事之间的差异性没有得到应有的体现。②

在1999年《合同法》的基础上,《民法典》"合同编"关于民事规则与商事规则"合与分"的规定体现出了较高的立法技术,其也将能够更为合理地适用于经济生活实践之中。但与此同时,也可以发现,合同编民商合一的规范技术及表达仍有很大的提升空间。

从世界范围内来看,无论是民商分立下的民法典,还是民商合一下的民法典,它们都存在不同程度的民商合一。唯一不同的在于,民商分立下的民法典在商法化的同时,还保留了调整所谓"大商人"的商法典;民商合一下的民法典则进一步将调整大商人的特别规则纳入了统一的民法典之中。但不论是哪种模式,法律技术上的民商合一的实质都是传统上将属于商事的规则融合于统一的民法典之中,在该融合中,一方面包括将可以一般化的商事规则去除适用对象的限制而一体适用于所有人③,一方面也包括将那些不能或不宜一般化的商事规则通过技术安排而体系化于法典(合同法)之中。④另外,民商合一还包括原属于民事性质规则的一般化问题,即传统上属于民事的规则能否及如何适用于商事,与此相对应,民法典(合同编)的规范表达也应当科学地设置以体现出这种整合。

---

① 顾昂然:《关于〈中华人民共和国合同法(草案)〉的说明》,载《人大工作通讯》1999年第C1期。

② 韩世远:《买卖法的再法典化:区别对待消费者买卖与商事买卖》,载《交大法学》2017年第1期。

③ 王轶、关淑芳:《民法商法关系论——以民法典编纂为背景》,载《社会科学战线》2016年第4期。

④ 徐强胜:《民商合一下民法典中商行为规则设置的比较研究》,载《法学杂志》2015年第6期。

相较于西方,我国的民法在改革开放之初就是商法化并以此为重心的,因而不存在民法之外的单独以调整商人和商行为为己任的商法,特别是《合同法》,其从1981年《经济合同法》开始,就是"经济"的,重在调整企业或其他经营者之间的交易。因此,从历史上看,我国合同法合同规则的民商合一,首先是商法化的,其次才考虑非企业的经营者和消费者,这一思路使得其在规范技术与表达上呈现出了自己的特色。

第二节 《民法典》合同编的"人像"

一、以企业或经营者为"人像"的合同编

1978年党的十一届三中全会确立了我国以经济建设为中心的社会发展目标,如何通过各种方式大力发展经济成为党和政府工作的重心。从1979年,我国就开始了起草民法典的工作,并试图通过民法典为经济体制改革提供指导与保障。但是受传统计划经济和前苏联法学的影响,民法典的起草工作被搁置,具有浓厚计划经济色彩的《经济合同法》于1981年率先出台。尽管如此,该法仍为我国当时有计划的商品经济体制提供了有力的制度保障,特别是其确立的当事人一律平等(第5条)、合同应当得到遵守(第6条)等原则,为我国社会主义市场经济的发展奠定了私法自治观念的基础。同时,为了适应我国对外开放的需要,1985年出台了《涉外经济合同法》,它主要是以《国际商事合同通则》和《联合国国际货物销售合同公约》为模板制定的,这使得我国合同法开始与国际接轨。以现代立法观念来看,这两部法律属于典型的商事法律范畴[①],是以调整企业之间合同关系为己任的商法,其人像基础是典型的现代商人形象——企业。

在经历了种种争论与质疑之后,以强调调整商品经济关系为己任的《民法通则》于1986年出台。尽管其涉及民法的许多内容,但其基础无疑是企业和个人的独立自主。全国人大常委会法制工作委员会在《关于〈中华人民

---

① 王轶、关淑芳:《民法商法关系论——以民法典编纂为背景》,载《社会科学战线》2016年第4期。

共和国民法通则(草案)〉的说明》中强调:"民法通则的规定,要从我国的实际情况出发,体现社会主义原则,研究改革、开放、搞活的新情况、新问题和新经验,规定民事活动共同遵循的准则,并体现我国社会主义经济的某些特色,包括有计划的商品经济,发展横向经济联系,扩大国营企业自主权,社会主义公有制经济基础上个人或集体的承包经营,以及作为社会主义公有制经济的必要补充的个体经济等。"[①]基于此立法的基本认知与共识,《民法通则》全面确立了作为民事主体的自然人、法人在社会经济活动中的独立、平等、自愿及自我责任的原则。易言之,《民法通则》所确立的人像是充满经济活力和智慧的主体,它不仅包括各种各样的企业法人,还表现为具有强烈个人色彩并具有中国特色的个体工商户、个人合伙和农村承包经营户。

随着我国社会主义市场经济的全面确立与深入发展,为实现交易规则的统一并与国际接轨,在原有三个合同法的基础上,1999年的统一《合同法》出台,该法消除了原合同法中的非市场经济色彩,吸收了《国际商事合同通则》和《联合国国际货物销售合同公约》的先进制度。它不仅延续了《民法通则》等立法所确立的人像基础,而且将该人像的智识标准进一步提升,在一定意义上,它几乎是为企业和经营者制定的法律。全国人大常委会在《关于〈中华人民共和国合同法(草案)〉的说明》中明确指出:"合同法主要调整法人、其他组织之间的经营贸易合同关系,同时还包括自然人之间的买卖、租赁、借贷、赠与等合同关系。"[②]也就是说,该法主要是以现代商人,即企业或者经营者之间的商事合同关系为调整对象的。

以企业或经营者为合同法的人像基础,其实质也是如西方那般以理性人、经济人为人像基础的立法,它是由合同法的基本功能——为社会主义市场经济服务——决定的。从1978年党的十一届三中全会以来,大力发展并完善社会主义商品经济或市场经济,成为党和中央政府的基本方针,相应法律的制定与编纂自然也是以此为中心任务。而且,作为现代民法的我国民商事立法,后天优势使其得以简单地继受西方成熟的理论和立法,特别是在需要大力发展经济的基本国家方针的要求下,以调整商业交易为己任的合

---

① 王汉斌:《关于〈中华人民共和国民法通则(草案)〉的说明》,载《中华人民共和国国务院公报》1986年第12期。
② 顾昂然:《关于〈中华人民共和国合同法(草案)〉的说明》,载《人大工作通讯》1999年第C1期。

同法可以以国际上成熟的商事合同立法为模本,从而制定作为典型的"商法"的1999年的《合同法》。但是正如全国人大常委会在《关于〈中华人民共和国合同法(草案)〉的说明》中指出的那样,尽管合同法需要调整法人、其他组织之间的经济贸易合同关系,但它同时还调整自然人之间的买卖、租赁、借贷、赠与等合同关系。换言之,它附带着调整可以称之为"民事"的合同。与企业或经营者相比,以生活为主要领域的自然人的智识与能力,在实质上具有相当大的差异,但在形式上,他们与其他所有合同关系的当事人一样,具有同等的人格与能力。

《民法典》合同编第464条对1999年《合同法》第2条作了调整修改,即其将原规定"合同是平等主体的自然人、法人、其他组织之间设立、变更、终止民事权利义务关系的协议"中的"自然人、法人、其他组织"字眼去掉,统一以"民事主体"称谓。但这只是文字上的调整,其仍然是"主要调整法人、其他组织之间的经济贸易合同关系"的。以企业或者经营者为人像基础,将企业(经营者)的交易规则作为合同法的一般规则,是符合世界各国对于合同法的主要调整对象和规范商业交易功能的定位的。比较法上,世界各国在将民法与商法进行统一时,皆是以整个私法的"商法化"为主线的。"民法的商法化"是指原本为商法理论与制度,后来一般化为私法的共通制度,同时也成为民法的原理与制度。在这一过程中,私法中的人像的理性化程度明显加深,瑞士学者也明确说明"理性人"是瑞士债法中的人像基础。① 根据日本学者田中耕太郎的理解,"理性人"就是现代法中的"商人",因为最适合商人的就是"从所有的个人性的及社会性的羁绊中解放出来的纯粹理性之人"。所以,以企业或者经营者作为合同法的人像基础,有利于合同交易规范的一体化。

二、合同编中的消费者

随着我国社会主义市场经济的全面深入发展,作为交易规则的合同法不仅仅是企业经营者的交易规则,还同时关系到消费者的领域。相对于企业经营者的生产经营目的,消费者对于其所购买的商品或服务,只是为了消

---

① 〔瑞士〕彼德·高赫:《理性人:瑞士债法中的人像》,谢鸿飞译,载梁慧星主编:《民商法论丛》(第35卷),法律出版社2006年版。

费需要(使用价值),其在交易中往往处于被动的地位。由此,消费者的保护就成为消费交易合同的首要目标。与其他基于合同而形成的法律关系相比,"消费者—经营者"关系极具"对立性"甚至"对抗性",从"消费者运动—消费者法"这一横断面上看,消费者系通过持续性的集体行动而取得法定权利,此种情形在法律主体权利生成路径中极为鲜见。① 对此,当代世界各国立法者体察到这一交易领域规则的实质性变化,开始通过一系列修法活动进行变革性设计,这个过程被称为合同法的"实质化"。

消费者作为特别法的主体能否成为民法典中的人像,这一问题代表了民事立法者对某些交易关系的想象边界——绝大部分消费关系中的格式合同都由卖方提供,而且不论在卖方市场还是高度竞争的商品市场,其都一面倒地偏向卖方。一旦立法者考虑到这一问题,民法在这里就发生了质变(德国许多学者将之称为"合同法的实质化")②。具体而言,各国民法典把大部分的消费者保护单行法放进了民法典,并不仅在合同法中规定格式合同条款的问题,而且在民法典的总则部分的权利主体章节加入了消费者和企业概念。2000年,为响应欧盟保护消费者的立法要求,《德国民法典》第13条和第14条增订了"消费者"和"企业经营者"的概念,接着2002年《德国债法现代化法案》生效,其将消费者权益法及司法实践形成的一些判例规则纳入了民法典,在一定意义上,这使传统上坚持统一人像基础的《德国民法典》开始具有了经营者与消费者之间的区分,从而使民法中抽象的权利能力者开始了具体化的过程。尽管德国法中的"经营者"概念主要是针对"消费者"而言的,但可以看到的是,消费者和企业经营者概念的入典,进一步削弱了德国民商分立的人像基础。

鉴于欧盟经济的一体化和现代商业交易的要求,《欧洲示范民法典草案》中关于财产方面的内容明确以经营者之间的规则为标准,以非经营者的相应关系为例外制定了其债和合同法的主要内容。可以说,该草案是典型的民商合一,且是以商业交易规则为主的立法,同时特别突出了消费者与非

---

① 姚佳:《中国消费者法理论的再认识——以消费者运动与私法基础为观察重点》,载《政治与法律》2019年第4期。

② Canaris, Claus-Wilhelm, Wandlungen des Schuldvertragsrechts-Tendenzu zu seiner "Materialisierung", AcP200(200), 343—364.

企业经营者参与合同交易规则的差异性。如该草案第四卷"有名合同及其权利与义务"第一编"买卖合同"中,明确区分了消费者买卖合同,其他各编也体现了经营者与非经营者之间规则的区分。① 易言之,从人像基础上看,《欧洲示范民法典草案》非常明确地对经营者与非经营者作了区分。之所以如此,是与欧盟一贯强调保护非经营者有关的,如 20 世纪 80 年代以来,欧盟就发布了一系列所谓的指令,而这些指令多属于与消费者保护有关的,像 1985 年《访问交易指令》、1986 年《消费者信用指令》,以及 2005 年《不公平交易惯行指令》和 2008 年《分时分享等契约指令》等。

从 19 世纪第一代的民法典到 20 世纪后期的民法典,其有从形式主义转向实质化的趋势。在日本学者星野英一看来,"理性人"和"商人"都是"在理性、意思方面强而智的人",如果要考虑人的个性和社会性差异的话,人将向"弱而愚的人"转变。合同法的实质化意味着合同法的人像基础开始掺入"弱而愚"的一般民事主体,他们相较于"理性"的商人,在交易中处于弱势地位,需要更多的保护与关照,这是"从契约到身份"的转变。

比如,我国《民法典》总则编第五章"民事权利"第 128 条规定了"弱势群体特别保护"的条款,即"法律对未成年人、老年人、残疾人、妇女、消费者等的民事权利保护有特别规定的,依照其规定";并在合同编部分第 496 条、第 497 条、第 498 条分别规定了"格式条款的定义与提示说明义务""格式条款的无效"及"格式条款的解释"。通过这些规定,《民法典》将消费者概念植入以企业经营者为人像基础的合同编之中。

需要注意的是,合同法的实质化并不能动摇"理性人"(商人)作为合同法人像的根基,只是说明"弱而愚的人"(一般民事主体)应当纳入合同法的考量范围。对于人像的根本转变,德国学者 Hans Hermann Seiler 就曾批评道:"1900 年隐藏在民法典背后的那个自由、自主、头脑清楚的市民,其实最多符合当时一小撮的公民,现在的德国好不容易发展到接近这样的市民图像了,谁想到民法典又转而用一个看起来负不了什么责任的消费者来取代市民。"他批评的,不是《德国民法典》规定的内容,而是《德国民法

---

① 徐强胜:《民商合一下民法典中商行为规则设置的比较研究》,载《法学杂志》2015 年第 6 期。

典》的立法者对常态交易的现象的总结。①这对于我国立法者、解释者和适用者的启示是,《民法典》合同编仍应该坚持以企业或者经营者为模型的人像基础,同时应当考虑到一般民事主体的特别保护,以实现合同交易的实质公平。

三、合同编中的其他主体

作为交易法的合同法规则主要是以企业经营者为人像基础,这是符合国际合同法的立法实践和合同法的市场法的功能定位的。但是不能忽视的是,在合同法的适用领域中,除了企业经营者及其相对应的消费者群体以外,还有大量的非企业经营者亦非消费者参与合同交易的过程,这就包括了自然人的日常生活交易(C2C),以及他们之间其他的非经营性的交易行为。这样一来,在合同交易预想的人的镜像之外,还存在大量的非企业经营者和非以消费者名义存在的自然人主体和其他主体。正如前述,尽管我国最初的合同法"主要调整法人、其他组织之间的经济贸易合同关系",但它同时也调整着非经济贸易合同关系。合同法规则中的消费者之外的非经营者交易关系在《民法典》合同编中的典型情形有:赠与合同中的赠与关系、借款合同中自然人之间的借贷关系、保证合同中的自然人保证关系、租赁合同中的生活租赁关系。这些合同关系往往涉及社会生活意义上的合同关系,它们既不是商事意义上的合同主体,也不是弱势的消费者意义的合同主体,而是合同关系中的"其他主体",在商事性基调的合同法规则中可以说是一项"例外"。

总体而言,《民法典》"合同编"的合同主体是以企业或其他经营者为人像基础的,这符合合同法作为交易法尤其是商事交易法的法律本色。与此同时,《民法典》"合同编"也通过参引条款及格式合同规则来保护交易中处于弱势一方的消费者,并对于大量的普通人参与的生活交易或其他交易进行特别规定,以实现合同交易参与主体人格的具体化,这也为民商事主体区分意义上的具体合同条款的解释留下了差异化适用的空间。

---

① 苏永钦:《民事立法与公私法的接轨》,北京大学出版社 2005 年版,第 13 页。

第三节 《民法典》合同编民商合一的规范技术原理

一、以企业或经营者为人像的交易规则一般化与统合

(一)交易规则一般化与统合的基本理论

从比较法上来看,民商合一是近现代私法的民法商法化与商法民法化的结果,其中,民法商法化是民法吸收商法实质规则的过程,商法民法化则是商法借鉴利用民法的概念和制度的过程。换言之,民商合一的实质及其主要内容是,将传统上属于商法的规则经过剔除适用主体的限制而一体化适用于所有人,这其实也是商事规则的一般化问题。同时,在这一过程中,对于那些不能或不便一体化于所有人的"大商人"之间的商事规则,则通过单独商法典(如德国)或附加相应条件或特别规定体系化于民法典之中(如瑞士),即所谓的"统合"技术,这也就产生了现代私法所谓的民商分立与民商合一的立法体例。这样一来,在私法规则体系中,法典如何通过相应的规范表达,即法典的编纂技术对民商事作出适当的安排设置来体现其一般的"合"和必要的"分",就显得十分重要。

对于商事性质规则的一般化来说,其方法是将原本用来调整商人和商事行为的规定,去除了适用对象的限制,而广泛适用于所有的法律主体和法律行为,亦即将其通过提炼而一般化为所有私法主体一体适用的效力规则。[①] 所以,商事规则一般化的实质是,将所有的人都当作商人或至少以商人来看待,因而也将更高的行为标准(经济人、理性人)适用于所有的自然人和组织,以发挥商事法律规范对于普通民众理性能力发展方向的指导功能。

历史上,瑞士本来拟参考1861年的《德国普通商法典》的做法,先行制定统一的"商法典",但是在制定商法典的过程中,其发现由于社会经济的发展,商行为与非商行为、商人与非商人之间的界限已经很难区分了。这一时期,德国也恰巧准备着手起草一部统一的债法,并且几位著名的学者和法官

---

① 王轶:《我国民法典编纂应处理好三组关系》,载《中国党政干部论坛》2015年第7期。

于 1865 年草拟了"德累斯顿债法草案"。受德国这一做法的影响,瑞士决定不再单独制定商法典,并明确扬弃了商行为的概念,而试图将商法实质地整合在一般债法之中,即将传统商行为规则一般化于合同规则之中,1881 年出台的民商合一的《瑞士债务法》便是这一立法理念的成果。① 不过,因为该法典是以 1861 年《德国普通商法典》和 1865 年"德累斯顿债法草案"为模本的,故其中更多是关于商法的内容,它原本也是可以称为"商法典"的。② 同处欧洲大陆的德国的情况是,其尽管采取了民商分立体例,但在制定民法典时,也吸纳了 1861 年《德国普通商法典》中的一系列规定,将以前仅适用于商事行为的规则进行了一般化,并纳入了民法典。③ 到后来采民商合一立法体例的意大利和荷兰,它们也是直接将多数原本属于商法典的内容,统一为适用于所有人的私法规则。

从理论上来看,商法的内容能够直接成为民商事通用规则,除了社会背景的因素之外,还因为一般化于民法典中的这些商事规则更为简洁与合理。如原《德国普通商法典》第 278 条关于商事行为的解释规定被置入《德国民法典》后成了民法典的第 133 条,即"解释意思表示时,应当查明真实的意思,并且不得拘泥于所使用之表达的字面意义"。该规范成为适用于所有法律行为的解释规则,且有时也适用于法律和其他一般性规定的解释。按照该规定,针对需要受领的意思表示,解释受到交易保护视角的支配,即为表示的受领人的利益予以客观解释;只有在单方面进行的意思表示情形,才以主观解释为标准。④ 显然,该规则是典型的商事规则,是一种有利于债权人的解释,但它通过一般化而成为适用于所有人的法律行为的解释规则。尽管该规则的要求比较高,但是从商品经济社会自身及其发展趋势来看,这是市场交换的必然,法律行为的解释必须且也只能这样要求,否则,正常的商业交易将很难持续进行。对于随时都会发生角色互换的当事人而言,这种

---

① 殷安军:《瑞士法上民商合一立法模式的形成兼评"单一法典"理念》,载《中外法学》2014 年第 6 期。
② 谢怀栻:《外国民商法精要》(第三版),程啸增订,法律出版社 2014 年版,第 124 页。
③ 参见〔德〕弗里茨·施图尔姆:《为德国法律统一而斗争——德国民法典的产生与〈施陶丁格尔德国民法典注释〉第一版》,陈卫佐译,载易继明主编:《私法》(第 1 辑第 2 卷),北京大学出版社 2002 年版。
④ 《德国民法典——全条文注释》(上册),杜景林、卢谌译,中国政法大学出版社 2015 年版,第 102—103 页。

安排是一致而公平的,从而也是可以理解的,它符合社会的期待。

与西方不同,我国历史上并未有所谓商业和商法的传统,民国时期的民法典直接采行了民商合一。20世纪70年代以后,在改革开放的背景下,我国民法理论在国家以经济建设为中心的指导方针之下,直接将民法视作了商品经济之法。①改革开放之后的民事立法,特别是1986年《民法通则》,其主要内容就是为了规范商品经济活动的民法。也就是说,从历史上看,我国的民法理论及立法、司法实践均以民商合一为其基本认知。

随后,从1981年《经济合同法》、1985年《涉外经济合同法》、1987年《技术合同法》到1999年统一《合同法》,直至《民法典》合同编,其规范的"人"即合同主体也主要是企业和其他社会组织,其中大量的规则是以企业为人像而加以规范的。换言之,它主要规范调整可以被称为商人的营业者或企业行为,而不论参与交易关系的人的身份。将原本调整企业或经营者的行为规范统一为包括自然人、非企业组织在内的所有人的规则,不仅符合我国社会主义市场经济发展的需要,也符合当时正处于上升阶段中的我国广大民众经济上的希求。如《民法典》合同编第474条关于"要约到达受要约人时生效"的规定,直接抄用了《联合国国际货物销售合同公约》第15条的规定。该公约关于商人之间的要约生效规则既有利于要约人,也有利于受要约人。对于非商人的其他人和组织参与交易而言,通过这种要约规则也十分公平和合理。

民商合一的实质是将非商人也当作商人来看待,但并不是将商事性质的相应规则简单地一般化为通用规则,这常常是因为,这些规则更有利于普通人参与社会经济活动,且不会因此给普通人带来不能承受的负担与责任。应当说,正是1999年《合同法》的商法化,使其成为我国民商事立法中非常成功的一部社会主义的市场法律。其成功之处在于假定了一个市场合同主体参与合同规则的情景:当一个人进入商品经济社会的交换领域时,他就成为一个交易人,而不是其他了。既为交易与交易人,他就自然须按照交易规则行事并承担相应的后果。尽管商事规则的一般化拔高了普通人的智识,但其实也往往能够使普通人从中获益,一般不会使普通人因此背负不恰当

---

① 20世纪80年代初,民法被认为是为"一定社会商品关系服务的",因而其本质是商品经济基本法。参见周大伟编:《佟柔中国民法讲稿》,北京大学出版社2008年版,第6页。

的负担。

(二)《民法典》交易规则一般化的立法思想

《民法典》合同编延续了1999年《合同法》的立法思路,即主要是通过商事规则的一般化而一体适用于所有人和同样的交易,也即不再分商人与非商人,也不分活动是否具有营业性质,只要从事了有关行为,则均适用。

这种技术安排,体现了作为交易法的合同法规则的纯粹性——只要进入了交易领域,每个人都是一样的。[①] 正如《民法典》第464条第1款规定的,"合同是民事主体之间设立、变更、终止民事法律关系的协议"。它明确表达了本编调整范围除了"婚姻、收养、监护等有关身份关系的协议"外,涵盖一切民事主体之间的合同关系,不区分商事合同和民事合同,交易规则都是统一的。

现代合同法直接界定市场要素,全面规制市场交易活动,是市场经济的核心交易领域[②],故其规则主要是一体化适用的。一体化适用不仅仅意味着不再区分适用对象,更是指这些交易规则能够一体化适用,即其可以公平合理地适用于所有人的相同的场合。这种一体化适用,意味着社会交易的活跃——只有在资源竞相流转的社会关系中,交易规则产生的义务才能被人们充分理解和接受,从而体现出合同法的公平合理性。[③] 瑞士在制定债务法时,认为"瑞士人皆为商人"[④],并抛弃了传统的商行为概念,将商事规则实质性地整合在统一的债务法之中,实现了债务法的民商合一。意大利民法典

---

① 近代民法基础有两个基本判断,即平等性和互换性,前者是指所有民事主体是平等的;后者是指民事主体在市场交易中,在民事活动中频繁地互换其位置,在这个交易中作为出卖人,在另一个交易中就可能是买受人。在这种情况下,即使主体之间存在着经济实力的差异或优势,也会因为主体的互换性而得到弥补。参见梁慧星:《从近代民法到现代民法》,载梁慧星主编:《民商法论丛》(第7卷),法律出版社1997年版,第234页。

② 崔建远:《合同法总论》(上卷)(第二版),中国人民大学出版社2011年版,第4页。

③ 富勒提出的法律(或者道德)义务具有明确性和易接受性的条件之一是,社会中的关系必须具备充分的流动性,以至于今天你对我负有某种义务,明天我可能对你负担起同样的义务——换句话说,义务关系在理论和实践中都必须是可逆的(reversible)。交易流动性的增加是商人法在初期能够约束商业市场和近代民法发展的原因。参见〔美〕富勒:《法律的道德性》,郑戈译,商务印书馆2012年版,第28—29页。

④ 参见殷安军:《瑞士法上民商合一立法模式的形成兼评"单一法典"理念》,载《中外法学》2014年第6期。

的颁行也是在国家经济发展和商法原则的广泛化基础之上,认为"主体应得到平等保护,以赋予更多自由权",即使此时正值第二次世界大战。[①] 荷兰新民法典产生于私法国际化的浪潮之中,也是国内商业发展迅猛的新商法的时代。

但是,《民法典》合同编和 1999 年《合同法》一样,是基于促进经济统一发展需要而制定的,因而认为不论当事人背景如何,均应遵守统一的合同法。与瑞士等国认为因"人人皆可为商人"而制定统一的债务法不同,我国是为了促进经济发展而制定统一的合同法。亦即,并非因为每个人都可以成为商人而制定统一的规则,更多的是为了社会主义市场经济发展的需要而使每个人都应如商人那般行为和从事交易。在这种立法思想指导下,1999 年《合同法》直接借鉴了以调整商事交易为目的的《国际商事合同通则》和《联合国国际货物销售合同公约》。《民法典》合同编基本上就是一部商事合同法[②],其将有关主要是企业之间的交易规则直接一体适用于所有人同样的交易。

由于立法思想的不同,我国与其他国家的立法在规范技术与表达上有所不同。从比较法角度,世界各国在认为社会交易商事化程度已至普遍的思想指导下,虽然整体上采用了商事规则,但是同时也关注到了普通民事主体的保护。商事交易规制的核心思想是对商人加以更严苛的要求,以促进商业秩序的繁荣和保护交易中的弱者。在立法条文中,以促进交易为立法意旨的一般规则体现了社会整体交易能力提升的同时,以商主体为规范对象的明确规则和以商业性为适用前提的模糊规则更多的是要在民事和商事之间加以区分,实现对企业或经营者更严格的要求。与之不同,我国期望通过《民法典》商事化的合同编立法促进社会经济的发展,并非因为社会交易已达到商事化的普遍程度而制定该法,从而采行了完全客观主义规范技术,以希望所有人——不论其身份如何及其他实际情况如何,均应当如商人一般。

---

① 费安玲:《1942 年〈意大利民法典〉的产生及其特点》,载《比较法研究》1998 年第 1 期。
② 施天涛:《民法典能够实现民商合一吗?》,载《中国法律评论》2015 年第 4 期。

二、以商事规则为主、民事规则为辅的合同规范设置

（一）民商合一的合同编体系

总的来说，《民法典》合同编的民商合一主要是从合同编的体系结构上体现的，即主要是从合同编的结构、解释、原则和有名合同的类型安排上体现的。

1. 合同编的"总—分"结构

《民法典》合同编采"总（通）则—分则"的结构模式，通则部分是关于合同的共通性规则，分则部分分为两编，除了第三分编"准合同"是关于"无因管理"和"不当得利"的规定之外，第二分编"典型合同"共规定了19种具体的有名合同。当然，无论是通则部分，还是分则部分，它们都是按照合同规则的抽象程度进行民商合一的体系安排。

作为共通的规则，通则部分共有8章，即一般规定、合同的订立、合同的效力、合同的履行、合同的保全、合同的变更和转让、合同的权利义务终止、违约责任。通则的规定基本体现了商事规则的一般化，并将本来主要适用于商事活动的合同规则去除了适用对象的限制而一体适用于所有人和同样的交易行为。从通则的性质来看，其基本上是对具体合同在合同法中通用的规则的提取，故表现出了应有的抽象程度和价值，决定了共通规定的一般化属性和要求。

合同编第二分编共19章，其规定的合同类型包括：买卖合同，供用电、水、气、热力合同，赠与合同，借款合同，保证合同，租赁合同，融资租赁合同，保理合同，承揽合同，建设工程合同，运输合同，技术合同，保管合同，仓储合同，委托合同，物业服务合同，行纪合同，中介合同，合伙合同。其中除了赠与合同是较为典型的民事合同之外，其他合同要么是既适用于民事也适用于商事的合同，要么是典型的商事合同。前者包括买卖合同，供用电、水、气、热力合同，租赁合同，借款合同，保证合同，承揽合同，保管合同，委托合同，中介合同；后者包括融资租赁合同、保理合同、建设工程合同、运输合同、技术合同、仓储合同、物业服务合同、合伙合同。

总体而言，《民法典》合同编一体化规定的规则主要是适用于商事活动的。那些不能一体化适用但是较为典型的商事合同规则，如融资租赁合同、保理合同、运输合同、仓储合同、物业服务合同、合伙合同等则直接通过有名

合同体系化于其中,即将这些典型合同作为有名合同的一种而放置于合同编分则之中。因此,《民法典》合同编中的有名合同基本上是以商事为主的,而民事合同和民事意义上的规则是附带的。应该说,《民法典》合同编关于民商合一的体系性安排是比较科学的,总则部分主要体现了民商合一的基本规则,分则部分也较好地处理了民商的合一与区分,民与商有机地结合在了一起。

2. 合同编的解释

作为典型的任意法规范,对《民法典》合同编的理解和适用的关键在于解释,包括合同编本身的解释、当事人行为的解释,以及合同的解释,其中后两者之间具有密切的关系。当然,三者之间彼此也有如诚信、当事人意思等共同的解释性因素。

(1) 合同编本身的解释

《民法典》合同编第1章第463条"合同编的调整范围"、第464条"合同的定义"、第467条第1款"无名合同的法律适用"、第2款"中外合资、合作合同的适用",以及《民法典》总则编第1章第10条关于民法法源的规定决定了合同编本身的解释。

具体来讲,《民法典》合同编第464条通过"合同的定义"规定了本编所谓的合同的内涵与外延,排除了身份关系协议的适用;《民法典》合同编第467条第1款通过"无名合同的法律适用"规定了本编有名合同之外的无名合同的法律适用规则,第2款则进一步明确了内国范围内的合同适用规则;《民法典》总则编第10条通过"民法法源"的规定,明确了"习惯"对于合同编的适用意义。

(2) 当事人行为和合同的解释

《民法典》合同编第1章第466条规定了"合同的解释",即:"当事人对合同条款的理解有争议的,应当依据本法第一百四十二条第一款的规定,确定争议条款的含义。""合同文本采用两种以上文字订立并约定具有同等效力的,对各文本使用的词句推定具有相同含义。各文本使用的词句不一致的,应当根据合同的相关条款、性质、目的以及诚信原则等予以解释。"

《民法典》总则编第142条关于"意思表示的解释"规定:"有相对人的意思表示的解释,应当按照所使用的词句,结合相关条款、行为的性质和目的、习惯以及诚信原则,确定意思表示的含义。""无相对人的意思表示的解释,不能完全拘泥于所使用的词句,而应当结合相关条款、行为的性质和目的、习惯以及诚信原则,确定行为人的真实意思。"

对于当事人的行为的解释,《民法典》合同编未作专门规定,而是散见于不同法条之中。

首先是《民法典》总则部分第142条关于行为人的意思表示解释,它既是合同解释的准则,也是对行为人的行为进行解释的要求。其次是通过有关交易习惯的规定对当事人的行为予以确认,除了《民法典》总则编第10条"民法的法源"中规定的习惯之外,类似的习惯规则还包括第480条"承诺的方式"、第484条"承诺生效时间"、第509条"合同履行原则"、第510条"合同漏洞的填补"、第515条"选择之债的选择权"等规定中的交易习惯。特别需要指出的是,《民法典》中认可的"习惯"只是交易惯行,这是一种典型的因多次或长期交易而形成的习惯。最后是通过所谓的"合理性"标准对当事人的行为予以解释,如第476条第2项规定的"有理由认为"和"合理准备工作"、第481条中的"合理期限"、第551条中的"合理期限"等。

关于当事人行为和合同的解释,是基于理性行为人的"合理性"标准进行的客观解释,它体现了《民法典》合同编中的企业或其他经营者的统一的人像依据,即如果当事人表述的意思是由一个正常的、通情达理的人站在听者角度所能理解的,则表述人必须认真对待这种意思。

3. 合同编的原则

1999年《合同法》第二章关于"合同的订立"(第9条至第43条)主要是参考了《联合国国际货物销售合同公约》和《国际商事合同通则》等国际上的模范合同法,《民法典》合同编第二章(第469—501条)总体维持了《合同法》第二章的规定,并作了若干补充和调整。

(1) 合同订立的基本原则

a. 形式自由原则

《民法典》合同编第469条第1款规定"当事人订立合同,可以采用书面形式、口头形式或者其他形式",这宣示了合同订立的形式自由原则,其中的书面形式包括现代电子通讯方式(第2、3款)。

合同形式自由原则,意味着除非法律另有规定,合同不因特定形式之欠缺而无效。《民法典》第469条的规定,原则上排除了强制性的形式要件并由此承认了合同合意的约束力,以推动交易的快捷与简便。

形式自由原则不仅体现在订立合同上,也体现在合同的变更与终止方面。《民法典》第543条关于"合意可变更合同"的规定,删除了1999年《合同法》第77条第2款的"法律、行政法规规定变更合同应当办理批准、登记等手续的,依照其规定"的要求,仅保留了第1款,即"当事人协商一致,可以变更合同"。第562条规定了当事人协商一致即可终止合同。

b. 缔约诚信原则

1999年《合同法》第42条、第43条借鉴了《国际商事合同通则》《欧洲合同法原则》的规定,分别规定了合同的缔约过失及保密义务。在维持《合同法》规定的基础上,《民法典》第500条和第501条进一步完善了保密义务的规定。其中,《民法典》第501条规定的"其他应当保密的信息",与"商业秘密"一起,基本上相当于《国际商事合同通则》第2.1.16条与《欧洲合同法原则》第2:302条规定的所谓"秘密信息"(confidential information)。

c. 促进合同成立原则

首先,除了自然人之间的借款合同(第679条)、保管合同(第890条)之外,其他合同均为诺成合同,即使是传统上被认为应当属于实践合同的赠与合同,也被界定为诺成合同。

其次,订立合同采传统"要约—承诺"模式(第471条),要约撤销不仅受要约人确定的期限和明示不可撤销约束之外,还受到对方的理性判断约束(第476条);承诺对要约的内容的非实质性变更构成承诺;交易习惯可以确认承诺生效时间(第484条);逾期承诺可以由要约人及时通知而不构成新要约;迟到承诺一般有效(第485条)等。

最后,如当事人采用书面合同形式的,自当事人均签名、盖章或者按指印时合同成立;当事人一方已经履行主要义务,对方接受的,合同亦成立(第490条);预约合同亦具有法律效力(第495条)。

(2) 严格限制合同无效的认定

这主要规定在《民法典》总则编第六章和合同编第三章"合同的效力",其原则是合同自成立时生效(第502条第1款),除了违反那些导致合同无效的强制性规定及违反公序良俗的行为(第153条)及恶意串通损害第三人利益的行为(第154条)无效外,其他情形一般均不认定为合同无效的因素,如行政审批不影响合同履行报批义务条款的生效(第502条第2款)①、无权代理可以追认(第503条)、除非相对人恶意则表见代表行为有效(第504条)、超越经营范围订立的合同一般有效等。其他章节,如第九章第597条规定的出卖无处分权之物不导致合同无效等。

(3) 合同应得到全面、诚信履行

《民法典》"合同编"第四章第509条规定了合同履行的基本原则,即全面履行、诚信履行。该章有关履行规则整体上以保护债权人为宗旨(如第530条"提前履行"、第531条"部分履行"规则)。

应商业中长期或继续性合同的实际需要,《民法典》合同编第533条规定了情势变更原则。这些规则均以《国际商事合同通则》等为模范。

为进一步保护债权人,《民法典》合同编第五章接着专章规定了合同的保全,规定了债权人代位权(第535条、第536条、第537条)和债权人的撤销权(第538条至第542条)。

(4) 违约采严格责任原则

合同一旦依法成立,就应全面并诚信地予以履行,如果出现违约情形,不问当事人是否具有过错,均须承担违约责任(第577条);对当事人事先约定的违约责任计算和其他承担责任方式,予以尊重(第585条、第586条),除非违约金过高或过低(第585条)。这些规定主要是参考了《联合国国际货物销售合同公约》《国际商事合同通则》以及《欧洲合同法原则》,而我国合同法最具比较法特色的内容是违约责任的国际化。

4. 有名合同的类型安排

在1999年《合同法》分则第九章至第二十三章规定了15种典型的有名合同的基础之上,《民法典》整合或新增了保证合同、保理合同、物业服务合同、合伙合同,并将1999年《合同法》中的"居间合同"改称"中介合同"。

新增四类典型合同都是我国社会主义市场经济发展突出而需要明确规范的合同类型。其中的保证合同和合伙合同原在《担保法》《民法通则》中均有相应规定,不过它们的规定显得不仅简略,且已经不能适应现代社会的发

---

① 该条关于未生效合同的规定被称为是我国《民法典》的创新,其对未生效合同的效力作出了规定,弥补了《合同法》规定的不足。《民法典》采纳了1999年最高人民法院《关于适用〈中华人民共和国合同法〉若干问题的解释(一)》中的未生效合同的概念,是采取了促成合同生效的鼓励交易原则。

展要求。鉴于保证合同与合伙合同在市场的重要性和必要性,合同编在典型合同分编中进行了较为全面的规范,以弥补原立法之不足。保理合同属于新型的典型合同,其将为实体企业提供更多的融资手段,有利于拓宽广大中小企业的融资渠道。物业服务合同则是随着我国城市化发展和广大人民居住方式的变化而出现的,是现实生活中普遍存在且适用日益广泛的合同。

(二)民商区分的合同规范

在整个《民法典》合同编的规范体系中,民商合一规范技术在合同规范中需要通过特定形式实现,它所解决的主要的技术性问题是,如何在民商合一的合同编框架下,既能有效地统合规定民商事合同的共通性规则,又能在法律解释和适用的过程中适当地区分出民事规范和商事规范。尤其是,在合同法的商事交易法属性下,立法需要在特定领域将某些民事规则在商事交易模型的合同法中进行兼顾与特别处理。总的来说,整个合同编是以商事规则为主、民事规则为辅进行规范设置和安排的,在这一基本的规范设置原则下,民商的合一和适当区分主要包括如下四种技术手段:

1. 对民商事规则进行一体化规定的合同规范

合同编对民商事规则进行一体化规定,意味着某些合同条款的设置需要兼顾民事和商事,其在设计方面主要通过一体化规定的技术手段实现,合同条款的表述,避免使用民事性或商事性词汇,也不区分法律适用的主体,合同编中的许多条款都是这种形式。比如合同编第469条第1款规定:"当事人订立合同,可以采用书面形式、口头形式或者其他形式。"这是对合同形式的规定,一体化适用于所有的民事合同和商事合同。但问题是,许多合同是需要采用书面形式订立的,在民商事区分的意义上,必须采取书面形式订立合同的要求在民事领域和商事领域有其不同的原理。大体来讲,是否采取书面形式订立合同在民事和商事上的重要性的落脚点不同:在民事领域,对于涉及人的生命健康、生存居住等领域的合同一般都采书面形式,它是对民事生活领域的特别关照,是法律上的强式保护。在商事领域,签订合同的书面形式的意义在于,对于复杂的商事性交易,特别是涉及金钱数额较大的合同以书面形式进行约定,是出于合同商业风险分配的考虑,有利于形成稳固的没有争议的合同风险分配机制,便利于纠纷的快速化解。

2. 以商事交易为模型的合同规范

以商事交易为模型的合同规范在合同编中比比皆是,其既包括合同编通则的一般性规定,比如频繁出现"交易习惯"表述的条款,也包括合同编分则的具体的有名合同,如融资租赁合同、保理合同。实际上,不只我国的合同法,域外的合同法立法也是以商事交易合同为模型进行设计的,强调这一点是为了将纯粹的商事合同规范区分于普通的民事合同,避免将复杂的商事合同规则适用于普通民事主体。比如,《民法典》合同编"买卖合同"第596条规定了一般的买卖合同条款的内容,其包括标的物的名称、数量、质量、价款、履行期限、履行地点和方式、包装方式、检验标准和方法、结算方式、合同使用的文字及其效力等条款。但实际上,它是以商事合同模板为原型进行设置的,生活中的普通民事合同根本不会涉及其中的某些条款,相应地,当事人也就不需要在合同中进行约定。

3. 对特定民事领域进行特别安排的合同规范

合同法主要是关于商事交易的法,但其对一些特定领域的民事主体的利益需要进行特别保护或特别规定,因此需要设置例外的特别合同条款。在这些合同条款中,需要通过加入民事性词汇(而不是商事性词汇),如"自然人",以强调非商事主体对某些规则并不适用,这在借款合同中体现得比较明显。此外,除了在法律表述上兼顾民事领域之外,合同编分则的某些具体合同直接从法律领域对民事主体进行了强式保护,这里最典型的是供用电、水、气、热力合同和物业服务合同。

4. 经由法律解释实现民商事区分的合同规范

在域外,某些民商合一的民法典合同规则在民事和商事之间的区分适用,是通过司法过程中法院和法官的法律解释实现的,如瑞士和意大利。

实际上,我国也存在这种经由解释适用的合同规则在民事和商事之间的区分适用,以《民法典》合同编第634条规定的分期付款买卖合同为例。该条规定了分期付款的买受人未支付到期价款的数额达到全部价款的五分之一,经催告后在合理期限内仍未支付到期价款的,出卖人可以请求买受人支付全部价款或者解除合同。实践中最为典型的讨论是,在股权转让纠纷中,股权让与人能否享有该条规定中的合同解除权。对此,最高人民法院第67号指导案例指出,分期付款买卖的主要特征是:一是买受人向出卖人支付总价款分三次以上,出卖人交付标的物之后买受人分两次以上向出卖人支付价款;二是多发、常见在经营者和消费者之间,一般是买受人作为消费者为满足生活消费而发生的交易;三是出卖人向买受人授予了一定信用,而作为授信人的出卖人在价款回收上存在一定风险,为保障出卖人剩余价款的回收,出卖人在一定条件下可以行使解除合同的权利。因此最高人民法院认为,股权转让分期付款合同,与一般以消费为目的的分期付款买卖合同有较大区别。对案涉"股权转让资金分期付款协议"不宜简单适用《合同法》第 167 条(即现《民法典》第 634 条)规定的合同解除权。这样的处理方案,从比较法的视角来看,可以与《德国民法典》第 50 条第 3 款、第 507 条和第 508 条进行比较。应该注意,这些规则是在"经营者和消费者之间的融资援助"的标题下出现的。换言之,这些特别规则是在经营者和消费者之间的合同场合适用的。因此,该案例的重大意义在于,它针对在中国被过度"商事化"的买卖法,鲜明地意识到了 B2B 买卖与 B2C 买卖之间的差异性,并且将中国法中的分期付款买卖特别规则限缩于 B2C 买卖的情形(限缩解释)。[①]

第四节 《民法典》合同编民商合一的具体规范技术

一、合同编通则的民商合一及实现

由于《民法典》不设债法总则,合同编通则的规定同时承担了债和合同总论的功能,其中既有关于债的一般性规定,也有关于合同的一般性规定,其中涉及民商合一问题的主要是合同的一般性规定。由于合同编通则不仅是合同法的通则,也是《民法典》整个债法的通则性规定,所以其通则的规定除非必要,尽量避免使用合同、合同当事人、合同行为等合同性的表述,而更多的是使用债、债权债务、债权人、债务人、债务履行等术语。同时,出于民商一体规定的考虑,合同编也尽量避免使用商人、企业、企业经营者等类似表述,只是在商事合同条款使用某些商事性的表述。

(一)一般规定的规范技术

第一章"一般规定"共 6 条(第 463—468 条),分别规定了合同编的调整

[①] 韩世远:《法律发展与裁判进步:以合同法为视角》,载《中国法律评论》2020 年第 3 期。

范围、合同的定义和身份关系协议的法律适用、依法成立的合同效力、合同条款的解释、无名合同及涉外合同的法律适用、非因合同产生的债权债务关系的法律适用,该章民商合一的规范技术主要体现为两个条款的规定,即第464条第1款和第466条第2款。

第464条第1款对"合同"的定义是"合同是民事主体之间设立、变更、终止民事法律关系的协议"。该款表述沿袭自《民法通则》第85条第1句、《合同法》第2条第1款,这里以"民事主体"的表述代替了之前立法中的"当事人""平等主体的自然人、法人、其他组织"的表述,在法律表述上不再进行合同主体的类型列举,既是出于合同主体广泛性的考虑,也意味着不再区分民事和商事,而作一体化处理,这是合同法统一人像基础在具体条款表述上的体现。

第466条第2款是关于合同文本解释规则的规定,其表述是:"合同文本采用两种以上文字订立并约定具有同等效力的,对各文本使用的词句推定具有相同含义。各文本使用的词句不一致的,应当根据合同的相关条款、性质、目的以及诚信原则等予以解释。"这里,合同文本的解释依据以"合同的相关条款、性质、目的以及诚信原则等"为表述,其中并无"商事性"字眼出现,也无域外法中常见的明显区分或特别说明的"惯例""商事惯例""行业规则"等词语,即在合同文本的解释规则上也不再区分民事和商事。

总的来说,合同编"一般规定"的表述立足于民商事一体化处理的原则,不刻意区分民事和商事。

(二)合同订立规则的规范技术

第二章"合同的订立"共33条(第469—501条),分别规定了合同订立的形式、要约承诺、合同成立的地点、格式条款、缔约过失等规则。其中涉及民商合一和区分的条款包括以商事交易为模型的条款、特殊的商事条款、特殊的民事条款这三种类型。

以商事交易为模型的条款包括第469条第2款、第473条、第501条。

第469条第2款规定,合同的书面形式是指"合同书、信件、电报、电传、传真等可以有形地表现所载内容的形式",这里所列举的合同的书面形式其实在民事领域并不常见,也并无广泛使用,而是主要适用于商事领域,尤其是企业之间已经形成商业来往惯例的书面形式。因此,该款是非常明确的关于商事合同书面形式的规定。

第 473 条的规定也是非常明显的以商事交易为模型的条款,该条规定,"要约邀请是希望他人向自己发出要约的表示。拍卖公告、招标公告、招股说明书、债券募集办法、基金招募说明书、商业广告和宣传、寄送的价目表等为要约邀请。""商业广告和宣传的内容符合要约条件的,构成要约。"该条在《合同法》第 15 条的基础上增加了债券募集办法、基金招募说明书和宣传这三种新的要约邀请的形态,这是对商事投资实践形式的总结和概括,丰富了要约邀请的类型。可以看出,该条的两款规定中所列举的要约邀请和要约的具体类型,基本上都是商事的,它具有典型性的说明意义,即将商事交易中常见的要约邀请类型在法律中直接进行明确列举,以消除合同适用过程中的解释分歧。而且,该条规定甚至直接使用了"商业广告"的表述,这说明立法上并不排斥商事性词汇进入民法典,只是法律是否对"商"进行规定以及如何进行规定完全是出于法律规范的现实考虑,如有必要则予规定,否则即作民商一体化处理。

第 501 条是关于"当事人的保密义务"的规定,该条表述为:"当事人在订立合同过程中知悉的商业秘密或者其他应当保密的信息,无论合同是否成立,不得泄露或者不正当地使用;泄露、不正当地使用该商业秘密或者信息,造成对方损失的,应当承担赔偿责任。"严格来讲,订立合同过程中的保密义务不属于合同的条款,也不涉及合同的解释或形式,它是依据诚信原则对合同缔结行为得出的当然结论,立法之所以对其进行专门规定,是因为其对于合同尤其商事合同的当事人具有法律保护上的重要意义。域外合同法,如《国际商事合同通则》第 2.1.16 条、《欧洲合同法原则》第 2:302 条均规定了合同缔结过程中的保密义务,其旨在保护合同缔约人在商业交往中的合理信赖利益和经济利益。我国通说认为,违反合同缔约过程中的保密义务应当承担缔约过失责任。① 需要特别指出的是,该条之前的第 500 条是关于"缔约过失责任"的规定,并列举了应当承担缔约过失责任的情形,其第 3 项"有其他违背诚信原则的行为"是关于缔约过失情形认定的兜底条款。从法条的体系定位上来讲,第 501 条是第 500 条的特别规定,两者之间是一

---

① 参见崔建远:《合同法总论(上卷)》(第二版),中国人民大学出版社 2011 年版,第 443—444 页;韩世远:《合同法总论》(第四版),法律出版社 2018 年版,第 182 页;朱广新:《合同法总则研究》,中国人民大学出版社 2018 年版,第 217 页。

般条款与特别条款的关系,即第500条是一般的缔约过失条款,第501条是缔约过失规则在商事交易中的典型列举,它对商事合同订立过程中违反保密义务并承担缔约过失责任的情形进行了特别规定。

特殊的商事条款包括第480条、第484条第2款、第491条第1款。

第480条"承诺的方式"规定:"承诺应当以通知的方式作出;但是,根据交易习惯或者要约表明可以通过行为作出承诺的除外。"该条明确使用了"交易习惯"的商事性表述,而且循第480条的法条逻辑,它是域外民商合一的民法典中常见的"原则—例外"形式的商事条款表述方式。法律之所以对承诺的方式进行例外的特别规定,是因为承诺的方式是决定合同是否成立的关键,对之进行特别规定是出于商事交易效率的考虑。

第484条第2款"承诺的生效时间"规定:"承诺不需要通知的,根据交易习惯或者要约的要求作出承诺的行为时生效。"该款中"交易习惯"的表述原理同上。

第491条第1款规定:"当事人采用信件、数据电文等形式订立合同要求签订确认书的,签订确认书时合同成立。"该条其实规定了商业交易中常见的"商事确认书",它也是商事的。

特殊的民事条款是第490条。该条规定,当事人采用合同书形式订立合同的,自当事人均签名、盖章或者按指印时合同成立。与《合同法》第32条相比,该条增加了"按指印"的合同成立情形,这是商事化合同规范中的民事条款,它是对日常生活中常见的民事交易习惯的总结。其规范的出发点是,在中国民间的借款合同等合同文本中,常常存在"没有签字但按过手印"的合同,"以指印代替签名"也是人们常用的合同确认习惯,立法将这一主要在民事习惯领域适用的合同确认规则在合同编进行规定,也说明了《民法典》是一部接地气的人民法典。

(三)合同效力规则的规范技术

第三章"合同的效力"共7条(第502—508条),条文较少,在民商合一的规范技术意义上,其主要规则可以直接援引总则编第六章第三节"民事法律行为的效力"的规则(第508条),这是一体规定的层面;而该章主要是对合同中的一些典型规则进行了规定,这是特别处理的层面。法律行为(合同)的效力规则在该编的体例形式主要受制于两个基本原理:其一,提取公因式的潘德克顿"总则—分则"模式使得分则编的合同规则同样适用总则编的法律行为规则,《民法典》总则编关于法律行为的规则对于《民法典》分则各编,甚至广义的民商法都具有统辖作用。① 其二,民商合一的法典体例选择使得关于民法和商法的共通规则在总则编规定更为合适,而对于不适于一体规定的合同规则,尤其是较为典型的商事合同规则,在分则编进行规定更具意义。该章民商合一的规范技术主要体现为以商事交易为模型的条款和经由解释实现民商事区分的条款。

该章第502条是关于"合同生效时间"的规定,其来源于《合同法》第44条②,并新增设了报批义务条款的效力和违反报批义务的法律后果的规定(第2、3款)。新增规定来源于最高人民法院2010年的《关于审理外商投资企业纠纷案件若干问题的规定(一)》第1条③,后经《民法典合同编(草案)》(征求意见稿)第44条、《民法典合同编(草案)》(二审稿)第294条、《民法典(草案)》第502条的历次修改,《民法典》确立了最终的表述方式。该条的主要规范目的是解决实务中存在的有报批义务的合同当事人不履行报批义务时的责任承担问题,从而保障合同相对人的合法权益,而且正如该条规定最初来源于外商投资企业纠纷案件的前身,其主要是在商事领域适用,而且往往是大型的工程性项目。需要注意的是,《民法典》第136条规定了民事法律行为的成立和生效规则,也规定了合同的成立和生效规则,两者之间是一般条款和特别条款的关系。

第504条规定了表见代表即越权订立合同的效力。其规定,法人的法定代表人或者非法人组织的负责人超越权限订立的合同,除相对人知道或者应当知道其超越权限外,该代表行为有效,订立的合同对法人或者非法人组织发生效力。其商事性体现在两个方面:其一,该条规定主要适用于法人的领域,尤其是法人的商事领域,从立法目的、立法变迁、比较法等各方面来

---

① 孙宪忠:《中国民法典总则与分则之间的统辖遵从关系》,载《法学研究》2020年第3期。

② 《合同法》第44条规定:"依法成立的合同,自成立时生效。法律、行政法规规定应当办理批准、登记等手续生效的,依照其规定。"

③ 该条规定:"当事人在外商投资企业设立、变更等过程中订立的合同,依法律、行政法规的规定应当经外商投资企业审批机关批准后才生效的,自批准之日起生效;未经批准的,人民法院应当认定该合同未生效。当事人请求确认该合同无效的,人民法院不予支持。前款所述合同因未经批准而被认定未生效的,不影响合同中当事人履行报批义务条款及因该报批义务而设定的相关条款的效力。"

看,这里的"法人"一词应限缩解释为企业法人或营利法人①,其合同主体是商事主体。其二,从该条规定的理论依据上来看,其从合同相对人合理信赖的角度出发,原则上规定越权代表行为有限,也是出于鼓励交易的立法目的。

第505条规定,当事人超越经营范围订立的合同效力,不得仅以超越经营范围确认合同无效。这里的"经营范围"首先就是一个商业性的词汇,它一般是指公司的经营范围,域外常称之为"公司目的"。该条依据越权原则所确立的超越经营范围的合同原则上有效的规则也是旨在放松法律对市场主体交易的管制。②

经由解释实现民商事区分的条款是第506条"无效的免责条款"的规定,它实际上同时涉及民事合同、商事合同和消费者合同,其中涉及商事合同的方面比如保险公司在其格式化的保险合同中拟定的免责条款,在"经营者—消费者"模型的消费者合同中,从规范经营者的角度出发,它也是商事的。

(四) 合同履行规则的规范技术

第四章"合同的履行"共26条(第509—534条),它主要设置了以商事交易为模型的条款。

第509条第2款规定:"当事人应当遵循诚信原则,根据合同的性质、目的和交易习惯履行通知、协助、保密等义务。"这里的"交易习惯"通常是指商事交易习惯,即以遵循商事交易习惯作为合同履行的原则。此外,"通知、协助、保密"等义务也多运用于商事领域,它是一种附随义务,旨在促进实现主给付义务,维护他方当事人人身或财产上的利益。③

第511条是关于合同条款中的质量、价款或报酬、履行地点、履行期限、履行方式、履行费用等约定不明时的处理规则,它实际上也是主要关于商事的规定,因为普通的民事合同往往不会涉及非常复杂的合同履行问题。比如,履行费用是指履行债务所必要的开支,包装费、运送费、汇费、登记费、通

---

① 朱广新:《法定代表人的越权代表行为》,载《中外法学》2012年第3期。
② 朱广新、谢鸿飞主编:《民法典评注·合同编·通则1》,中国法制出版社2020年版,第337页。
③ 王泽鉴:《债法原理》(第二版),北京大学出版社2013年版,第85页。

知费等①,这在民事合同中并不常见。该条中的"国家标准""行业标准""市场价格""政府定价或指导价"的商事性的或暗含商事性的表述,其实也说明了这里的合同主体是以企业为镜像的,它主要是企业之间的合同。

第512条规定了电子合同标的的交付时间,该条来源于《电子商务法》第51条,旨在回应现代社会网络信息交易尤其是城乡居民网络购物的需求。该条的合同主体的规范模型是"商人—非商人"的模型,即一方为线下生活消费者,一方为线上商事经营者,而且其规则设计是立足于保护非商人一方即网络购物消费者的利益的。比如,在该条规定中,电子合同的标的为交付商品并采用快递物流方式交付的,收货人的签收时间为交付时间,这里交付时间的设置便保证了消费者对到货物品的完整性和外观质量的检查空间,实践中,对于不符合合同约定的商品质量要求的物品,消费者通常享有"拒签"的权利。

第515条是关于选择之债中的选择权的规定,其第1款的表述为:"标的有多项而债务人只需履行其中一项的,债务人享有选择权;但是,法律另有规定、当事人另有约定或者另有交易习惯的除外。"这里的交易习惯即商事性的表述。

第527条关于不安抗辩权的情形列举也是以商主体(主要是企业)为模型的,其列举的四项情形中,除了第四项"有丧失或者可能丧失履行债务能力的其他情形"这一兜底条款,前三项的"经营状况严重恶化""转移财产、抽逃资金,以逃避债务""丧失商业信誉"都主要发生在企业中。

第533条是关于情势变更的规定。它是吸收2009年最高人民法院《关于适用〈中华人民共和国合同法〉若干问题的解释(二)》第26条的成果,而且与原解释相比,增加了情势变更中的当事人的再交涉规则。情势变更中的合同再交涉规则来源于国际上的商事合同规则,如《国际商事合同通则》(第6.2.3条)、《欧洲合同法原则》(第6:111条)以及《欧洲示范民法典草案》(第3-1:110条),并为我国合同立法所借鉴。理论上,对于这里"再交涉"的性质,应将其理解为一种"权利"(权利属性为形成权)而非"义务",即若双方当事人均未向对方提起再交涉之请求或者双方协商共同请求法院变更或者解除合同,法律不应当强制性地要求双方当事人以合同变更或解除

---

① 韩世远:《合同法总论》(第四版),法律出版社2018年版,第359页。

为目的进行再交涉。① 这也是该条以"可以"而非"应该"进行表述的原因。这个增加的合同环节实质上暗含了对当事人真实意愿和自主意思的极大尊重,法院在判决变更或解除合同之前让当事人重新协商,意味着《民法典》在努力限制法院或仲裁机构过早介入当事人的合同履行。②

(五) 合同的保全、变更转让、权利义务终止的规范技术

合同编的第五章"合同的保全"主要是关于债权人代位权和撤销权的一般性规定;第六章"合同的变更和转让"主要规定的是一般性的合同变更转让问题,不直接涉及民商区分问题;第七章"合同的权利义务终止"亦是如此。这三章规定的共同特点是,它们在表述上虽以"合同"为每章的称谓,但在具体的条文中主要使用的是"债权债务"的称谓,即交替使用"债"和"合同"的表述,也就是说它们主要是一般化的规则,不刻意区分民事债和商事债,也不刻意区分民事合同和商事合同。循此一体化的民商合一的规范技术路径,这些章节中的合同规范在适用中的民商事区分,大多需要经由解释实现。比如对于其中的合同解除规则的适用就需要考虑不同的合同类型,比如赠与合同、借用合同和无息借款合同,并根据其特点进行差异化解释和适用。③

当然,该章的一些规定,从立法继受或基本原理上来看,也体现了商事性。比如,在合同的变更与转让规则上,合同编新增加的第545条第2款,明确规定当事人约定禁止转让的债权,需要区分非金钱债权与金钱债权,在前者场合,禁止转让的约定不得对抗善意第三人;在后者场合,则不论第三人善意抑或恶意,统一不得对抗第三人。这些规定主要参考了《国际商事合同通则》第9.1.9条、《欧洲合同法原则》第11:301条、《国际保理公约》第6条第1款、《联合国国际贸易应收账款转让公约》第9条等规定,体现了最新的商事立法趋势。

(六) 违约责任规则的规范技术

第八章"违约责任"是在合同意义上而言的,其主要是一体化的民商事

---

① 张素华、宁园:《论情势变更原则中的再交涉权利》,载《清华法学》2019年第3期。
② 参见丁宇翔:《民法典合同编如何优化市场交易的"游戏规则"》,载《人民法院报》2020年7月3日第5版。
③ 参见刘凯湘:《民法典合同解除制度评析与完善建议》,载《清华法学》2020年第3期。

规则。该章第 558 条规定："债权债务终止后,当事人应当遵循诚信等原则,根据交易习惯履行通知、协助、保密、旧物回收等义务。"该条规定中出现了"交易习惯"的表述,以及关于"后合同义务"的规定,从表述和主要适用领域上来看,它可以说是以商事合同为模型的。该章其他部分的规定,则往往需要通过法律解释来实现民商事区分。

比如该章第 585 条是关于违约金的规定,其第 2 款规定了人民法院或者仲裁机构可以根据当事人的请求对约定的过低或过高的违约金进行调整,即理论上的违约金调整规则。商事实践中可能产生的问题是,合同当事人在合同中约定了放弃违约金调整规则的适用,即当事人达成了预先放弃调整违约金的约定后一方当事人反悔。对此,最高人民法院的看法是,合同双方当事人放弃违约金调整的约定属于当事人意思自治,不违反法律的规定,其预先放弃调整违约金的约定有效。其理由是:从主观上看,双方当事人均是为了自身商业利益而从事本次交易活动,是在自愿平等的情形下签订的合同;从客观上看,双方当事人签订的合同在内容上也没有违反法律法规的强制性规定。① 这是从商事实践的视角对具体案件中的违约金调整规则进行的解释,既充分尊重了商事交易的逻辑,又实现了合同规则民商事的区分解释。

二、合同编分则的民商合一及实现

合同编第二分编共 19 章,主要规定了 19 种有名合同。其中除了赠与合同是较为典型的民事合同之外,其他合同要么是既适用于民事也适用于商事的合同,如买卖合同,供用电、水、气、热力合同,租赁合同,借款合同,保证合同,承揽合同,保管合同,委托合同,中介合同;要么是典型的商事合同,如融资租赁合同、保理合同、建设工程合同、运输合同、技术合同、仓储合同、物业服务合同、合伙合同。

(一)"商主民辅"的合同类型

"商主民辅"的合同类型是指以商事规则为主、民事规则为辅的合同,合

---

① 参见乐平华润置业有限公司与洪客隆百货投资(景德镇)有限公司租赁合同纠纷案,(2019)最高法民申 3344 号民事判决书。

同编最为典型的是买卖合同。

合同编第9章"买卖合同"虽然是关于买卖的一般性规则,同时包含民事和商事,但它是以典型商事合同为模型的,即以复杂的合同条款设计为预想的合同模板,这不同于简单的民事买卖活动。买卖合同本为典型的商事合同,适用于B2B或B2C,但因为其规则简洁明了而同时适用于非商事合同,即C2C。在各国的合同法立法实践中,买卖合同的原型均为商事买卖,强调保护卖方的利益,以促进交易的快速达成。"合同编"第9章关于"买卖合同"的规定几乎都是为商业交易而设。从该章首条第595条到末条第647条,其规定遵循了"有利于债权人"和"促进财富流转"的原则。合同编关于买卖合同的规定,可以说均为B2B模式下的规则要求。

第9章"买卖合同"的规范技术包括两个方面:首先,买卖合同的一般规则基本上都是关于商事交易的规则,许多条款本质上就是商事条款;其次,买卖合同虽然以商事合同为原型,但其经由特别规定或法律解释,也可以兼顾民事领域的需要。

第9章直接涉及的商事规范条款如下:

第596条规定,买卖合同的内容一般包括标的物的名称、数量、质量、价款、履行期限、履行地点和方式、包装方式、检验标准和方法、结算方式、合同使用的文字及其效力等条款。一般而言,合同的条款包括必备条款和非必备条款。必备条款是某类合同成立必须具备的条款,缺少该条款合同便不能成立。非必备条款则是根据合同性质在合同中不是必须具备的条款,缺少这些条款并不影响合同的成立。理论上一般认为,买卖合同的必备条款包括当事人名称或者姓名、标的物的名称与数量,这些条款是买卖合同成立必须具备的条款。[①] 该条规定中的"一般包括……条款"的表述方式是建议性、指导性和倡导性的,它不是强制性的要求,主要是出于产生纠纷时快速解决的考虑,建议当事人约定完备的法律条款。它其实也是一个解释的问题,包含了商事性的解释,即在规范目的上,最高人民法院将合同必要之点

---

① 最高人民法院《关于适用〈中华人民共和国合同法〉若干问题的解释(二)》第1条第1款规定:"当事人对合同是否成立存在争议,人民法院能够确定当事人名称或者姓名、标的和数量的,一般应当认定合同成立。但法律另有规定或者当事人另有约定的除外。"该条规定实际上参考了《瑞士债务法》第2条的规定,肯定了法院在解释合同必要之点和非必要之点的裁量权,该规定虽非专门针对买卖合同,但对买卖合同必备条款的确定具有重要参考价值。

限定于"名称或者姓名、标的和数量",其目的在于鼓励交易、增进社会财富的流转。①

第597条关于无权处分合同的效力规定:"因出卖人未取得处分权致使标的物所有权不能转移的,买受人可以解除合同并请求出卖人承担违约责任。"该条规定来源于《合同法》第51条,是一个在理论上一直存有广泛争论的条款。合同编在废除了《合同法》第51条的基础上,一改《合同法》第132条关于出卖的标的物必须是出卖人所有或有权处分的要求,明确规定即使出卖人没有所有权或处分权的,买卖合同仍然有效并导致标的物的流转。在商事交易的意义上,第597条删除了《合同法》第51条的规定,认定无权处分的合同有效,这样的修改既确保了物权人对标的物的所有权,也保护了买受人的权益,彰显了合同对当事人的约束力,有利于倡导诚信价值、维护交易安全和优化营商环境,有利于促进交易的进行。它体现了商法所重视的财富流通观,而非民法所强化的财富占有观。

第599条规定,出卖人应当按照约定或者交易习惯向买受人交付提取标的物单证以外的有关单证和资料。该条既规定了出卖人的从给付义务,"交易习惯"的表述也体现了其一定的商事性的适用情形。

第622条第1款规定,当事人约定的检验期限过短,根据标的物的性质和交易习惯,买受人在检验期限内难以完成全面检验的,该期限仅视为买受人对标的物的外观瑕疵提出异议的期限。该条"交易习惯"的表述原理同第599条。

第627条规定了买受人支付价款的地点,即买受人应当按照约定的地点支付价款,对支付地点没有约定或者约定不明确,依据本法第510条的规定仍不能确定的,买受人应当在出卖人的营业地支付。这里"营业地"的表述是以典型的商人(企业)为模型的。

第9章兼顾到的民事规范领域比如第621条关于买受人的通知义务的规定。该条在适用范围上未区分民事合同、商事合同和消费者合同。不过,该条中有关"质量保证期"的规定基本上可以实现保护消费者利益的目的,因此应该将消费者买卖排除在约定检验期限的适用范围之外。其原理在于:该条第2款中的"2年"最长期限、"质量保证期"都继受自《联合国国际

---

① 王洪亮:《论合同的必要之点》,载《清华法学》2019年第6期。

货物销售合同公约》第 39 条①第 2 款,但后者中的"保证期"并不是旨在保护消费者利益的"质量保证期",而我国在进行法律继受时进行了本土化改造,并将"质量保证期"主要适用于消费者买卖。②

比如,对于同时约定了 6 个月检验期限和 3 年质量保证期的合同,就必须区分商事合同和民事性的消费者合同的区分。其解决办法及原理是:在消费者买卖中,应当适用质量保证期,而不适用约定的检验期限(实践中也少见约定的检验期限)。在我国,质量保证期主要是以家用消费品为主的三包有效期、建筑工程的保修期、食品的保质期以及药品的有效期等,大多不是买卖合同中意思自治的产物,而是法律、行政法规以及部门规章等规范性文件基于保护消费者、农业机械使用者、建筑工程使用者,保障公众身体健康和生命安全以及用药安全等作出的强制性规定或者半强制性规定,这部分质量保证期的适用对象大多是消费者或者接近消费者的使用主体。尽管《民法典》第 620 条和第 621 条并没有将消费者买卖的情形排除在检验义务和通知义务之外,但从立法目的的角度来解释,检验义务和通知义务主要适用于商事买卖。③ 从比较法的角度来看,德国法上对于商行为的买卖,适用《德国商法典》第 377 条的不迟延检验义务和不迟延通知义务,对于消费者买卖则并无此条款的适用余地。在《联合国国际货物销售合同公约》中,该公约第 2 条在适用范围中明确将"供私人、家人或者家庭使用的货物"的买卖排除在外,除非出卖人在合同缔结前的任何时候或者缔结时,都不知道或者不应当知道货物被供于以上用途。《民法典》第 620 条和第 621 条主要借鉴了国际商事法中的相关规则,并没有为保护消费者作出任何特殊安排。因此,即使《民法典》未将消费者买卖明确排除在这两条适用范围之外,通过优先适用质量保证期,也能达到类似的效果。换言之,只要是消费者买卖,

---

① 该条规定:(1)买方对货物不符合同,必须在发现或理应发现不符情形后一段合理时间内通知卖方,说明不符合同情形的性质,否则就丧失声称货物不符合同的权利。(2)无论如何,如果买方不在实际收到货物之日起两年内将货物不符合同情形通知卖方,他就丧失声称货物不符合同的权利,除非这一时限与合同规定的保证期限不符。

② 朱广新、谢鸿飞主编:《民法典评注·合同编·典型合同与准合同 1》,中国法制出版社 2020 年版,第 128 页。

③ 《合同法》制定时主要参照的是国际商事贸易规则以及《工矿产品购销合同条例》(已失效)中的相关规则。参见胡康生主编:《中华人民共和国合同法释义》,法律出版社 1999 年版,第 238—241 页。

就应当适用质量保证期,从而排除约定的检验期限适用。①

此外,该章买卖合同涉及的民商合一的规范问题还包括:第 604 条及其他关于标的物风险负担的规定,无疑都是立足于实现债权人利益的出发点。第 620 条"买受人收到标的物时应当在约定的检验期限内检验。如果没有约定检验期限的,则应当及时检验"的规定,对于企业或其他经营者来说是适当的,但对于普通人则难言合适,因为检验产品属于比较专业的事务,普通人之间的买卖一般不涉及这个问题。第 621 条中关于"买受人怠于通知的,视为标的物的数量或者质量符合约定"的规定,显然更是为那些经常从事这种交易的人而设置。当然,对于涉及广大消费者的买卖合同,如分期付款买卖,《民法典》第 634 条规定了出卖人解除合同前的催告义务,而不能径行直接主张解除合同;再如试用买卖,《民法典》第 638 条和第 639 条对于试用期限内买受人已经支付部分价款或者对标的物实施出卖、出租、设立担保物权等行为的,推定为同意购买。对于试用期未约定使用费的,出卖人无权主张使用费。

"商主民辅"的合同类型还包括第 12 章的"借款合同"。在合同编分则的 19 种有名合同中,借款合同类型是唯一区分出了自然人借贷的合同种类(如第 679 条、第 680 条),从而使借款合同分为了商事与民事两种。在相关规则的设计上,两者主要是在合同的成立与利息规则上表现出不同。借款合同"商主民辅"的特点主要体现在其法律表述上,即它是以商人主体为借款合同的规范模型,而通过"自然人"的例外性表述区分出了民事借款合同,即自然人之间的借款合同。这些表述包括:第 668 条规定:"借款合同应当采用书面形式,但是自然人之间借款另有约定的除外。"第 669 条规定:"订立借款合同,借款人应当按照贷款人的要求提供与借款有关的业务活动和财务状况的真实情况。"该条中的"业务活动"和"财务状况"的表述是以商人(企业)为模型的。第 679 条规定:"自然人之间的借款合同,自贷款人提供借款时成立。"这是将"自然人"之间借款合同的特别成立规则以单独条文的形式进行表述,是"原则—例外"的表述方式。

总体来讲,《民法典》借款合同章适用于金融机构与自然人、法人、非法

---

① 该部分的论证,参见朱广新、谢鸿飞主编:《民法典评注·合同编·典型合同与准合同 1》,中国法制出版社 2020 年版,第 132—133 页。

人组织之间的借款,也适用于自然人、法人、非法人组织相互之间的借款。因此,《民法典》里的借款合同主要调整两部分内容:一部分是金融机构与自然人、法人和非法人组织的金融借款合同关系;另一部分是自然人、法人、非法人组织相互之间的借款合同关系。当然,主要是以金融机构与自然人、法人和非法人组织之间的合同关系为主,因此在审理民间借贷纠纷案件适用借款合同章规定时,应有足够的鉴别力。①

(二)"既民又商"的合同类型

"既民又商"的合同类型是指那些在民事领域和商事领域同时适用的合同,典型包括保证合同、租赁合同、保管合同、委托合同。

合同编第13章规定了保证合同。就保证人的资格而言,该章除了禁止性地列举了不得担任保证人的主体范围之外(第683条),并无其他限制,也不区分民事和商事,也就是说但凡有保证能力的人都可以为他人提供保证。需要注意的是,相较于《担保法》中的规定,《民法典》缓和了过于倾向保护被保证人的做法,将《担保法》"当事人在保证合同中对保证方式没有约定或者约定不明确的,按照连带责任保证承担保证责任"的规定,修改为"当事人在保证合同中对保证方式没有约定或者约定不明确的,按照一般保证承担保证责任"(第686条第2款),以保护保证人。

第14章租赁合同也是一个典型的既民又商的合同类型。但从有关规定上来看,其强调的是出租人对租赁物的收益及承租人对租赁物的使用,更多地适用于我国常见的住房租赁与办公租赁,体现了传统民法上以所有权为重心的权利观。但这种规定对于以促进财富创造为重心的商事活动而言,特别是那些营业为目的的租赁则并不适合。不过,合同编第717条关于"承租人经出租人同意将租赁物转租给第三人,转租期限超过承租人剩余租赁期限的,超过部分的约定对出租人不具有法律约束力,但是出租人与承租人另有约定的除外"的规定,意味着该类合同即使超出了租赁期限部分仍然有效,但对出租人不产生法律约束力。承租人与次承租人之间的合同仍有效,至于合同是否可继续有效履行问题,则属于合同履行及违约救济范畴,承租人与次承租人可在合同框架内予以解决,也彰显了合同编鼓励交易的

---

① 郑学林、王灯:《民法典对民间借贷案件审理的影响》,载《人民法院报》2020年8月13日第07版。

精神。

第 21 章保管合同也是典型的既商又民的合同,其民商事规则具有一致性,唯在第 897 条关于保管责任的承担上区分了有偿保管与无偿保管的不同,即:"保管期内,因保管人保管不善造成保管物毁损、灭失的,保管人应当承担赔偿责任。但是,无偿保管人证明自己没有故意或者重大过失的,不承担赔偿责任。"

和保管合同相同,第 23 章委托合同同样是典型的既商又民的合同,民商事规则一致,其也在第 929 条、第 933 条区分了有偿委托与无偿委托适用的不同,即:"有偿的委托合同,因受托人的过错造成委托人损失的,委托人可以请求赔偿损失。无偿的委托合同,因受托人的故意或者重大过失造成委托人损失的,委托人可以请求赔偿损失。""委托人或者受托人可以随时解除委托合同。因解除合同造成对方损失的,除不可归责于该当事人的事由外,无偿委托合同的解除方应当赔偿因解除时间不当造成的直接损失,有偿委托合同的解除方应当赔偿对方的直接损失和合同履行后可以获得的利益。"依此,无偿委托合同的损失赔偿范围仅包括直接损失,而有偿委托合同的损失赔偿范围不仅包括直接损失,还包括预期利益,即间接损失。

(三)"兼顾民事"的合同类型

兼顾民事的合同类型是指那些以商事主体为主要规范对象,并旨在保护另一方的合同主体(通常是非商人的普通民事主体)的合同,它体现了合同法的实质正义观,在我国《民法典》合同编主要是指供用电、水、气、热力合同和物业服务合同。

第 10 章规定的供用电、水、气、热力合同具有公共性、公益性的特点,且法律规定了供电人的强制缔约义务(第 648 条),其旨在保护此种供电关系中处于弱势地位的城乡居民用户(即用电人)能够正常及时安全地使用电力等资源。供用电、水、气、热力合同本为买卖合同的一种,但因其公益性而使其有关规定具有了强制性,并强调了卖方的义务与责任。在一定意义上,这种合同更符合商事合同中商人应负有更多义务与责任的要求,特别是具有某种特定身份的商人,其专业性与控制力使得其义务与责任要求更高(第 651 条、第 652 条、第 653 条)。

在一定意义上,第 24 章的物业服务合同属于 B2C 合同,强调的是物业服务方的义务与责任,明确规定物业服务人的主给付义务(第 942 条)、报告义务(第943条)以及不得采取停止供电、供水、供热、供燃气等方式催缴物业费(第944条)。同时规定了业主就物业服务合同所享有的合同解除权及法律责任问题(第946条),而且,在物业服务合同到期后,如果业主尚未选定物业服务人且原物业服务人继续提供服务的,《民法典》明确原物业服务合同为继续有效的不定期合同(第948条)。

(四)"纯粹商事"的合同类型

第15章融资租赁合同、第16章保理合同、第17章承揽合同、第18章建设工程合同、第19章运输合同、第20章技术合同、第22章仓储合同、第25章行纪合同、第26章中介合同这些合同类型在民商分立的国家和地区,属于典型的商事合同;在民商合一的国家和地区,它们以属有名合同而统合于统一的民法典合同编之中,我国即属于后者。①

(五)"民主商辅"的合同类型

第11章赠与合同本为典型的民事合同,在一定意义上与商事无关。但随着商事活动范围的扩大,商事活动不仅体现为大量、系列的有偿活动,也体现为实现商事目标而进行的无偿社会活动,其中重要的就是参与社会公益,通过赠与达到商誉的增加,起到"广而告之"的作用。《民法典》第658条规定,赠与人在赠与财产权利转移之前可以撤销赠与,但经过公证或依法不得撤销的具有公益性质的赠与不得撤销。其实质是赠与活动的商事化,也是企业或商人社会责任的重要体现。但任何赠与均以有能力赠与为前提,《民法典》第666条规定:"赠与人的经济状况显著恶化,严重影响其生产经营或者家庭生活的,可以不再履行赠与义务。"该两条非常恰当地体现了民与商的分与合。

第27章"合伙合同"勉强可以归入民主商辅的合同类型。在采民商分立的国家如德国、法国等,其民法典合同编中的"合伙合同"被称为民事合伙,与商法典中的合伙(商事合伙)相对应。我国尽管不采民商分立模式,但

---

① 其中承揽合同具有特殊性,即承揽人一般均须具备提供某种劳务的技术性与专业性,并常常以此为业。承揽合同为有偿合同,从这个意义上,其属于商事合同无疑。《民法典》一方面将任意解除权的行使时间要求明确为在承揽人完成工作前(第787条),一方面增加了承揽人的拒绝交付权,即"定作人未向承揽人支付报酬或者材料费等价款的,承揽人对完成的工作成果享有留置权或者有权拒绝交付,但是当事人另有约定的除外"(第783条)。后者对于承揽人已完成工作但不便于行使留置权的,可通过拒绝交付的形式合法占有定作物,更有利于保障承揽人的利益。

有专门的《合伙企业法》,故也可以称《民法典》合同编中的合伙合同为民事合伙。不过,从合伙合同有关规定来看,其本意及存在意义均在于共享利益、共担风险的经营价值(第967条),因此从我国民商不分的角度观察,其也具有典型的商业意义,而且是以商业合伙为原型进行构造的。

第五节 《民法典》合同编民商合一规范技术的客观主义

一、《民法典》合同编民商合一规范的客观主义表达

在规范表达上,《民法典》"合同编"基本上贯彻了客观主义模式,很少在有关条文出现专门或特定的主体概念,以示抽象权利能力者下的当事人地位平等的交易规则。

在通则分编,有关主体均称为"民事主体"(第464条"合同定义")或"当事人",或者相对方,如要约人与受要约人、债权人与债务人等。在典型合同分编部分,则依各典型合同情形分出卖人与买受人、供电人与用电人、赠与人与受赠人、借款人与贷款人、出租人与承租人、应收账款债权人与保理人、承揽人与定作人、承包人与发包人等,均为当事人在典型合同中地位的抽象描述。其中,仅借款合同中"自然人"字样的条文表明了有关规定因适用主体的特殊性而具有商事与民事区分的价值。

不过,在客观主义表达模式下,合同法有关条文和章节在展示有关规则一体化的平等自由价值中,仍以"交易习惯"或其他与营业有紧密联系的词语表达了有关条义在适用中的商事性质。其中,明确规定"交易习惯"的条文主要包括第480条关于"承诺的方式"、第484条第2款关于"承诺生效的时间"、第509条第2款关于"合同履行的诚信原则"、第510条关于"合同漏洞的填补"、第515条关于"选择之债的选择权"、第558条关于"债权债务终止后的义务"、第622条关于"约定检验期过短"、第680条第3款关于"借款利息"、第888条第2款关于"保管合同定义"、第891条关于"保管人出具保管凭证"等。

其他有关词语,如第473条规定:"要约邀请是希望他人向自己发出要

约的表示。拍卖公告、招标公告、招股说明书、债券募集办法、基金招募说明书、商业广告和宣传、寄送的价目表等为要约邀请。""商业广告的内容符合要约条件的,构成要约。"从该规定可以看出,其主要是为企业经营者而设。其他条款,如第 492 条第 2 款"承诺生效的地点"关于营业地的规定,第 594 条第关于"因国际货物买卖合同和技术进出口合同争议提出诉讼或者申请仲裁的期限为四年"的规定,均显示了其商事意义。不过,以其他有关与营业有紧密联系的词语表达相应意义的法条很少。

另外,《民法典》合同编还通过有偿与无偿的区分,体现民事与商事合同的不同,包括保管合同(第 889 条、第 897 条、第 902 条、第 903 条)和委托合同(第 928 条、第 929 条)。

从整体上而言,《民法典》合同编是较为纯粹的客观主义立法模式,其不希望通过主体的区分或词语表达破坏民商合一的立法意旨。尽管如此,"合同编"是以商事规则为主而带动整个社会交易的,包括通则在内的有关规定无不显示其经营性,亦即,合同法规范的假定对象是经营者或企业,非经营者只是例外,或者其在一般情况下也须遵循经营者所需要的规则。

一般而言,源于商人的交易规则因简单明了且符合交易双方共同的利益,故合同法本身也是能够为普通人或非经营者的交易行为提供基本规则需求的。将本调整企业或经营者的行为规范统一为所有人的规则,不仅符合我国社会主义市场经济发展的需要,也符合广大国民经济上的希求。

当然,以企业和其他组织为人像的法律制度的设计,主要围绕如何促进交易便捷,保障交易安全,并特别强调保障债权人利益,从而强力推动我国社会主义市场经济的发展。因此,尽管合同编努力通过客观主义模式表达民商合一,但在规范技术方面仍然一定程度地(尽管很小)注意到了民商关系的不同。

二、《民法典》合同编民商合一规范的客观主义表达之不足

作为现代合同法,合同编应全面地反映我国社会主义市场经济的发展需求。一方面要尊重市场规律以大力发展经济,另一方面也要考虑到我国社会主义的性质以保障相应社会关系的公平。

合同法本身为交易法,故必然以保障交易安全与便捷为己任,从而为企业或经营者的交易提供行为规范。普通人或非经营者尽管不从事相应的经

营活动,但因生活或事业需要而常常处于交易者的地位,也须适用相应的交易规则,这是现代化财富流通的必然要求。以促进财富流通而非必然有利于企业或经营者,是我国合同法民商合一的基本特征。但是,综观《民法典》合同编,在纯粹的客观主义表达之下,其存在的问题也是明显的:

（一）民商区分不足

整体而言,较为纯粹的客观主义的立法模式遮蔽了本为民商合一下应有的"分",使得应有的民事规则与商事规则的差异不能通过明确的规则体系予以表达,而只能留待以后法官的个案解释。兹举几例:

1. 盖章

依第490条第1款,"当事人采用合同书形式订立合同的,自当事人均签名、盖章或者按指印时合同成立"。其中,能否将这里的"盖章"行为扩大到自然人的盖章？从我国经济实际生活来看,盖章一般都是企业等单位所做的,相应公章代表着某个单位。自然人一般是不用所谓"章"的。但现实生活中也有大量自然人有自己的私章,能否因此认为该条款所称"盖章"也包括全部的私章行为？判断私章能否代表私人的行为,关键是看私章的使用者是否在商事活动中经常使用,即是否在商事活动中使用以及是否经常使用。否则,不宜将某个私章视为这里的"盖章"。这是因为,从法理上,无论是公章或私章,其均是一种机械的方式,其生命力在于其使用者是否在商事活动中经常使用。对于企业或经营者而言,其公章就是为了在商事活动中作为企业的表彰而经常性地使用,故一般情形,企业的盖章就意味着企业的意思表示。对于个人而言,其持有私章原因多样,但少有代表其意思表示之意。

2. 违约金的调整

第585条第2款关于违约金过高的调整规定,是完全交由法官自由裁量的,尽管最高人民法院《关于适用〈中华人民共和国合同法〉若干问题的解释(二)》也作出了较为详细的规定。对于民事合同,赋予当事人要求对过高违约金调整的请求权,不仅可以体现民法对于个人"慈母般的关怀",也符合大多民事合同一时性、无关联性的特征。但对于商事合同,不仅作为商人的企业或经营者无须民法"慈母般的关怀",且其长期性、关联性使得很难判断违约金是否过高。

可以说,在典型的商事合同,即双方均为商人或经营者的营业合同中,如果一方违约,不仅会引起守约方自身,还会导致与守约方有关合同的履行及其他相关法律关系的变更或终止,产生所谓的连锁反应,因此导致守约方的实际损失将难以判断。而且,重要的是,商人或经营者在签订合同之时,都会涉及商业上的机会利益和成本,当甲方选择与乙方签订合同时,就意味着放弃了与丙方、丁方签订合同。而在乙方违约时,甲方与丙方或者丁方成交生意的机会利益损失事实上已经丧失。对于商人而言,机会利益与成本十分重要,甚至是其成功与否的关键所在,机会利益丧失导致的经营损失也是无法衡量的。在这种情况下,如一般民事合同那样,允许作为商人的企业或经营者也享有所谓违约金过高的调整请求权,是不符合商事规律的。从我国以往司法实践关于违约金过高的调整裁判文书看,一般是由法官自由裁量而随意调整的,其结果是鼓励了违约。但近期的一些司法裁判文书则有改变随意调整的趋向,对企业之间的违约金过高,不再简单地调整,开始运用商事原理分析并强调有约必守。[①]

3. 商事确认书

《民法典》第491条1款规定:"当事人采用信件、数据电文等形式订立合同要求签订确认书的,签订确认书时合同成立。"现有学说有三种观点:一是认为本条规定的确认书是一种合同书,是合同的书面形式[②];二是认为本条规定的确认书的签订是合同的最终承诺,或者说是承诺的最终组成部分[③];三是认为本条规定的确认书是单方提出或者双方约定的合同的特别成立条件[④]。综合法条内容和司法实践,本条规定的确认书具有合同的效力。

---

① 如最高人民法院在(2019)民申1196号裁判文书中指出,案涉会议纪要明确约定单日10万元违约金,该约定是双方当事人真实意思表示,不违反法律、行政法规的强制性规定。本案双方当事人均系合法存续的商事主体,对违约金的约定应是建立在合理预判预期收益及违约后果的基础之上,在无特别法定事由情形下,一般不应进行调整。同时,江南环保公司主张违约金过分高于损失,应提交证据予以证明,但该公司未能提交相应证据。此外,本案是脱硫装置项目建设工程施工合同纠纷,工期延误必将对业主的后续生产经营造成严重影响,此种法律关系与金融借款法律关系不具有同一性,此种违约金与银行贷款利率亦不具有可比性。江南环保公司以银行贷款利率类比本案违约金,不具有法律依据。二审法院根据合同实际履行情况,对违约金不作调整,并无不当,故判决驳回申请人诉请。

② 韩世远:《合同法总论》(第四版),法律出版社2018年版,第112页。

③ 江平主编:《中华人民共和国合同法精解》,中国政法大学出版社1999年版,第27页;王利明:《合同法研究》(第1卷)(第三版),中国人民大学出版社2015年版,第297页;杨立新:《中华人民共和国民法典条文要义》,中国法制出版社2020年版,第361页。

④ 朱广新、谢鸿飞主编:《民法典评注·合同编·通则1》,中国法制出版社2020年版,第214页。

对于民事交易而言,双方达成协议后,一方还要提出一式两份的销售确认书,邮寄对方交换签字后,才作为合同正式成立的依据,这种做法有利于保障交易的安全。但是,商事交易更加强调效率,以确认书签订时间作为合同的成立时间,则会推后合同的成立时间,甚至在违约问题上产生纠纷。其实,商事交易中的确认书通常是对当事人已经达成协议的重复,在合同的缔结过程中只充当证明文件(Beweisurkunde)的功能,具有合同成立或合同内容的证明效力(evidentiary effect)而已,并不决定合同的成立。① 我国立法不区分民事和商事情形中确认书的效力,会影响我国商事交易和对外贸易的开展。②

较为纯粹的客观主义的立法,主要体现在合同编通则部分。尽管合同编通则部分需要更为抽象,但抽象的同时采一定的规范技术适当区分民事活动与商事活动规则并不复杂。如前述印章的使用,《奥地利民法典》第886条最后一句话可资借鉴,即:采机械方法模仿的签名,仅在其为商事活动所通用时,视为有效。违约金过高问题,则完全可以借鉴《德国商法典》第343条规定,即商人之间约定的违约金过高,不存在调整问题。商事确认书的规定则可以借鉴《欧洲示范民法典草案》第Ⅱ-4:210条和《国际商事合同通则》2.1.12条的规定,即商人之间已经订立合同,一方在合理时间内发出的书面形式的确认书可以证明合同成立并确认合同内容。

(二)商化过度

《民法典》"合同编"较为纯粹的客观主义的立法模式,是以商事合同为模板的客观化,但这种以企业为人像基础,以促进财富流转而保障债权人利益为导向的做法,忽视了非消费领域中普通人之间的交易,牺牲了普通人在交易中的债务人角色。

相对而言,我国由于有比较成熟的消费者法,作为消费者是能够获得较好保护的,但是对于非消费者或处于非消费者权益保护法领域的普通人而

---

① 〔德〕维尔纳·弗卢梅:《法律行为论》,迟颖译,法律出版社2013年版,第791页。
② 在英国伦敦糖业协会"1997第107号仲裁案"中,美国公司以双方采用传真和电话订立合同时合同成立为依据,要求中国公司承担不履行合同义务的违约责任,而中国公司以没有承诺美方在达成协议后发送的销售确认书(要约)为由,辩称合同没有成立,伦敦糖业协会仲裁庭最终支持了美国公司的申请。

言,简单地将其视为与企业具有同样的智识与能力,显然是不恰当的。近年来,各国债法改革的浪潮也反映出了合同法的人像变化,我国立法亟待跟进。

1. 合同的订立

合同编第469条关于"合同的订立形式自由"、第471条关于"合同的订立方式"、第472条"要约"、第480条关于"承诺的方式"等规定,基本上是有利于企业之间订立合同需要的,因为只有企业之间才会充分利用这些规定创造有利条件。

依第480条规定,承诺一般以通知的方式作出,同时也可以根据交易习惯或者要约表明可以通过行为作出承诺的方式。其中关于可以根据交易习惯以行为作出的规定,符合商事交易的实际情况。一般情形下,单纯的行为不得作为承诺的方式,这是私法自治的必然要求,任何人均不得将自己的意志强加于他人。但在生活和商业实践中,因当事人之间关系、商业往来及行业惯例而出现当事人之间并非以通知的方式承诺者,由此必须赋予这些非以通知而以行为表示承诺之效力。特别是在商业往来中,商人之间因大量、有计划、长期的交往而习惯性地以行为来表示他们之间的交往。当然,即使是对于普通民众,也会因其熟人之间的关系及平常性的行为而出现默示性的或者说心照不宣的交易。该规定是较为典型的商事规则一般化。一般情形下,行为之方式主要适用于商事交易之中,且大量发生于商人之间的长期交往,但普通民众在参与社会活动时,因其之间的关系也会发生无须期待明示的承诺之现象。故该条为商事规则的一般化而适用于所有交易之人。但显然,对于普通民众之间的交往或交易行为,如依本条解释其以行为的方式承诺,须严格限制,应以追求其真意为原则。

2. 买卖合同

《民法典》合同编第9章关于"买卖合同"的规定几乎全部为商业交易而设,但对普通人之间的交易,则难以简单地按照这些规定实施。从该章首条第595条关于买卖合同的定义开始,到643条关于所有权保留的规定止,有关规定都遵循了"对债权人有利"和"促进财富流转"原则。

在废除《合同法》第 51 条①的基础上,第 597 条一改《合同法》第 132 条关于出卖的标的物必须是出卖人所有或有权处分之要求,在出卖人因未取得所有权或者处分权致使标的物所有权不能转移的情形下,支持买受人要求解除合同并主张损害赔偿的请求,说明合同不但不会无效,而且实际上也明确了合同有效,因为只有合同有效才有追究违约责任的可能,才有解除合同的必要。

第 604 条及其他关于标的物风险负担的规定,则无疑都是为了债权人的利益。第 620 条"买受人收到标的物时应当在约定的检验期限内检验。没有约定检验期限的,应当及时检验"的规定,对于企业或其他经营者来说,是适当的,但对于普通人则难言合适,检验产品属于比较专业的事务,普通人之间的买卖一般是不存在这个问题的。第 621 条关于"买受人怠于通知的,视为标的物的数量或者质量符合约定"的规定,显然更是为了那些经营者而设。第 634 条关于分期付款买卖的规定,其目的就是为了保护出卖人,等等。这样可以认为,《民法典》合同编的"买卖合同"规则就是商事买卖的规则。

3. 保证合同

合同规则中,涉及自然人的合同关系的设计过于偏重交易安全的保障与债权人利益的维护,忽视了自然人的民生价值。

典型者当如合同编第 13 章"保证合同",尽管其中规定"当事人在保证合同中对保证方式没有约定或者约定不明确的,按照一般保证承担保证责任"(第 686 条第 2 款),改变了 1995 年《担保法》不作区分地将保证以没有事先约定者均认定为连带责任保证的做法,但是,其并没有进一步分区非经营者特别是普通人作为保证人时的区别对待。

对于普通人而言,其生活的价值与保障是基本性的,法律在规范他人提供的保证时,应当加强对个人生活价值的呵护。《瑞士债务法》第 20 章"保证"部分,对于自然人提供保证的要求是比较苛刻的,如第 493 条要求自然人保证数额较大的,须以公证书方式为之,并且不允许为回避该规定而化整

---

① 《民法典》合同编废除了《合同法》第 51 条,是符合商事交易规律的,但不符合民事交易特性。梁慧星教授指出,对于民事生活而言,废除第 51 条可能是灾难性的,因故意或过失出卖他人之物的民事合同,会因此被认定为有效,将对普通百姓的生活造成严重不利后果。参见梁慧星:《关于民法典分则草案的若干问题》,载《法治研究》2019 年第 4 期。

为零;第494条规定保证人为已婚者,则须经配偶书面同意;第500条规定了预先和嗣后另有约定外,每年消减责任额的百分之三。日本民法于2017年修改时,其对个人进行最高额保证和法人为最高额保证进行了不同的制度要求;并在"事业相关债务的保证契约的规则"中区分了最高额保证和为法人与非法人的情形等。

(三) 商化不足

合同法本应是以商事规则为主的,因而相应制度设计应当、也确实主要是在企业或经营者之间进行的。但是,由于各种因素影响,《民法典》合同编在很多地方对于现代商事交易的需求回应不够,没有体现应有的商事交易意义,出现"商化不足"的现象。

1. 对现代商事交易的营业性认识不足

现代商事交易基本上是因为营业引起的,从而表现为各种各样的继续性合同关系,如居间、融资租赁、运输、特许经营、借贷等。继续性合同的基本特点是,时间因素在债的履行上居于重要地位,此类债权的主要效力在于履行状态的维持。① 在较长时间的履行状态维持中,由于营业环境的变化,不仅原来确定的权利义务会随之变化,新的权利义务需求也会产生,可以说,继续性合同更多的是一个过程,通过该过程来实现某种可确定性的后果,但其过程是可变的,因此,就其本质而言,继续性合同的内容是不确定的,其在合同成立时只是具备了一个初步的合同架构,其内容有待于当事人在履行合同过程中逐步确定和填充。② 注重履行的稳定性和忽视内容的完备性是继续性合同的特点,这也是商事交易的营业性决定的。

《民法典》合同编也在一定程度上注意到了继续性合同的特别之处,在相应制度上作出了回应。例如,第533条的情势变更制度;第563条第2款就持续履行的不定期合同的通知解释作了规定。但整体上而言,其仍然以传统的一时性合同为中心构建相关理论以及进行制度设计。从合同的成立到合同的解除与终止,一时性合同在其中占据着支配地位。

兹举几例:

---

① 韩世远:《合同法总论》(第三版),法律出版社2011年版,第63页。
② 屈茂辉、张红:《继续性合同:基于合同法理与立法技术的多重考量》,载《中国法学》2010年第5期。

(1) 关于合同成立的必备条款

第 470 条是关于合同主要条款的指导性规定,认为合同应当包括当事人的姓名或名称,标的,数量,质量,价款或酬金,履行期限、地点和方式,违约责任,解决争议的方法八项内容。尽管有关立法释义提到,合同条款的规定并不意味着当事人签订的合同条款中缺少了其中任何一项就会导致合同的不成立或者无效①,但这显然是以一时性合同为模板的。对于继续性合同而言,其仅需具备基本条款—标的和数量即可,其他内容可依交易习惯、市场行情或经事后协商确定。立法机关依此认为,合同的标的、数量没有约定或者约定不明确的,合同的内容无法确定,合同不成立。②《合同法司法解释二》第 1 条(《民法典合同编司法解释(草案)》第 5 条)规定,合同成立应当包含当事人名称或者姓名、标的和数量,但法律另有规定或者当事人另有约定的除外。

我国司法实践中,受到一时性合同惯性思维的影响,常对合同的必备条款严格限制。法院在适用最高人民法院《关于适用〈中华人民共和国合同法〉若干问题的解释二》第 1 条时会依据除外条款的规定,适用有名合同章有关合同内容的规定,来认定合同的必备条款。以买卖合同为例,第 596 条对合同的一般条款规定中含有"价款"的要求,法院基于此认为是"法律另有规定",常以价款条款的缺失推定合同不成立。此外,为了体现合同法鼓励交易的目的,第 510 条和第 511 条规定了生效合同中质量、价款或者报酬等条款约定不明确时的补充规则。但是,司法实践常将上述本作为已生效合同的补充规则混用作合同的成立要件,如果案件中依据 510 条和 511 条的规定无法确定缺失条款(例如价款)的内容,那么法院会认定合同不成立。③

从比较法角度观察,考虑到继续性合同本身的特性,有关国家和地区关于合同必要条款的规定常用模糊规则。

《瑞士债务法》第 2 条"非必要之点"规定,当事人对于必要之点意思表示一致,而对非必要之点,未经表示意思者,应推定契约具有拘束力。对于哪些条款是契约的必要之点,本条并没有明确列举,需要根据有名契约规定

---

① 黄薇主编:《中华人民共和国民法典合同编释义》,法律出版社 2020 年版,第 52 页。
② 同上书,第 136 页。
③ (2012)吉中民再终字第 9 号。

和交易习惯确定之。在买卖契约中价格并不是契约的必要之点,第212条"买卖价金的确定"规定,买受人确定购买但未指明价格者,应推定。以履行时履行地的中等市价计算买卖价金;价金依物的重量计算者,应除去其包装的重量;商事交易中,有从毛重中除去一定重量或一定比例的重量以计算买卖价金之特别习惯者,从其习惯。

《意大利民法典》第1325条关于契约要件的规定中,仅包括合意、原因、标的和(法律规定有要求的)形式。价格的欠缺有时并不影响买卖契约的成立,可以根据分则的规定得到补正。第1474条规定了价格推定的三种途径,一是如果契约以出卖人通常出售之物为标的物,则以出卖人通常采用的价格;二是如果商品常采用交易所价格或者市场价格,则以实际交付地或者相距最近的交易所或者市场的标价;三是双方公平协商或者指定第三人定价。《荷兰民法典》中更是没有关于合同必要条款的规定。

《联合国国际货物销售合同公约》第55条规定,如果一合同已有效订立(Where a contract has been validly concluded),却没有明示或暗示地确定货物的价格,或者明示或暗示地规定确定价格的方法,应视为双方当事人已经默示地引用了在订立合同时此种货物在类似的贸易环境中通常应该支付的价格,但存在任何相反意思表示者除外。在公约的谈判过程中,成员国国内法关于合同中没有规定价格时的处理方法各有不同,例如《法国民法典》规定,只有在合同中明确规定了货物的价格或者确定价格的方法时,合同才能有效签订。《美国统一商法典》却强调,这种情况不影响合同的成立,而且应该适用一个适当的价格,或者卖方拥有有限的价格确定权。另外一些发展中国家也坚持合同的成立,因为国际货物贸易很长时间内都是卖方市场,即发展中国家向发达国家采购先进的产品。

最终,《联合国国际货物销售合同公约》第55条对合同价格的确定采用了目前比较中性的表述方式。从字面意思上分析,第55条和第14条第1款规定存在冲突。因为根据第14条第1款的规定,要约的内容必须足够具体,而且必须明示或暗示地确定了货物的价格或者确定货物价格的方法。也就是说,倘若要约中没有标明价格或者价格的确定方法,就是一个无效的要约,从而就不存在有效的合同。但是,制定者考虑到商业交易的复杂多变,常存在合同已经签订,但是货物价格依然不明确的情况,故加入了该条款。对于两者间优先适用的问题,国际贸易法学界对此有不同的观点。其实,两条文是相互补充的关系,即在合同已经签订的情况下,如果无法依据第 14 条第 1 款查明货物的价格,那么,就应该适用第 55 条的规定。① 也就是说,在公约中即使合同没有规定价格条款,只要当事人达成合意,也不会影响合同的效力。

我国立法对必备条款的规定可以采用模糊规则。在合同编司法解释中表现为,合同的必要条款应当根据法律规定、当事人的约定、合同的性质以及交易情形来确定。此外,对于司法解释中合同必备条款条文和《民法典》第 510 条和第 511 条的关系,解释上可以采用《联合国国际货物销售合同公约》第 55 条和第 14 条第 1 款的相互关系。合同生效后,对于合同欠缺的非必备条款和当事人有意保留的必备条款(例如价款),当事人达不成协议的,可以适用《民法典》第 510 条和第 511 条的规定。也就是说,合同是否成立需要依据合同性质和交易环境确定,第 510 条和第 511 条仅是补充已成立合同的内容,以最大程度地促进合同的履行。

(2) 合同的解除

以合同解除为例,即使《民法典》合同编根据继续性合同的特殊性对 1999 年《合同法》作出相应改进,也仍存在缺陷。

a. 合同解除事由

《民法典》第 563 条新增了第 2 款,即"以持续履行的债务为内容的不定期合同,当事人可以随时解除合同,但是应当在合理期限之前通知对方"。这一立法变化补充了继续性合同的解除规则,为商事实践可能出现的合同僵局提供了破除路径。该款规定一方面可以对抗市场经营中无期限约束的风险,并给当事人提供市场发展的机会(如新出现的需求和机会、控制权的变更);另一方面可以保护合同的剩余自由,其中包括重新考虑决定合同伙伴而非无限期地受合同约束。这也是采纳了国际上的一些立法例,如《国际商事通则》5.8.1 条、《欧洲合同法原则》第 6:109 条等。

但是,第 563 条对继续性合同的特殊性关注仍有不足:一是其适用范围不加以限制。根据评述,《国际商事合同通则》第 5.1.8 条不适用终止长期合同。工作组提出的允许在特殊情况下基于令人信服的理由终止长期合同

---

① 高旭军:《〈联合国国际货物销售合同公约〉适用评释》,中国人民大学出版社 2017 年版,第 317—320 页。

的规则(譬如《德国民法典》第 314 条的内容)于 2016 年 6 月被国际统一协会理事会否决。① 如果不加限制地赋予当事人以解除权,那么长期交易的稳定性则得不到保护,我国立法显然没有考虑到商事化中的特殊因素。二是固定期限继续性合同的提前解除存在法律漏洞。② 以定期租赁合同为例,甲乙均为商事主体,双方约定甲租赁经营乙的厂房、设备和员工用于生产,期限 20 年。在租赁经营期间,员工的身份依旧是乙企业员工,但由甲承担工资和社保费用。甲经营一年后,因乙的控股公司下发升薪通知,员工要求回到乙公司而消极生产。甲向乙发函,表明因乙的集团公司的升薪通知,影响员工情绪,使生产经营陷入困难。次日,乙向甲复函称,甲擅自停工却另外招工的做法违反合同约定。自此,合同陷入僵局。③ 从合同解除的角度看,租赁合同产生的价金债务不存在不能履行的可能性,并且案件中双方均未达到根本违约的程度,因此法院难以依据法定事由解除合同,只能拟制当事人之间的合意。

在《民法典》第 580 条第 2 款,增加了非金钱债务的继续履行的例外条款,以期彻底解决合同僵局问题。虽然在违约责任章节中,但该第 2 款规定实际履行被排除情形下的合同终止规则,暗示了违约责任与合同终止和解除之间可能存在的某种联系,被多数学者解释为"违约方解除权规则"。④

肯认违约方的解除权在一定程度上反映了现代合同法思维:首先,从法学角度,基于一时性合同的传统合同法将解除看作法律秩序对不法行为(违约)作出的惩罚,目的在于保护债权人的利益,从而弥补损害赔偿救济方式存在的弊端;而基于继续性合同的现代合同法将解除看作法律秩序对双务合同履行过程之间的协作和依附关系受到威胁或者破坏作出的救济,目的在于保护对待给付之间的共同利益。⑤ 从合同解除制度的理论看,第 580 条

---

① 〔德〕埃卡特·J. 布罗德:《国际统一私法协会国际商事合同通则 逐条评述》,王欣等译,法律出版社 2021 年版,第 138 页。

② 韩世远:《法典化的合同法:新进展、新问题与新对策》,载《法治研究》2021 年第 6 期。

③ 参见"山西数源华石化工能源有限公司与山西三维集团股份有限公司租赁合同纠纷案",最高法(2012)民一终字第 67 号判决书。

④ 石佳友、高郦梅:《违约方申请解除合同权:争议与回应》,载《比较法研究》2019 年第 6 期。

⑤ 陆青:《合同解除效果的意思自治研究——以意大利法为背景的考察》,法律出版社 2011 年版,第 24—27 页。

肯定违约方合同解除权的做法正是对现代合同法理论的肯认,重新界定了合同解除的功能。① 其次,从经济学角度,合同法的目的在于促进效率而不是依契约实施承诺,实施当事人可确认的协议内容可能是一种比当协议表现为无效率而拒绝执行协议时更有效率的达到其目的的方法。② 但是,实施当事人拒绝协议产生的损害赔偿成本要比履行成本低,违约表现为有效。从效率违约理论看,第 580 条在履行不能情形下用损害赔偿替代合同的实际履行,迎合了市场经济环境下的效率价值。

但是,尽管有以上理由,第 580 条并不能解决继续性合同的僵局问题,如因定期租赁合同作为金钱债务,就无法适用第 580 条第 2 款的规定。为此,《合同编司法解释》(审议稿)第 57 条第 1 款采用《全国法院民商事审判工作会议纪要》(以下简称《九民纪要》)第 48 条中违约方解除合同的三个条件作为继续性合同中应当履行金钱债务的违约方因客观原因难以继续履行合同,请求终止合同权利义务关系的要件。

可是,上述定期租赁合同案件能否适用解释的规定呢? 首先,违约方不存在恶意违约。案件中甲不依约向员工发放工资,并另行招工,显然是在故意违约,在一定程度上构成恶意。其次,非违约方拒绝终止合同违背诚信原则。案件中甲的行为没有构成根本违约,乙不存在解除权的行使。并且,乙的行为在甲看来也构成一定程度的违约,案件可能是双方违约。最后,拒绝终止合同对违约方显失公平。显失公平的判断依据是双务合同中给付与对待给付义务间的平衡关系,甲缴纳租金和工资,乙提供厂房和工人,原本的公平交易为何因乙集团的升薪通知而变得显失公平,难以说合理。

从继续性合同当事人行使司法解除请求权条件的设置看,我国立法对现代合同解除理论,即维护继续合同中协作和依附关系的认识不足。意大利学者认为,违约解除和事后不能解除之间是有重要差别的。在违约解除的情形下,影响合同双方对价给付的平衡原则是一方的违约行为。在这种情况下,捍卫这种对价给付关系不仅仅在于纠正合同协作关系中存在的不平衡,还密切联系着守约方合同利益的有效保护。因此,对于违约解除权,

---

① 王俐智:《违约方合同解除权的解释路径——基于〈民法典〉第 580 条的展开》,载《北方法学》2021 年第 2 期。

② 〔美〕理查德·A.波斯纳:《法律的经济分析》,蒋兆康译,林毅夫校,中国大百科全书出版社 1997 年版,第 71 页。

《意大利民法典》仅仅在第 1445 条作出了限制,即若违约对于债权人的利益来说微不足道的话,债权人不能够(完全)从合同中解放出来。相反,在不能解除的场合,法律要求债权人对于合同的履行已经不再有任何利益,才可以从合同中解放出来。① 同样,违约方的合同解除权是因事后不能而引起的,主要目的是维护合同的协作关系,故需要更加严格的条件限制。然而,我国司法解释中的条件却难以服人。

对于继续性合同的解除,比较法上均有专门的终止规则。《德国民法典》第 314 条"因重大事由而终止继续性债之关系"规定了对各类继续性合同具有普遍适用性的一般规则。日本判例针对租赁合同发展出了"信赖关系破裂法理",该法理与德国的"重大事由"终止规则有极大相似性。② 《瑞士债务法》第 266g 条"租赁合同基于重大原因终止的通知"规定,租赁合同的履行因重大原因而成为不可期待时,合同当事人得在遵守法定预告期间的前提下,任意决定终止日期,通知终止租赁关系;法院得衡量各种情事,决定提前终止租赁关系应发生的财产法上的效果。

其实,能够成为继续性合同解除的"重大事由(原因)"的是履行的不可期待,这要求请求方对于合同的履行已经没有任何意义,才可以纠正合同协作关系中的不平衡。"协作关系说"之所以要求合同解除的正当性,是因为交易秩序的要求。例如,出租人因出国工作而将房屋租给承租人以不为国内的房屋劳心,如果承租人因自身工作调动就可以解除合同的话,会给出租人带来很多不便。承租人此时在合同的履行中并不是没有任何利益,他完全可以通过转租来弥补损失。因此,在合同解除事由的设置上,我国立法对继续性合同的特殊性关注仍有不足。

b. 合同解除效果

此外,在解除效果规则的设置上,《民法典》第 566 条因过于原则而难以操作。《民法典》第 566 条要求根据履行情况和合同性质处理合同解除后的债权债务关系,其立法本意是区分继续性合同和一时性合同而使解除具有不同的法律效力。但是,立法目的在法条中的表现并不明显。立法中对于

---

① 陆青:《合同解除效果的意思自治研究——以意大利法为背景的考察》,法律出版社 2011 年版,第 29 页。

② 韩世远:《继续性合同的解除:违约方解除抑或重大事由解除》,载《中外法学》2020 年第 1 期。

合同解除的相关制度设计充斥着矛盾——将解除定位于合同权利义务的终止(第557条),同时又肯定了合同的权利义务终止不影响合同结算和清理条款的效力(第567条);将附条件(第562条第2款)、协议解除(第562条第1款)和法定解除(第563条)三种法理基础和具体内容完全不同的制度一同归于"解除"概念之中,而适用统一的解除程序、解除效力规定。这些矛盾导致了在对解除后返还的具体内容上,第566条不能具体规定继续性合同的适用规则。

立法解释对此表示,从实际出发,借鉴国外经验,遵循经济活动高效的原则,作出比较灵活的规定,即使立法者已经认识到学理对于合同解除溯及力的有无等问题的纷争。① 然而,关于合同解除后返还请求权的性质、返还请求权的成立时间、返还请求权和损害赔偿请求权的关系、返还不能的后果等问题在前述民商合一国家的立法例中都有解释的依据,我国《民法典》第566条的欠缺是很明显的。比较法上,解除有无溯及力只涉及合同解除后合同关系是否存在和由此导致的返还之债是法定之债还是约定之债的性质区分问题,如果仅以解除有无溯及力区分一时性合同和继续性合同的具体返还制度,则颇为不妥。因此,我国立法对于继续性合同法律解除效果规定仍亟待完善。

(3) 服务性合同

对于那些服务性合同,如承揽合同、建筑合同、运输合同、保管合同、设计合同、物业服务合同等,只是简单、分散地以有名合同置放在不同的章节中。事实上,这些服务性合同有统一的规则体系,在提供服务上有较为统一的义务规则,如先合同警示义务、合作义务、具备相应技能及注意的义务、完成工作成果的义务、遵守客户指令的义务、服务提供人的约定警示义务等,这些义务规则完全可以通过适当的规范技术安排先统后分。但《民法典》合同编对此似乎准备不足,仍按照原合同法进行了简单、分散的处理。这将大大减损合同法促进商事交易的功能。

从功能上讲,基于一时性合同的传统合同法重视的是当事人的合意,要求合意清楚,契约严守,强调守约者个人利益;而基于继续性合同的现代合同法重视的是当事人的能力与信用,要求相应信息的披露与及时协商和协

---

① 黄薇主编:《中华人民共和国民法典合同编释义》,法律出版社2020年版,第266页。

同,以实现当事人的共同利益。营业行为强调的是合同中的"牵连性"(sinallagma),即给付与对待给付之间的相互联系,一方的债务不仅仅在最初和对方债务相联系,同时还包括这个实施过程中依赖于后者的履行。现代合同法对于这些营业行为的合同构造应当由传统的当事人合意转向当事人信用。

2. 对商事规律认识不足

《民法典》合同编主要是关于商事的规定,而商事的规定应当符合商事规律,简单明确,但合同编一些规定似乎在回避应有的"商事规律"。

兹举几例:

(1) 合理期限要求不明

第481条第2款关于"要约以非对话方式作出的,承诺应当在合理期限内到达"之规定,相对人应在合理期间内发出承诺。该"合理期间"系典型的抽象而不确定概念,依据《瑞士债务法》第5条的规定,"按其传达方法,通常可在要约人所期待的合理期间内到达要约人时止,要约人应受要约的拘束"。此外,《瑞士债务法》中要约人以非对话方式发出要约且未定承诺期限的承诺认定的一个基本前提或假设是,"要约人得假定其要约在合理期间内到达受约人"。亦即,如果要约没有在合理期间到达受约人,则不存在要约人应受要约拘束的问题。比较法上较为复杂的条文在我国法中转化成为简短一款的内容。此外,关于有效承诺到达期间的抽象而不确定概念还出现在第486条新增内容中,即期间承诺但通常情形下不能及时到达视为新要约。

对于企业或经营者之间的交易而言,我国《民法典》采用模糊表述而交由法官自由裁量的推演存在很大的不确定性,将不利于商事交易的顺利进行。因此,不妨借鉴《德国商法典》第362条第1款和《日本商法典》第509条之规定,在第481条中增加第3款:"受要约人收到与其存在经常性交易关系的交易方所提出的属于其营业范围的合同要约时,须及时发出承诺与否的通知。怠于通知的,视为承诺。"该款系专门针对企业或经营者之间经常性的交易而承诺的要求,应当更符合商事实践。

再如第616条关于货物运输合同在约定不明时,"应当在合理期限内检验货物"的规定也同样如此,不符合货物秩序的要求。《德国商法典》第438条"损害的通知"明确规定,在货物交付时损毁在外部能够辨识,应当场立即通知且清楚表明损害；如外部不能够被辨识，则交付之日起 7 日内通知。《瑞士债务法》第 452 条规定为 8 日内，《日本商法典》第 588 条则规定为两周内。

(2) 租赁

合同编第 14 章"租赁合同"，应当是一个典型的既民又商的合同类型。但从有关规定上看，其强调的是承租人对租赁物的收益以及承租人对租赁物的使用，更多地适用于我国常见的住房租赁与办公租赁，体现了传统民法上以所有权为重心的权利观。但这种规定对于以促进财富创造为重心的商事活动而言，特别是那些以营业为目的的租赁则并不合适。营业租赁一般都是长期的，经过承租人的长期经营，会在其租赁处形成一个较为固定的顾客群和商业群而产生一种"商业固化"效应，由此，出租人与承租人之间的租赁关系就由传统的出租与承租双方的"对抗型"趋向于"合作型"。这在合同法上的一个重要表现就是赋予承租方租约到期的延展权。[①] 这种延展权不同于《民法典》第 734 条第 2 款规定的优先承租权，后者的实质仍是优先考虑出租人的利益，因为承租人只能在同等条件下才享有所谓的优先承租权，否则就没有续租的权利。前者意味着租约到期，承租人就有权利要求续租，至于价格则可以协商，协商不成，可交由法院裁判。当然，为保护出租人的应有利益，在某些情况下不得延期。[②]

住房租赁与办公租赁的价值判断亦有不同。住房租赁的承租人获得房屋是为满足自身的居住需要，而居住是人生存的基本权利，承租人的弱势一览无余；办公租赁的承租人使用房屋是为进行商事流转，而房屋是商事营业资产的载体，承租人的商业利益是首要因素。[③] 由于两种租赁类型价值观念的差异，比较法将"住房使用租赁"和"营业场所使用租赁"区别对待。比如，承租人的义务程度区别。在住房租赁中，法律对权利义务的分配向承租人倾斜；而在商事租赁中承租人对房屋具有更高的保护的义务。对于承租人

---

① 在法国，如果租约到期，承租人有权要么延展租约，这时延展租约的条件与原始租约的条件相同，只有涉及租金的问题除外；要么，也可以得到出租人支付的因"排除延展租约权"而支付的补偿金。参见〔法〕伊夫·居荣：《法国商法》(第 1 卷)，罗结珍、赵海峰译，法律出版社 2004 年版，第 736 页。

② 对此，可参见《瑞士债务法》第 266 条 (A、B、C)。

③ 李政辉：《商事租赁的制度证成与内部机理——以商铺租赁为例》，载王保树主编：《商事法论集》(第 15 卷)，法律出版社 2009 年版。

负担的保持租赁物良好状态的义务,依罗马法,承租人不对家人造成的损害承担责任,而现代合同法则要求承租人对因第三人造成的损害承担责任。①如果涉及物品的修缮,承租人需要承担保养和日常(细小)修缮的费用。②但是,我国《民法典》中第三人损害的责任承担存有空缺,且第 712 条要求出租人对自己的财产完全负责,这些规定降低了承租人义务,体现着对承租人的利益倾斜。

又如,租赁期限设置的不同。关于"契约租赁"的一般规定,《意大利民法典》第 1573 条规定,除法律另有规定外,租赁期间不得超过 30 年。即使当事人之间根据约定所达成的租赁期间超过 30 年,甚至是永久租赁,法律也只承认该租赁合同的租赁期间为 30 年。不过,在城市不动产租赁中,根据第 1607 条规定,租赁合同的租赁期间可以延续至承租人死亡后 2 年。如此看来,商业租赁应适用 30 年的最长租期,而住房租赁则不受该期限的限制。其实,最长租赁期限的设置是出于社会经济的理由:过长的租赁期限会阻碍租赁物的流转,且可能影响共同所有人或共同继承人对租赁物的分割。③但是,商事租赁中承租人对房屋的依赖程度更高,可谓"无房屋,不经营"。于是,一些国家的立法例就采用了规定最短租赁期限的做法,保护商业经营的稳定性。《法国商法典》第 145—4 条规定,商事租赁合同的期限不得少于 9 年。但是,在没有相反约定的情况下,承租人有权在 3 年期限届满前,提前 6 个月发出解约通知。④《阿根廷民法典》第 1507 条规定,用于工商业目的租赁的房屋套间的最短租赁期间为 2 年;用于居住目的租赁的房屋套间的最短租赁期间为 1 年半。在此期间内,不得对价金和租赁条件进行变更。⑤反观我国《民法典》,第 705 条规定 20 年为所有租赁类型的上限,则显得过于简单,没有体现出民事租赁和商事租赁的不同价值取向。

以上所举例子仅是问题的一部分,从整个合同编看,许多应当反映商事

---

① 参见《阿根廷共和国民法典》第 1561 条,《意大利民法典》第 1585 条,《法国民法典》第 1728 条。

② 参见《意大利民法典》第 1577 条,《瑞士债务法》第 284 条。

③ 《最新阿根廷共和国民法典》,徐涤宇译注,法律出版社 2007 年版,第 364 页注 1。

④ Jane Ball, Michel Sejean, Anne Deysine, Martha Fillastre, Amma Kyeremeh, et al. Commercial Code, 2015, Commercial Code—HAL-Sciences de l'Homme et de la Société. archives-ouvertes. fr, Submitted on Nov. 24, 2016, p. 83.

⑤ 《最新阿根廷共和国民法典》,徐涤宇译注,法律出版社 2007 年版,第 346—347 页。

或者体现对自然人保护的问题,均付之阙如。

可以说,《民法典》合同编纯粹的客观主义立法模式,体现了近现代私法立法技术水平的抽象性与一般性,使合同法能够规制和执行大量不同的合同承诺,并有能力在其封闭的规则之内应付大量各种各样的交易,如"要约—承诺"条款在足够抽象的层面上得以表述包括商人之间与消费者之间的协议成立过程。但是,并非所有的商业协议和消费协议都可以被这些抽象的规则所涵盖,纯粹客观的民商合一规范技术遮蔽了本为民商合一下应有的"分",其可以进行适当地区分,以区别对待不同种类或不同情形下需要区分的合同。

从比较法角度观察,在民商合一的国家和地区,尽管它们认为"吾国皆为商人",民商法之间失去了分立的基础,但都在不同程度上认为,统一的权利能力者下的商人与普通人之间是有一定差异的,因为相应规则的设计与要求是有一定区别的(如果需要的话)。《瑞士债务法》对商业的关系与一般的民事法律关系原则上适用相同的规定,但在某些场合下有一些规定只适用于商业关系,如该法第191条、第215条规定,买受人和出卖人在违约的情况下,仅在交易行为"处于商业关系中"已被确定的情况下,才能考虑对其产生的"抽象"损害。《意大利民法典》与《荷兰民法典》也同样如此。《意大利民法典》第1330条规定,要约与承诺如果是由企业者关于其企业的执行而为时,企业者即使死亡或无行为能力的场合,亦不失其效力,但如果系小企业者场合不在此限。《荷兰民法典》第3:228条第2款规定,从合同的性质、商人的角度或案件的当时情况来看责任是由错误一方造成的,则不存在以错误为由撤销的权利。这些区别性的规则构成了第二部分所总结的"以商主体为规范对象的明确规则"和"以商业性为适用前提的模糊规则",仅有一部分基本规则(如债权转让和债务承担)适用于所有主体,即"以促交易为立法意旨的一般规则"。也就是说,从最早实行民商合一的瑞士民法开始,各国和地区民法典中的人像并没有完全否认商人与普通人之间的差异,它们只是将普通人当作了具有与商人同样智识的人而已。但以营业为主要目的的商人之间的商业关系,与以生活为主要目的的普通人之间的非商业关系,毕竟是不同的,因此在这些民商合一的民法典中,也都不同程度地设定了专门针对商人或非商人的差异性规定。通过这些必要的差异性规定,不仅可以避免法官不必要的自由裁量,更重要的是,它可以使经营者或企业清晰地预见其在经营活动中负有更高的注意义务与责任。

鉴于欧盟经济的一体化和现代商业交易的要求,《欧洲示范民法典草案》中关于财产方面的内容明确以经营者之间的规则为标准,以非经营者相应关系为例外制定了债和合同法的主要内容。可以说,草案是典型的民商合一,且以商业交易规则为主的立法,同时特别突出了消费者与非企业经营者参与交易规则的差异性。如该草案第四卷"有名合同及其权利与义务"中第一编"买卖合同"中,明确区分了消费者买卖合同,其他各编也体现出了经营者规则与非经营者之间的规则的区分。易言之,从人像基础上看,《欧洲示范民法典草案》非常明确地对商人与非商人作出了区分。

瑞士、意大利、荷兰等民法典弃民商分立改采民商合一,试图消除商人与普通人之间的差异,设计具有一体适用效力的规则(以促进交易为立法意旨的一般规则),但也在许多地方,有意无意地对规则的民事性与商事性进行了区分(以商主体为规范对象的明确规则和以商业性为适用前提的模糊规则),从而表明,在民商合一一体适用的效力规则下,尚有不宜一体化的规则,而这些规则其实也是关于职业性商人的特殊规定。相比于非商人,商人的营业行为具有长期性、反复性、专业性以及营利性要求的便捷性和安全性等,故其意思表示的认定、行为方式的要求、行为内容的认定及其他规则等更为自由,同时也更为严格。不论是民商分立,还是民商合一,其民商之别仅在于,关于职业性商人的某些交易规则具有一定的特殊性,并以义务和责任为主要内容。

作为交易法的合同法必然是且主要是商化的,其目的是促进社会财富的流通。可以这样认为,当一个人进入商品经济社会的交换领域时,他就成了一个交易人,而不是其他了。既为交易与交易人,他自然须按照交易规则行事并承担相应的后果。但是,商事规则的一般化在拔高普通人的智识的情形下,也应该使普通人从中获益,或至少不会因此背负不恰当的负担。也就是说,商事规则的一般化应有一定的原则,即,不能因此不适当地拔高普通人的行为标准,特别是不能因此加重普通人的负担与责任,同时,这些规则能够促进普通人合理地进入商业领域。对于不宜一般化的主要适用于商业领域的规则,除了通过附加诸如营业性、有偿性等条件体现统合外,也可以通过反向技术予以安排,即在合同法相应章节条文中,通过对普通人的行为加以个别安排,以显示其非商事化的方法而突出有关规则的商事化。商事性质的规则体系化于合同法的实质是,尽管将商事规则通过技术安排而体系化于其中,但这些规则仅适用于具有商人身份的企业或经营者,从而实现合同法中必要的民商分立。

总体而言,《民法典》合同编突出了民商规则的"合"与"统",其"合而不统"之处有待以后通过个案裁判解释甚至司法解释或单行商事法(如特许经营法、租赁法、服务业法等)来解决。在后者的模式下,合同法规定商事合同的基本要素,单行商事法则规定商事合同的特殊之处以及非合同要素。[1]

本章小结

《民法典》合同编是以企业或其他经营者为人像,契合了合同法为交易法之要旨。同时,消费者也在合同编中有一席之地,这不仅体现在总则编第128条的引致条款中,也体现在合同编部分第496条、第497条、第498条关于格式合同的规定之中。对于其他非企业或非经营者来说,合同编也通过专门制度安排体现出其不同于企业或经营者之要求,如赠与合同中的赠与关系、借款合同中自然人之间的借贷关系、保证合同中的自然人保证关系、租赁合同中的生活租赁关系等均是。

《民法典》合同编民商合一的规范技术原理主要是通过商事规则的一般化而一体适用于所有人和同样的交易,也即不再分商人与非商人,也不分活动是否具有营业性质,只要从事了有关行为,则均适用,其实质主要是企业之间的交易规则直接一体适用于所有人同样的交易。与西方不同,我国期望于通过《民法典》商事化的合同编的立法促进社会经济的发展,并非因为

---

[1] 如法国新的商法典第一卷"商事总则"第三编规定了"居间商、行纪商、承运人、商业代理人与独立的上门销售人",其对于居间合同、行纪合同、商事代理合同等继续性合同通过对商人的要求规范了相应营业,如其第L134-4条规定:"商业代理人与委托人之间的合同是为双方共同利益而订立的合同。""商业代理人与其委托人之间的关系,受诚信与相互提供信息之义务约束。""商业代理人应以一个善良职业人的态度履行委托。委托人应当为商业代理人能够履行其给予的委托提供必要的条件。"第L134-11条第1款规定:"有确定期限的商业代理合同到期之后,双方当事人仍然继续履行的,视其转为不定期合同。"也就是说,关于商业代理合同,更多的规定是交给了商法,合同法只是提供基本框架和要素。参见《法国商法典》(上册),罗结珍译,北京大学出版社2015年版,第70—72页。

社会交易已达到商事化的普遍程度而制定该法，从而采行了完全客观主义规范技术，以希望所有人——不论其身份如何及其他实际情况如何，均应当如商人一般。

在具体规范技术上，从类型分析，有名合同规范可分为五类：一是"商主民辅"型，最为典型的是买卖合同，其系以复杂的合同条款设计为预想的合同模板。二是"既民又商"型，指那些在民事领域和商事领域同时适用的合同，典型包括保证合同、租赁合同、保管合同等。三是"兼顾民事"型，这种类型以商事主体为主要规范对象，并旨在保护另一方的合同主体（通常是非商人的普通民事主体），体现合同法的实质正义观，典型如供用电、水、气、热力合同和物业服务合同。四是"纯粹商事"型，包括融资租赁合同、保理合同、承揽合同、建设工程合同、运输合同、技术合同、仓储合同、行纪合同、中介合同等类型在民商分立的国家和地区，属于典型的商事合同，在民商合一的国家和地区，它们以有名合同之一种而统合于统一的民法典合同编之中，我国即属于后者。五是"民主商辅"型，典型当属赠与合同。

在规范表达上，合同编基本上贯彻了客观主义模式，不希望通过主体的区分或词语表达破坏民商合一的立法意旨，很少在有关条文中出现专门或特定的主体概念，以示抽象权利能力者下的当事人地位平等的交易规则。不过，有关条文和章节在展示规则一体化的平等自由价值中，仍以"交易习惯"或其他与营业有紧密联系的词语表达了适用中的商事性质。在纯粹的客观主义表达之下，其存在的问题也是明显的，一是民商区分不足，民事与商事规则的差异不能通过明确的规则体系予以表达，只能留待以后法官的个案解释。二是商化过度，以促进财富流转而保障债权人利益为导向的做法，牺牲了普通人在交易中的债务人角色。三是商化不足，由于各种因素影响，合同编在很多地方对于现代商事交易的需求回应不够，没有体现应有的商事交易意义，出现"商化不足"的现象。总之，合同编突出了民商规则的"合"与"统"，其"合而不统"之处有待以后个案裁判解释甚至司法解释或单行商事法（如特许经营法、租赁法等）来解决。在后者的模式下，合同法规定商事合同的基本要素，单行商事法则规定商事合同的特殊之处以及非合同要素。

第四章 《民法典》合同编商事化的缓和解释:理论与框架

第一节 引　言

1999年《合同法》是在1981年《经济合同法》、1985年《涉外经济合同法》和1987年《技术合同法》的基础上,并主要借鉴了具有国际商法性质的《联合国国际货物销售合同公约》和《国际商事合同通则》而统一起来的。它是典型商事立法,被赞誉为"民商合一的典范"。《民法典》合同编对1999年《合同法》作了较大的修正,这些修正大多是更加商事化的,如通则部分增加了情事变更,分则部分增加了保证合同、保理合同、物业服务合同、合伙合同。

作为交易法的合同规则的商事化是必然的,其为我国社会主义市场经济的运行提供了基本的交易规则,有力地促进了中国经济的发展。但是,商事化的合同规则有利于企业或经营者的交易便捷与安全,也同时将所有人,不论是否具有商人身份,不论是否从事经营性活动,均"商事化"了,也因此均须按照商事规律要求与对待,申言之,在合同法领域的普通人,不论是主动还是被动,均与商人处于同等地位。其结果是,所有进入交易的人,不论其身份如何,全部被裹挟于合同规则之中,适用同样的规则。

相同的行为相同对待,是法律的基本规则。但该规则中,"相同的行为"并非纯客观和抽象的"相同",而是需要在具体案件中考量其背后的行为本身、行为人、行为背景等因素,并基于规范目的进行同等的对待。通过适当的主观化与具体化的"相同的行为",才能实现实质意义上的"相同对待",从而达到法的公平、正义追求。

作为保障交易之法的合同规则,在全力保障并促进自由交易的同时,也应当注意被裹挟在其中的普通人的实际情况,他们能否及在什么情况下可以如商人那般?这是一个重大的社会民生问题,直接关系每一个普通人。同时,对于那些小商人或小经营者,他们在面对大商人或更为专业的经营者的时候,也与普通人面临同样的问题。因此,合同当事人不仅仅是一个符号和静态的存在,还是一个具体合同关系中的具体的人,是一个动态的存在。

第二节 现代民法的转向:从财产法到"人法"

一、中国民法的思想:社会主义市场经济中的自由与平等

党的十一届三中全会确立的"以经济建设为中心"的治国方略,要求改革高度集中的计划经济体制,建立和完善社会主义市场经济体制,实行对外开放,吸收世界上一切先进的文明成果,为搞活社会主义经济、发展社会生产力开辟广阔的道路。为此,以自由和平等为精神,保护社会主体的财产权,以促进交易为己任的民商法就成为立法的必然选择。如果说20世纪七八十年代的民商事立法,如1979年的《中外合资经营企业法》、1981年的《经济合同法》、1986年的《民法通则》、1988年的《全民所有制工业企业法》等,还具有摸索和试验性质的话,20世纪90年代以后的《合同法》《物权法》《侵权责任法》《公司法》《合伙企业法》《担保法》《证券法》等则是以全面促进经济建设为中心的具有体系性的民商事立法。

民法之所以与我国经济体制改革相伴而生,并负有促进经济改革之重任,是与其在我国一直被认为从产生开始就是关于商品经济之法的认识有极大的关联。[①] 显然,对于市场或商品经济而言,民法是不可或缺的。首先,商品经济是以市场交换为核心的,而市场交换则是民法上的契约或合同制度,契约自由是民法在法律上保障市场经济得以确立的基本原则。其次,市场交换的主体是平等的主体,表现在民法上就是权利能力者,或具有法律上

[①] 20世纪80年代初,民法被认为是为"一定社会商品关系服务的",因而其本质是商品经济基本法。参见周大伟编:《佟柔中国民法讲稿》,北京大学出版社2008年版,第6页。

的人格。在民法上,所有人均被视为平等地享有民事权利,承担民事义务。所有主体,基于"契约自由"原则所作出的选择,均须为此承担相应风险,体现了自己行为、自己负责的现代社会精神。最后,市场交换的客体为"物"或其他财产,即市场交换是为财产而进行的交换,为此交换者必须拥有交换的财产权利,其根本是一个财产所有权的问题。所以,作为民法核心部分的民事主体制度、所有权制度和债(主要是合同)的制度,正是商品交换得以实现的三个前提条件在法律上的反映。① 正如《民法通则》第1条所规定的,"为了保障公民、法人的合法的民事权益,正确调整民事关系,适应社会主义现代化建设事业发展的需要,根据宪法和我国实际情况,总结民事活动的实践经验,制定本法"。

当民法被认为本质上为市场或商品经济基本之法的时候,带有个人主义与自由主义的自由、平等就当然地被认为属于民法的基本精神。②

和其他国家或地区的民法相比,1986年的《民法通则》特别强调主体之间的平等与契约自由,直接将民法界定为"调整平等主体的公民之间、法人之间、公民和法人之间的财产关系和人身关系"(第2条)。基于此,《民法通则》在第一章"基本原则"、第五章第二节"债权"中规定了主体平等与合同自由的原则;在第二章"自然人"、第三章"法人"中规定了权利能力平等、除无行为能力人或限制行为能力人之外的完全行为能力者的自由表达,并在这两章中明确规定了自然人与法人的经营权利;在第四章明确了民事法律行为的基本规范,以大力鼓励当事人自由表达与行为的宗旨;在第五章中通过对财产权的明确界定,保障了每一位民事主体的民事权利;在第六章"民事责任"部分则明确了自己行为、自己负责的基本责任原理。总体而言,1986年的《民法通则》处处体现了改革开放之初我国迫切的大力发展经济的需求——每一位公民包括政府都可以自由地进入市场,以个体工商户的身份或组成合伙、企业法人的方式自由地以自己的财产和能力与他人进行交换,并为自己的行为负责。

---

① 佟柔主编:《中国民法》,法律出版社1990年版,第3页。
② 需要注意的是,西方民法中的自由与平等并非由民法是市场或商品经济的基本法决定的,而是由于近代民法是在资本主义社会建立之后成为一个完全以资本主义生产关系为基础的法律,它是在粉碎封建生产关系的基础上,基于对人的平等与尊重建立起来的个人主义法律,后者则是因为适应了市场经济发展的需求成了市场经济的基本法律。

党的十四大确立了中国特色的社会主义市场经济以后,为进一步实现市场在资源配置中的基础性作用,1993年《公司法》、1995年《担保法》、1997年《合伙企业法》、1998年《证券法》、1999年统一《合同法》、2007年《物权法》、2009年《侵权责任法》等相继出台。这些法律所确立的自由与平等法则成了推动中国特色社会主义市场经济不断发展的基石,它们规定了市场经济的基本原则和有关交换的各种具体问题,从市场经济的主干直至其运行均给予了有力保障。从这个意义上讲,民法是市场经济基本法,毫不为过。

自1986年《民法通则》开始,我国的民法就是与自由、平等的观念相伴而生并成为其理念或思想的,它是对传统计划经济体制的必要反动。因为摆脱传统计划经济体制的桎梏是必要的,相应民事主体的自由与平等也是必需的,如此才能够为"以经济建设为中心",创造有力的法律基础与框架。"以经济建设为中心"的改革开放,是中国特色社会主义的必然选择,是实现社会主义人民富裕与国家强盛的基本要求。但是,以经济建设为中心,并非意味着为了实现经济发展而不择手段,特别是在中国特色社会主义市场经济之中,其最终是为了实现马克思政党的奋斗目标,即广大人民的富裕与积极向上,而非广大人民中的某个人、某些人、某些团体或集团的利益实现。

民法以权利为分析工具、以财产权为基础的契约自由构成了民法的基础,其要义是"自己决定自己"。从一定的意识形态上来看,"自己决定自己"的自由观念是非常具有吸引力的,并为自由资本主义阶段的西方国家所推崇。不过,对于以调整私主体生活为己任的私法而言,"自己决定自己"从来不是无限制的自由,而常常是受到各种各样的包括人的、物的限制,即完全的自由从来没有实现过。在私法层面,其向来遵从私法关系下的自由,即在具体的民事法律关系中的当事人的契约自由,而非抽象意义上的自由。

1986年的《民法通则》体现契约自由的主要法条是第4条"自愿原则",其赋予民事主体在从事民事活动中一定的意志自由,即当事人有权根据自己的意志和利益,决定是否参与某种民事法律关系,决定是否变更和终止民事法律关系。[①] 这在1999年《合同法》体现为"当事人依法享有自愿订立合同的权利,任何单位和个人不得非法干预"(第4条)。也就是说,尽管自由

---

① 佟柔主编:《中国民法》,法律出版社1990年版,第26页。

是我国民法的理念,但在法律层面,是一种体现自愿为或不为一定行为的具体自由,是受到法律约束的自由。"自己决定自己"的自由或权利至少在《民法通则》和《合同法》中受到诚信、公平、合法及权利不得滥用原则的约束(《民法通则》第4条、第6条、第7条,《合同法》第5条、第6条、第7条)。这些关于契约自由的原则性规范,与自愿原则一起构成民法中的自由的意义与价值。

民法中的自由观念及自愿原则,很大程度上是由我国当时的社会转型政策考量决定的,长期受到传统计划经济体制压抑的社会需要一种以自由为口号的理念,鼓励广大人民积极投身于中国特色社会主义的伟大变革之中。为了推动经济体制改革,必须也只有通过契约自由之"自己决定自己"的方式实现。所以,当我们在认识契约自由的时候,不能离开当时基于政策考量的必要而只强调"自己决定自己"的一面。

自由不仅意味着每个人都是平等的,还取决于法律上当事人之间的地位平等,因为交换的前提是交换双方地位平等,并进而产生契约自由。在一定意义上,自由与平等互为表里。不过,在民法的逻辑中,首先是当事人都是平等的,然后当事人才可以基于平等地位进行自由的交换。《民法通则》第2条规定"中华人民共和国民法调整平等主体的公民之间、法人之间、公民和法人之间的财产关系和人身关系",并且在民法基本原则的表述上,将平等视为首要的基本原则(《民法通则》第3条),进而产生自愿等原则(《民法通则》第4条)。

为实现当事人地位平等,民法将每个人都作为权利主体,并以权利能力与法律人格两个极为抽象的概念予以表达。在民法的概念中,每个自然人都具有权利能力,都是与他人相互平等的法律人格者,是法律上权利义务的担当者。这是近代社会关于人的一种理想图像[①],其平等只能是一种形式上平等,是对真正强者的鼓励与优待。当权利能力与人格被用于法人和其他社会

---

① 参见顾祝轩:《民法概念史·总则》,法律出版社2014年版,第6页。古典契约法理论对于契约主体,仅做极抽象的规定与假设,即将契约主体抽象为"人"。不管契约的主体国籍、年龄、性别、职业是什么,也不管他是具体的劳动者、消费者、大企业还是小企业等具体类型,在古典契约法理论的视野中,都统被抽象为"人"这一平等的法律人格。正是在此意义上,弗里德曼才将合同法称作"移除契约主体与客体所有特性的抽象物"。参见刘承韪:《契约法理论的历史嬗递与现代发展:以英美契约法为核心的考察》,载《中外法学》2011年第4期。

组织时,法人与自然人之间的平等对待似乎也就成了冠冕堂皇的托辞。这种认知,无论是在我国理论界还是人民法院的司法实践之中,都是相当普遍的。

将每个人当作真正的"人"对待,需要通过当事人地位平等并自由表达来实现,这是人的尊严问题。但是,人的尊严与尊重,更多是一个现代社会普遍的原理,并主要由理念性的上位认知,借由宪法与政治决定。在具体的社会实践之中,自由与平等的内容不能由先验的抽象所决定。自由与平等的民事法律关系的建立,尽管首先通过抽象的人的平等与私法自治确立,但在具体的民事法律关系之中,则受到一系列的法律和社会条件的约束。申言之,如何自己决定自己,如何平等地对待或受到对待,是一个更为具体而由相应法律和社会的场景决定的。它不能也不应由抽象的自由与平等原理决定,后者仅仅是为人的平等与自由提供了假设的基本前提而已,在此前提之下,需要结合具体场景予以区分对待,即我们常说的"具体问题,具体分析",从而由形式平等进入实质意义上的平等。

事实上,在 20 世纪 90 年代,基于对广大劳动者的保护,以及随着世界消费者运动的兴起,我国于 1993 年和 1994 年分别颁布了《消费者权益保护法》和《劳动法》,以保护平等的民事法律关系中处于弱势地位的消费者和劳动者。这两部法律因其保护弱者而属于所谓的社会法范畴,但其本质上仍然为民法问题,即平等主体之间的法律关系问题,只不过其与一般民事法律关系不同的是,其中一方法律主体因其弱势地位而受到特别法的保护。

消费者与劳动者的特殊性使得其可以得到法律的特别对待,不再简单地按照平等与自愿原则处理。这一方面是因为消费者与劳动者群体广泛,社会影响重大,直接关系社会稳定;另一方面是因为世界各国的普遍立法趋势促使的结果。对于那些不具有广泛团体性的个人,如某个自然人偶然介入或被牵连进商事活动或其他具有特殊要求的活动之时,是否需要与常态相区分,以及如何区别对待,则不仅没有如消费者与劳动者那般的专门立法,也很少被我国人民法院实事求是地予以区分对待。甚至,有关特别立法还故意或专门将所有人不加区别地置于同样的商事关系或其他关系之中,其典型当属 1995 年《担保法》对于保证合同的规定。依其规定,所有具有权利能力者与行为能力人均可以为保证人,而不问是否真正具有保证能力;且所有保证在没有特殊约定的情况下,均视为连带责任保证。基于民事权利能力平等原则,人民法院甚至认为有关特别保护的规定,对《消费者权益保护法》第 55 条加倍赔偿的问题进行了狭隘地文义解释,认为知假买假者不属于消费者而不适用加倍赔偿。这些规定与司法实践认识,显然受到了我国关于民法形式上的自由与平等观念的影响。

民法不只是关于自由与平等的法律,还是关于民事交往中的公平与诚实信用的法律。前者确定了行为交往的基本脉络,后者形成了行为交往的泉源与血液。早在 19 世纪末 20 世纪初,整个社会就已经意识到个人主义与自由主义下的自由与平等存在的问题,开始关注到社会连带的团体本位主义,认为社会关系中的人与人之间的平等与自由是相互关系下的平等与自由,即相互之间负有互相照应的义务,应互负诚信,不得滥用权利。1896 年《德国民法典》即规定了民事法律关系中的诚信原则。

1986 年《民法通则》与 1999 年《合同法》在突出平等与自愿原则的同时,还特别提出了民事交往中的公平、诚实信用、合法与社会公共利益原则。但囿于时代背景及经济发展之必需,民事权利能力下的平等与自愿原则被有意或无意地不分场景地进行理想化解释,而公平、诚实信用等原则被有意无意地忽略或被严格限制适用。

改革开放以来,以民法中的契约自由与平等理念或者说原则为推手,具有中国特色的社会主义市场经济取得了举世瞩目的成就。在这个改革开放的过程中,人人都成了重要的经济参与者,"人人经商、发家致富"不仅是一个口号,更成为一种时髦。无论是否具有相应的能力,无论是否具有相应的财产,只要是民法上的完全民事行为能力人,在我国都是市场活动的主体。形形色色的人、大大小小的家庭、各种各样的团体,都被强大的市场力量吸引进去,均以一个权利能力者的身份展现着自己,"自己决定自己"成为潮流和趋势。

当抽象的契约自由与平等成为"自己决定自己"的法定理由或法律解释的前提时,当事人只是一个平等与自由的符号,是作为被抽象掉了各种能力和财力的抽象的"当事人"[①],是能依其理性、自由且负责地形成其私法生活关系者,因此财产的自由流通或交换就成为两个同样符号之下的中心,即民法不过是体现商品交换或市场经济的财产法而已。应当说,自 20 世纪 80 年代改革开放以来,民法就成了财产法的代名词,其调整的"人"只是"取决于商

---

① 参见〔日〕星野英一:《私法中的人》,王闯译,中国法制出版社 2004 年版,第 35 页。

品经济关系,并以商品经济关系为核心"的"平等主体"的当事方。①

　　将民法当作财产法,是世界各国的普遍做法。因为民法本身的结构不仅涉及所谓主体(人),更重要的是其通过财产(所有和交易)维护着人的生存及发展,并进而促进整个社会向前推进。从这一意义上来说,将民法当作财产法,是正确的。但是,在民法中的人和财产之间的关系问题上,人是目的,财产是手段,而不是相反。无论是财产所有权,还是契约自由,均是为了人的各种目的,以及社会的健康全面发展而存在,此时,占有与取得财产,并非为占有而占有,也并非为取得而取得。如果说交易双方都同时是商人,或小农、小贩之间的交易等类似的社会地位比较对等的人,通过自由协商或因交易信息的透明而大多能够形成双方都满意的结果,此时的"自由""平等"就是较为现实的。但随着社会的发展,特别是在所谓产业革命之后,再加上现代高科技的发达,当事人常常因此处于一种真正的不平等与不自由状态,强弱及信息不对称成为常态,以权利能力决定的当事人地位平等的交易结果就成为强者与信息掌握者的平等与自由,对另一方则是不自由与不平等。②

---

　　① 佟柔主编:《中国民法学·民法总则》,中国人民公安大学出版社1990年版,第8页。

　　② 近代西方民法典以传统商人为人像,这与其自由资本主义的发展阶段有关,它反映了当时——即使是现在仍是诱人的愿景——"由自由平等之人组成的社会,受明晰而有条理的法律体系的统治,而法律体系的首要目的是让公民能够追求其个性的自由发展"(〔美〕威廉·B. 埃瓦尔德:《比较法哲学》,于庆生等译,中国法制出版社2016年版,第195页)。包括即将进入20世纪的德国,其1896年颁布的民法典并没有被称为20世纪的序曲,而仅仅是19世纪的尾声(〔德〕K. 茨威格特、H. 克茨:《比较法总论》,潘汉典等译,法律出版社2003年版,第218页)。尽管它的双手已蹒跚迟疑地、偶尔不时地向新的社会法律思想伸出(〔德〕拉德布鲁赫:《法学导论》,米健等译,中国大百科全书出版社1997年版,第66—67页)。以强而智的人像塑造相应的法律关系,是有利于作为强者的以营利为目的的资本家的,从而强劲地推动了资本主义的发展。但同时,它也忽略了那些事实上很是一般的普通民众或具有其他身份的人(如农民)的应有利益。在德国起草民法典的过程中,就有学者对其主要支持资本家和中产阶级的做法提出了尖锐的批评,如门格尔在其具有预见性的《民法与无产阶级》一书中,就认为该法典的合同规则运作更有利于经济上更强大的阶级。基尔克更是对该民法典草案及其智识基础发起了猛烈的批评,力倡在法治国框架内,对社会与经济利益均需要国家保护的多种团体予以法律承认,强调不能以牺牲弱者的代价来保护强者(参见〔美〕威廉·B. 埃瓦尔德:《比较法哲学》,于庆生等译,中国法制出版社2016年版,第229—230页)。特别是在进入20世纪之后,简单地将民法中的人都视为强而智的做法,已经不能适应社会经济、文化多元化的需要。社会分工的更加细化和专业化,使得属于不同群体的人与人之间的交往产生了差异性,同样群体的人遵守的规则具有同等性,不同群体的人在交往中遵守的规则应因群体的不同而有侧重,如此方能产生交往的公平。这种公平不是形式意义上的公平,而是实质价值上的公平。

早在 1802 年，英国就颁布了世界上第一部劳动法——《学徒健康与道德法》，法国于 1806 年制定了《工厂法》，德国于 1839 年颁布了《普鲁士工厂矿山条例》。1962 年 3 月 15 日美国前总统肯尼迪在美国国会发表了有关保护消费者利益的总统特别咨文，首次提出了消费者的四项基本权利。1976 年德国通过了《一般交易条款规制法》，以保护社会弱者。1985 年 4 月 9 日，联合国大会一致通过了《保护消费者准则》，随后有关国家相继出台消费者保护法。劳动者保护与消费者权益的保障撕开了传统民法形式上的平等，而开始关注实质上当事人不平等的状况，现代民法也开始由个人本位转向社会本位。

新中国成立以来，由社会主义性质所决定的关于劳动者保护的问题一直是党和政府重点关注的领域，20 世纪 50 年代就出台了大量的相关法律、法规。改革开放之后，1993 年也较早出台了《消费者权益保护法》和《产品质量法》，在相关领域，如金融领域也相继制定了金融消费者的保护法律。在其他领域，如环境保护领域，未成年人、老年人、女性等特定人群领域，均有特别的法律保护要求。尽管这些领域被称为现代社会法的范畴，但它们实质上是对传统民法过于追求形式平等与自由的一种反动和否定，这推动了中国社会的整体发展与和谐。

那么，随着这些社会法域与传统民法的分离与独立，是否意味着分离过的现代民法的财产性愈来愈纯粹化，因而更需要形式上的自由与平等以规范民商事关系？实际上，这些特别法域的分离，与其说是从民法中分离出去，不如说过于形式化的自由与平等下的纯粹财产法认识需要纠正。社会法域的出现，并非说只有这些法是"社会的"，民法是纯粹"财产的"，其背后的实质是现代民法思想的转变，其核心是从财产法到人法的转变。

其实，民法从它产生那一天起就是关于人的法，其涉及的财产问题仅是人之为人的外在条件。只不过，由于民法的结构适应了市场交换的需要而逐渐被认为是剥去了人的一切背景的财产法。[①] 这种高度发达的概念语言

---

① 德国学者在研究《德国民法典》的形成与变迁过程中发现："结构上表现为必要的商品流转并以制裁加以保障的民法，却被解释为以拟人的方式加以理解的人类自由。在法学理论家那里，其丢掉了如下的理解：合同不是人类自治、意志自决和在自我生活执行条件的规定中的自由的反映，而是在市场中获利和风险划分的工具。"〔德〕罗尔夫·克尼佩尔：《法律与历史——论〈德国民法典〉的形成与变迁》，朱岩译，法律出版社 2003 年版，第 47 页下。

的技术特性、法的去质化、规范的抽象性势必导致清晰性的丧失,以及现代法典中立的客观性,会使未做准备的观察者注意不到立法者的伦理和社会前提。① 一切财产都只是为了人的目的,人格的权利位于一切财产法关系之上。私法必须首先使用其可支配的手段来保障和保护各个自然人人格;必须确认并区分一般性、普遍性的人格权(人自身的权利),由某社会阶层所限定并塑造的人格权和由于个人具备的素质所决定的人格权。②

人格权的发现是现代民法对人的态度的转变标志。契合以往民法的中心曾经是"财产法",即作为"财产归属法"的所有权法和作为"财产交换法"的契约法需要,尽管其也使用了"法律人格"这个词,但它不过是作为财产归属和交换得以可能的理论基础,仅是"权利义务的归属点"而已。③ 现代民法已经实现了"从对所有的人的完全平等的法律人格的承认到承认人格权"这一转变,相应的"法律人格"发生了"从自由的立法者向法律的保护对象""从法律人格的平等向不平等的人""从抽象的法律人格向具体的人"的转变。④ 在这里,所谓"人格权"是被定义为属于人的,是关于人有应当得到保护的价值的权利。

现代民法所保护的法益从"财产"经过"人身"而转向"人格",其转变的重大结果是,(包括人格性利益在内的广义的)"人格权"的内容相比以往变得更为丰富多彩起来。特别是在今天,人格权不仅限于侵害禁止(消极的义务),而且正向某种关照(积极的义务)的请求展开。在它的背后可以看到,并不是将个人作为独立的存在,而是作为某种关系中的存在而把握。"人格法"的发展逐渐可以明确的是,民法是"活着的人"的法,是"想更好地活着的人"的法。按照这一思路,所有权作为在此不可缺少的财产关系,契约则作为人与人之间发生的以相互依存为内容的债权债务关系,需要予以重新定

---

① 〔德〕弗朗茨·维亚克尔:《古典私法典的社会模式与现代社会的发展》,傅广宇译,商务印书馆 2021 年版,第 1 页。
② 〔德〕奥托·基尔克:《私法的社会任务:基尔克法学文选》,刘志阳等译,中国法制出版社 2017 年版,第 46 页。
③ 〔日〕大村敦志:《从三个纬度看日本民法研究——30 年、60 年、120 年》,渠涛等译,中国法制出版社 2015 年版,第 36 页。
④ 〔日〕星野英一:《私法中的人》,王闯译,中国法制出版社 2004 年版,第 50 页。

位。① 财产权与他人的参与权是紧紧联系在一起的,合意的理念是"正确性保障",对于当事人而言应当是一种"正确性机会",而不仅仅是被简单地简化为形式上的自治,从而被机械地认为是一种提高经济效率的工具,后者其实是对个人自治的贬低。②

所以,现代民法的理念,已经从人的抽象的自由、平等到实质上的自由、平等的实现,以及相对于自由更为强调平等的发展过程。与此相对应,现代民法中的人,在作为强者、弱者的差异直接得到承认的领域,强者成为若干法律上需要控制的对象,弱者则得到特别保护,一切人事实上也应当是自由、平等的。一方面弱者并不主要是保护的对象,而是作为平等的具有人权者,其自由的意思和行动尽可能地被予以承认;另一方面,强者也不是被动的制约对象,而是作为基于自由的连带意识自发地对此予以协助的主体,一切人都应当是实质上平等的存在。而且,民法中的人是自己的立法者这一理念并没有因此改变,但国家不再简单地认可(法律上的契约有效实现要借助法院)仅对一方当事人是立法者而另一方却不得不服从的法律(具体而言是契约)。一方面,自由的立法(契约的交涉)成为可能给予弱者一方法律上的援助(如集体谈判),成为契约成立过程中对消费者的保护;另一方面,对已经制定出来的契约内容进行控制(如格式条款)等,为使当事人成为自由、平等的立法者而接受国家介入的人,是现在民法中的人。这样,现代民法中的人,就不是抽象的人,而是法律认可的成为按其社会的、经济的立场差异受到不同对待的"具体的人"。③

"我们不能从单个人的虚构的能力中获得正确适用的标准,法律的正确适用是一个主体间的过程。作为主体间过程中的法律适用限制了无标准的正确这个悖论。我们能够假定,我的判断和行动的前提条件并不是绝对的任何个体都无法知道的前提条件。"④

---

① 〔日〕大村敦志:《从三个纬度看日本民法研究——30 年、60 年、120 年》,渠涛等译,中国法制出版社 2015 年版,第 35—36 页。

② 参见〔德〕斯蒂芬·格伦德曼、卡尔·里森胡贝尔:《20 世纪私法学大师:私法方法、思想脉络、人格魅力》,周万里译,商务印书馆 2021 年版,第 206 页下。

③ 〔日〕星野英一:《民法劝学》,张立艳译,北京大学出版社 2006 年版,第 109—110 页。

④ 〔德〕约亨·邦格:《法学方法论的新路径》,牧文译,载《清华法学》(第九辑),清华大学出版社 2006 年版。

二、作为"人法"的《中华人民共和国民法典》

改革开放以来,我国社会更进一步地认识到了人在整个社会应有的地位,人格及权利是人之为人的根本,是现代民法的起点与终点。在21世纪之初,就有学者指出,21世纪的中国民法典应当更加充分体现人的价值,它应当是人法,是人的权利法,并将人文关怀精神贯穿每个条文,要从民法上营造一种人人平等地提高素质,自由地从事创业,诚实地进行交易,公平地获得共同发展而不损害他人与社会的规则与秩序。①

全国人大常委会关于民法典草案的说明明确提出,我国编纂民法典的一个重要指导思想是"增进人民福祉、维护最广大人民根本利益的必然要求","形成一部具有中国特色、体现时代特点、反映人民意愿的民法"。其同时指出,为贯彻上述指导思想,切实做好民法典编纂工作,必须遵循和体现"坚持以人民为中心,以保护民事权利为出发点和落脚点,切实回应人民的法治需求,更好地满足人民日益增长的美好生活需要,充分实现好、维护好、发展好最广大人民的根本利益,使民法典成为新时代保护人民民事权利的好法典"的基本原则。

可以说,我国民法典的立法宗旨与目的就是为了最大化地谋求人民的利益,其编纂的出发点是坚持民本,以实现和提高人民福祉为根本目的,以全面调整民事关系为根本使命,以积极解决人民群众最迫切需要解决的现实问题为根本关切,其核心功能是保障民权。② 基于此,我国民法典奠定了其作为"人法"的基调,这主要体现为以下几方面:

首先,《民法典》总则部分第1条及其后的基本原则的规定。第1条开宗明义地规定:"为了保护民事主体的合法权益,调整民事关系,维护社会和经济秩序,适应中国特色社会主义发展要求,弘扬社会主义核心价值观,根据宪法,制定本法。"第6条至第9条分别规定了民事活动中的公平、诚信、公序良俗与绿色原则。

其次,《民法典》总则部分第5章"民事权利"首先肯认的是民事主体的

---

① 王家福:《21世纪与中国民法的发展》,载《民法总则论文选萃》,中国法制出版社2004年版。
② 王利明:《论民法典的民本性》,载《中国人民大学学报》2020年第4期。

人格权利。其中第 109 条强调:"自然人的人身自由、人格尊严受法律保护。"第 110 条进一步规定:"自然人享有生命权、身体权、健康权、姓名权、肖像权、名誉权、荣誉权、隐私权、婚姻自主权等权利。""法人、非法人组织享有名称权、名誉权和荣誉权。"可以发现,该第 110 条第 2 款没有如第 1 款那样规定法人与非法人组织的所谓"等权利",表明自然人的人格权是不受限的,凡是涉及自然人人格保护与发展的,都是需要保护和尊重的。但对于法人与非法人组织而言,其仅有与财产有关的所谓人格权。

最后,《民法典》专门以第四编规定了"人格权",这将人格问题提升到民法的核心课题。第 990 条第 1 款首先规定了具体人格权,即:"人格权是民事主体享有的生命权、身体权、健康权、姓名权、名称权、肖像权、名誉权、荣誉权、隐私权等权利。"第 2 款规定了一般人格权:"除前款规定的人格权外,自然人享有基于人身自由、人格尊严产生的其他人格权益。"一般人格权是指以人格独立、人格自由、人格尊严和以尚不具备社会典型公开性的人格利益为客体的人格权,其作为人格权的一种,与具体人格权共享人格权的基础理论规则,权利主体同样对该人格利益具有支配权。

从体例编排上,人格权编本应作为《民法典》第二编,以表彰其统领以下各编之意,这充分体现了《民法典》的"人法"属性。但尽管其被放在了第四编,作为独立成编的"人格权"仍在相当程度上表明了我国《民法典》的转向,即从传统的"财产法"向"人法"的转变,使得民法中的人不再是不具有"身心"和"生活"的抽象存在,而成为"有血有肉有生活"的具体之身。

除了以上规定,在《民法典》合同编中,其在实现了较为完全商事化的情形下,仍然从"人"而非"财产"方面进行了规定,这主要体现在以下几方面:

(1)强制缔约制度。《民法典》合同编第 494 条规定:"国家根据抢险救灾、疫情防控或者其他需要下达国家订货任务、指令性任务的,有关民事主体之间应当依照有关法律、行政法规规定的权利和义务订立合同。""依照法律、行政法规的规定负有发出要约义务的当事人,应当及时发出合理的要约。""依照法律、行政法规的规定负有作出承诺义务的当事人,不得拒绝对方合理的订立合同要求。"第 648 条规定:"供用电合同是供电人向用电人供电,用电人支付电费的合同。""向社会公众供电的供电人,不得拒绝用电人合理的订立合同要求。"

(2)格式条款制度。《民法典》合同编第 496 条规定:"格式条款是当事人为了重复使用而预先拟定,并在订立合同时未与对方协商的条款。""采用格式条款订立合同的,提供格式条款的一方应当遵循公平原则确定当事人之间的权利和义务,并采取合理的方式提示对方注意免除或者减轻其责任等与对方有重大利害关系的条款,按照对方的要求,对该条款予以说明。提供格式条款的一方未履行提示或者说明义务,致使对方没有注意或者理解与其有重大利害关系的条款的,对方可以主张该条款不成为合同的内容。"第497条规定:"有下列情形之一的,该格式条款无效:(一)具有本法第一编第六章第三节和本法第五百零六条规定的无效情形;(二)提供格式条款一方不合理地免除或者减轻其责任、加重对方责任、限制对方主要权利;(三)提供格式条款一方排除对方主要权利。"第498条规定:"对格式条款的理解发生争议的,应当按照通常理解予以解释。对格式条款有两种以上解释的,应当作出不利于提供格式条款一方的解释。格式条款和非格式条款不一致的,应当采用非格式条款。"

(3)买卖不破租赁、承租人的优先购买权、承租人优先承租权制度。其中承租人优先承租权为新增制度。《民法典》合同编第734条规定:"租赁期限届满,承租人继续使用租赁物,出租人没有提出异议的,原租赁合同继续有效,但是租赁期限为不定期。""租赁期限届满,房屋承租人享有以同等条件优先承租的权利。"

(4)赠与合同制度。这规定在《民法典》合同编第666条到第675条。特别是其中的658条规定的不可撤销的合同和第666条规定的赠与义务的免除规定。其中第658条规定:"赠与人在赠与财产的权利转移之前可以撤销赠与。""经过公证的赠与合同或者依法不得撤销的具有救灾、扶贫、助残等公益、道德义务性质的赠与合同,不适用前款规定。"第666条规定:"赠与人的经济状况显著恶化,严重影响其生产经营或者家庭生活的,可以不再履行赠与义务。"

(5)明确规定"禁止高利放贷,借款的利率不得违反国家有关规定",并对自然人之间的借款合同作出了特别的保护性规定。《民法典》合同编第680条规定:"禁止高利放贷,借款的利率不得违反国家有关规定。""借款合同对支付利息没有约定的,视为没有利息。""借款合同对支付利息约定不明确,当事人不能达成补充协议的,按照当地或者当事人的交易方式、交易习惯、市场利率等因素确定利息;自然人之间借款的,视为没有利息。"①

(6) 修改保证方式推定的规则。自《担保法》实施以来,理论和实践上对其第 19 条一直就有不同意见。本次《民法典》制度修改了该规则,明确规定,当事人在保证合同中对保证方式没有约定或者约定不明确的,按照一般保证承担保证责任。

整体来讲,《民法典》合同编在基本商事化情况下,也对涉及民生的问题作了基本规定,以平衡过于商事化带来的不利影响,这体现了作为交易法的合同规则的"人法"内容和价值。

第二节 "人法"下交易当事人的实际能力与特质规则

一、现代民法关于交易当事人实际能力与特质规则的确立

民法商法化的重要原因并非商人作为特定主体的非商人化,而更多的是在于那些非商人角色的商人化,从而使得本适用于商人的商事规则通过民法的形式而一般化了。也就是说,商人在商事交往中创造的规则成了所有人可以适用的规则,进而成为统一民法的内容。从比较法的角度看,无论是采民商分立的《德国民法典》(1896 年),还是采民商合一的《瑞士民法典》(1907 年)、《意大利民法典》(1942 年)和《荷兰民法典》(1992 年),尽管它们各自的做法不同或有一定程度的差异,这些统一的民法典在进行民商合一的时候,主要是将商法的内容通过提炼而一般化为民商统一的规则。通过商法化,传统民法摆脱了刻板、保守的形象,成为关于整个市民社会的"高大上"法律。②

---

① 最高人民法院《关于审理民间借贷案件适用法律若干问题的规定》在 2020 年 8 月第一次修正时即采用了"中国人民银行授权全国银行间同业拆借中心自 2019 年 8 月 20 日起每月发布的一年期贷款市场报价利率"的 4 倍作为标准和上限,如果以 2020 年 7 月 20 日发布的一年期贷款市场报价利率 3.85% 的 4 倍计算为例,民间借贷利率的司法保护上限为 15.4%,这与原《规定》中"以 24% 和 36% 为基准的两线三区"的规定差距很大。

② 即使是在采民商分立的《德国民法典》也是如此,《德国商法典》只是将那些不宜或不能置入民法典的关于大商人的规则进行了专门立法。

民法的商法化和商法的民法化去除掉了"商人"和"商行为"两个商法的基石性概念,统一为所谓的"民事主体"与"民事行为"。但是,概念的消失并非意味着关于"商人"与"商行为"规则消灭了,而只是不用这两个概念进行表述了,关于"商人"与"商行为"的规则要么一般化为通用规则,要么通过相应制度作例外安排或体系化于统一的民法典之中。

在一般化或例外安排或体系化的过程中,有关"商人"和"商行为"的较高要求和营业性仍然蕴含在制度之中。商法的内容能够直接成为民商通用的规则,除了社会背景的因素之外,还因为一般化于民法典的这些商事规则更为简洁与合理。如原《德国普通商法典》第278条关于商事行为的解释规定被置入《德国民法典》后成为第133条,即,"解释意思表示时,应当查明真实的意思,并且不得拘泥于所使用之表达的字面意义"。该规范成为适用于所有法律行为的解释规则,且有时也适用于法律和其他一般性规则的解释。按照该规定,在需要受领的意思表示场合,解释受到交易保护视角的支配,即为表示的受领人的利益予以客观解释;只有在单方面进行的意思表示情形,才以主观解释为标准。① 显然,该规则是典型的商事规则,是一种有利于债权人的解释规则,但它通过一般化而成为适用于所有人的法律行为的解释规则。尽管该规则的要求比较高,但从商品经济社会自身的发展来看,交易的一般化必须且只能这样要求,这是市场经济的必然,否则正常的商业交易将很难进行。对于随时都会发生角色互换的当事人而言,这种形式化的技术安排是一致而公平的,从而也是可以理解的,并符合社会效率的期待。但是,将商法规则一般化于民法之中,特别是将其中的商事交易规则通过统一合同法而一般化,毕竟是将所有人不作区分地一体适用于同一规则,从而对那些根本不进行商业活动,而仅是消费或偶然进行某种生活交易的普通人与非企业组织,或者对那些主要以营生为目的的经营者,可能产生不公平的后果。

因此,现代合同法尽管以促进交易、保障交易安全为宗旨,但也非常关注不同当事人的实际能力与特质,以使在统一的合同法规则之下能够根据当事人的实际能力与特质的不同在法律上进行不同对待,这是传统上作为

---

① 《德国民法典——全条文注释》(上册),杜景林、卢谌译,中国政法大学出版社2015年版,第102—103页。

财产法的合同法在当代民商法"人法"转向下的要求和表现。关注当事人的实际能力与特质的实质是强化能力强者的责任,实现对于相对弱者的保护,即关注不同具体的人及其所处场景。① 欧洲学者指出,就合同法自身而言,确实存在着强化保护功能的趋势,尤其是旨在减少或弥合当事人之间的结构性不对待,并为受歧视者提供保护。②

在现代合同法上,当事人实际能力与特质规则主要体现为以下几方面:

首先是加强对弱势当事人一方的保护,其中最为突出的是对消费者的特别保护。现代各国不仅有专门的消费者权益保护立法,还将其直接规定进民法典之中,如《德国民法典》在其第二编"债务关系法"第二章"通过一般交易条款来形成法律行为上的债务关系"第305条以下将一般交易条款纳入合同,并在该章第310条规定了经营者与消费者之间的合同的适用问题,该编第三章有关节目中规定了消费者合同的成立、消费品买卖、金融消费合同等,其对消费者的保护规定甚为翔实。这些规定的目的就在于保护合同中的弱势一方,因为客户在面对由经营者提供的一般交易条款时毫无"说不"的能力,双方的磋商能力并不相同,客户的经济、智力、信息和心理能力明显弱于经营者,不能适当地将自己的利益写入合同并达成公正的合同条件。③ 除此之外,现代立法还对在相应合同关系中处于弱势地位者予以保护,如买卖合同中的买方、保证合同中的保证人、租赁合同中的承租人、商业代理合同中的代理人等。如《荷兰民法典》以多种方式保护所谓的弱势当事人对抗所谓的强势当事人,除了在许多传统条款,如关于无行为能力(第3编第32条)、胁迫、欺诈和不当影响(第3编第44条)和对消费者保护(第7编第1章)以外,该趋势尤其表现在第7编各种有名合同的规定之中。其中

---

① 早在1889年,德国学者基尔克在批评过于商化的德国民法典草案时认为,为使受到契约自由危害的社会阶层免于经济不平等的压力,一个铭记自己社会使命的私法制度对此必须作出实质性的保护,该精神特别应当贯穿于债法始终。他指出,债法是视交易自由和交易安全为最高价值的,不能将无交易经验的人交于精明的商人之手,将小市民和农民交于大的经营者手中,将无抵抗能力的工人交于资本家的手中。参见〔德〕奥托·基尔克:《私法的社会任务:基尔克法学文选》,刘志阳等译,中国法制出版社2017年版,第44页下。

② 〔德〕赖讷尔·舒尔茨:《迈向欧洲私法之路》,金晶等译,中国政法大学出版社2016年版,第160页。

③ 参见〔德〕H.克茨:《德国合同法》(第2版),叶玮昱等译,中国人民大学出版社2022年版,第72—73页。

受到保护的当事人还有承租人(第 7 编第 4 章)、商业代理人(第 7 编第 7 章第 3 节)、患者(第 7 编第 7 章第 5 节)、游客(第 7 编第 7A 章)、雇员(第 7 编第 10 章)和保证人(第 7 编第 14 章)。①

其次是加重经营者的责任。一般而言,经营者是相对于消费者而言的,但加重经营者的责任并不仅仅限于此,还包括在经营过程中,更多强调经营者的义务与责任,而少提及其权利。如《德国民法典》在其第二编"债务关系法"第二章"通过一般交易条款来形成法律行为上的债务关系"第 305 条以下将一般交易条款纳入合同,这同时也是对经营者责任的加重规定。

最后是先合同甚至其他阶段的信息披露规则。先契约义务产生于商业交易之中,这是商业社会的必然,其主要内容是当事人在和对方磋商时,应主动披露交易的基本信息,以利于对方作出合理的判断。先合同信息义务不仅为现代各国所重视,而且,在发达的国家和地区,如欧盟法也在逐渐将其扩大到其他领域,如其在《不公平商业实践指令》中给经营者设定了特定义务,使得诚实信用原则以及良好商事实践在此具有决定性意义。因为,正确的信息是具体意思形成的前提,也是有意识行为的前提,以便能够将所追求的法律后果与行为关联起来。对于消费者而言,这更为重要。如果违反信息义务,则须承担不利后果,如《欧洲示范民法典草案》第Ⅱ-3:109 条规定:"如果经营者未履行本节以上条文规定的义务,且合同已经缔结,则经营者应当承担合同义务,该义务是另一方当事人可以合理期待的、作为信息之缺欠或不正确的后果……"②

可以说,在当今的法律实践中,当事人的实际能力与特质已经成为法律及其实施的关键因素。通过这种方式,立法和司法实践保护弱势当事人以对抗强势方的理念增添了一个补充性的法律维度。他们是有经验还是缺乏经验、是专业人士还是普通百姓、是年轻人还是老人、是强壮还是羸弱?尽管成文法对此尚无统一明确的规定以及认识,但在现代民法典的许多条款之下都可以提出类似问题。例如,相比涉及一位仅 30 岁的商人的案件,在涉及一位 80 岁老人的案件中对有关错误、解释、善意和不可预见情势的条

---

① 参见〔荷〕J. 海玛:《荷兰新民法典导论》,载《荷兰民法典》(第 3、5、6 编),王卫国主译,中国政法大学出版社 2006 年版。

② 参见〔德〕莱纳·舒尔策、〔波〕弗里德里克·佐尔:《欧洲合同法》(第二版),王剑一译,中国法制出版社 2019 年版,第 123 页下。

款适用就会有所不同。后者将会很快因为错误被允许宣告合同无效,将会很快使法官相信应当以特定的对其有利的方式解释合同,将会很快被认为具有善意等。相反,大公司或者政府机构很少会被施予基于错误的救济,而且需要很快发现合同被以对其不利的方式解释。①

根据当事人的实际能力与特质而区别对待的做法既有积极的一面,也有消极的一面。从积极的方面来看,对于地位不对等的当事人,需要考虑如何给较弱势一方提供必要的保护;而保护较弱势的当事人意味着限制另一方当事人的个人自由,因此其消极方面就是,需要给个人自由以多少限制。一些欧洲学者批评这种做法,认为不宜过于偏向社会团结而限制个人自由。当然,也有一些欧洲学者则认为,需要保护作为弱势的消费者,禁止歧视,以达到必要的社会正义。②

尽管有相当程度的争议,《欧洲示范民法典草案》坚定地规定了对消费者的特殊保护,这一点显著地体现在以下规则之中:第二卷第三章关于市场营销和先合同义务的规则、第二卷第五章关于撤回权的规则以及第二卷第九章第四节关于不公平条款的规则。它还明显体现在其第四卷关于买卖合同、租赁合同和保证合同的规则之中。通常建议对弱者的保护采取的形式是,就经营者与消费者订立的合同,不应减损特定规则以损害消费者。③ 不过,对于以谋生为目的的小经营者或生产者的保护,如小企业、小职业者、农民、店主、技工等,该草案并未作出明确规定,但基于公平、正义、诚信原则,似乎也可以进行相应解释。整体而言,《欧洲示范民法典草案》不仅要促进正义:确保相似情形得到相似处理;不允许人们依赖其自身的非法、不诚实或不理性的行为;不允许人们不当利用他人的弱点、不幸或好意;要求不得过分;人们应对自己的行为结果或自己造成的风险负责。而且,该草案还要体现出应有的保障性正义——对于那些处于弱势或易受伤害的人们提供保护,有时是普遍的预防措施。④

---

① 〔荷〕J. 海玛:《荷兰新民法典导论》,载王卫国主译:《荷兰民法典》(第3、5、6编),中国政法大学出版社2006年版,第35页。
② 参见朱淑丽:《欧盟民法法典化研究》,上海人民出版社2013年版,第122页。
③ 欧洲民法典研究组、欧盟现行私法研究组:《欧洲示范民法典草案:欧洲私法的原则、定义和示范规则》,高圣平译,中国人民大学出版社2012年版,第71页。
④ 同上。

对此,有美国学者称之为是因"产品依赖与不平等议价能力"而导致当代合同法对传统合同法契约自由的纠正。所谓议价能力是指规定合同条款的能力,它是一种社会能力,不仅仅意味着引起后果的能力,也意味着明智地选择后果的能力,即明智地选择通过订立合同实现想要的结果的能力。①人们一旦缺乏议价能力,就不能保证他们的合同会明智地顾及其利益,20世纪的立法者一直以来主要关心的都是议价能力的不平等,但议价能力绝对是必要的。

根据当事人的实际能力与特质区别对待,加强对消费者和其他在合同关系中的弱势一方的保护,其实质是对民法商事的反动。特别是德国通过债法现代化法,将散见于特别法的债法(主要是保护消费者的特别指令)整合于民法典之中,就是为了缓和民法的商事化。② 在关系契约中,当事人不再被视为仅仅有一张人格面具的抽象人,而是生活中鲜活的人;当事人也不再被视为利益针锋相对的双方,而是休戚与共、相互依赖的关系共同体。合同义务不再纯粹由合同决定,而是变动不居的、必须动态把握的;合同的基础也不再是当事人的合意,而是当事人之间的社会关系及共同体规范。③ 亦即,合同并不只是产生一个具体的债的关系,而是将人格自身融入经济体中,因此,私法不仅仅致力于代表自身的具体人格和该人格的特殊性与外部世界之间的完好关系,而且还同时涵括人法上的持续关系。④

二、《民法典》合同编的有关规定

相对于1999年《合同法》,《民法典》合同编在民商合一的规范技术上更为科学与合理,无论是在体系上还是有关条文上,都较好地体现了当事人的实际能力与特质规则。

在合同编"总则"部分,有大量条文体现了该规则,主要有:第473条"要约邀请"第2款关于"商业广告和宣传的内容符合要约条件的,构成要约"规

---

① 〔美〕戴维斯·斯劳森:《有约束力的允诺——20世纪末合同法改革》,杨秋霞译,知识产权出版社2018年版,第16页下。
② 陈自强:《整合中之契约法》,北京大学出版社2012年版,第158页。
③ 谢鸿飞:《现代民法中的"人"》,载《北大法律评论》(2000年第3卷第2辑),法律出版社2001年版。
④ 〔德〕奥托·基尔克:《私法的社会任务:基尔克法学文选》,刘志阳等译,中国法制出版社2017年版,第47页。

定,其实是对作为主动方的要约邀请方的强制要求;第 491 条第 2 款"互联网签约"关于"当事人一方通过互联网等信息网络发布的商品或者服务信息符合要约条件的,对方选择该商品或者服务并提交订单成功时合同成立,但是当事人另有约定的除外"的规定;第 496 条、第 497 条、第 498 条关于格式条款的规定;第 499 条关于悬赏广告的规定;第 500 条关于缔约过失的规定;第 502 条第 2 款关于"合同批准"的规定;第 504 条关于表见代表的规定;第 505 条关于超越经营范围签订合同的规定;第 506 条关于无效免责条款的规定等。这些条款均基于当事人特定的地位与能力作出了相应的特别要求。

在合同编"分则"部分,首先,立法就专门的商事合同体系性地安排于合同规范之中,这主要包括融资租赁合同、商业特许经营合同、建设工程合同、运输合同、技术合同、仓储合同、物业服务合同、行纪合同等。这些合同均为传统典型的商事合同,通过体系化的方法,以当事人能力和特质规则设计了相关条文及权利义务。其次,对于民商通用的合同,对于双方地位明显不对等的合同,如第 10 章"供用电、水、气、热力合同",其有关规定主要是对供方的强制要求;对于民商可以区分的合同,如第 12 章"借款合同"中对于自然人借贷与金融机构、其他组织借贷进行了必要的区分,且根据借贷双方不同地位作了相应要求,如第 670 条关于"禁止利息预先扣除"对作为强势方的贷款方的强制要求,第 675 条"借款期限"中关于"对借款期限没有约定或者约定不明确,依据本法第 510 条的规定仍不能确定的,借款人可以随时返还"的规定,是对作为相对弱方的借款人保护。

当然,《民法典》也以大量的"交易习惯"(第 480 条、第 484 条、第 509 条、第 510 条、第 515 条、第 558 条、第 622 条、第 680 条、第 888 条、第 891 条)、"合理或必要期限"(第 481 条、第 511 条、第 621 条、第 634 条、第 675 条、第 778 条、第 831 条、第 914 条)、"诚信"(第 7 条、第 142 条、第 466 条、第 500 条、第 509 条、第 558 条)、"公平"(第 6 条、第 151 条、第 533 条)等开放性术语体现相应的能力规则,从而有利于司法的合理判断。

整体而言,《民法典》合同编体现了当事人能力与特质规则,并以此设计了强者的限制性要求,以及弱者的保护或关照条款。

但一些地方似乎可以更进一步明确,如《民法典》第 585 条关于违约金低于或过分高于造成的损失时可以要求增加或减少的规定,确实很好地体现了合同编的能力规则。可是,如果同时规定在债务人仅履行了一部分主债务时,他将有权按比例减少不履行主债务规定的违约金之要求的话,将更为全面地体现能力规则。再如关于保证合同中的个人保证,尽管其强调如非明确约定保证方式则为一般保证,体现了对个人作为保证人一定的保护,但相关规定仍不能有效地保护作为个人的保证人。另外,对于当事人的信息披露义务也仅是点到为止,没有进一步规定。根据《民法典》第500条,其规定了当事人的先契约义务,但这种义务是一种消极的义务,即仅对于因恶意磋商、故意隐瞒或提供虚假信息等违背诚信的行为进行了责任后果要求,但体现市场导向下的现代合同法,应当更进一步明确当事人特别是供货商的信息披露义务,即供货商有义务向对方当事人披露有关信息,并确保所披露信息的真实性,否则需要承担相应责任,这种信息义务是一种主动的义务。

第三节 "人法"下民事法律关系再认识

一、"人法"下民事法律关系初论

作为私法核心的法律关系,是以私主体间基于社会事实而形成的以权利义务为主要内容的社会关系。传统民法以形式上当事人权利能力平等为前提,建构了以权利为中心的分析范式,在此分析范式之下,当事人不因实际生活中各自的财产、学识与阅历上的差异而被认为是不平等的,并由此形成了传统民法以财产法为主要构成形式的法律。随着我国社会主义市场经济的深入发展,平等与权利观念深入人心,但这种平等与权利观念并非简单的形式上的平等与单向的权利,更多的应是不同主体间的平等与双向或互向的权利。社会主体的多元化及社会关系的复杂要求更为具体地认识了不同的法律主体及其相互之间的法律关系,这并不会否定传统民事主体制度和民事关系所倡导的平等原则与权利理念,而恰恰是对其传统不足的补充与完善。

法律关系是基于一个统一的目的而结合在一起的各种权利、义务和其他拘束的总和。这些权利、义务和拘束具有各不相同的规范属性和规范结构,它们一方面表现为各种权利(Berechtigung),另一方面表现为各种法律上的负担(Belastung)。① 在梅迪库斯的《德国民法总论》这一经典教科书中,他将法律关系总结为两个特点:第一,法律关系受法律规范的调整,比如未婚同居的生活关系便不在法律的视野之内;第二,法律关系是对一部分现实生活的撷取,即它并不总是关照所有的现实生活领域。无疑,权利在任何法律关系之中均为首要的内容,而且往往同时存在若干项权利。② 因为民法是关于每个自然人和其他主体的权利法律规范,这种源于个人权利本位主义的思考一直贯穿于近现代整个民法体系。因此,权利是民法体系的核心,相应法律制度(包括义务和责任等)的设计也均围绕此展开。

长期以来,权利是私法无可争辩的核心概念。将权利作为私法的核心概念,就在于它是社会共同生活的向上发展不可缺的要件。③ 在某种程度上,民事主体的权利甚至成为高于国家而神圣不可侵犯的东西。毋庸置疑,强调权利的私法核心地位有利于打破封建特权,鼓励每一位公民积极向上,它解放了芸芸众生,通过私法塑造了具有独立人格的近现代的人。但随着社会的发展,只是将权利当作法律关系的本质内容是片面的,因为权利是个人的,更应是社会的。也就是说,应当将权利放置于社会关系之中来理解并运用,权利的内涵由此也具有了社会意义,即它是不同社会主体之间的权利。社会主体之间的权利,意味着相互之间的社会价值,这体现在法律上就是同时相互之间对社会负有一定的义务。由是,权利与义务就共同且同等重要地成为法律关系的基本内容。

不过,对于法律关系的内容来说,民法学界的主流观点仍然认为,权利还是第一位的。将所有的民事法律关系用鼓舞人心的"权利"一词予以表达,是近代民法的思考方式。我国理论界也一致认为,民法以维护私人利益为中心,其在当事人之间建立的关系方式,并不是以约束为中心,而是以设定自由为中心。也就是说,法律关系的内容本质是民事生活的自由,即权利。④

---

① 申卫星:《对民事法律关系内容构成的反思》,载《比较法研究》2004年第1期。
② [德]迪特尔·梅迪库斯:《德国民法总论》,邵建东译,法律出版社2013年版,第55页。
③ [日]我妻荣:《新订民法总则》,于敏译,中国法制出版社2008年版,第31页。
④ 龙卫球:《民法总论》,中国法制出版社2001年版,第122页。

传统民事法律关系理论认为,民事法律关系的内容是民事权利和民事义务,它们既是民事主体和民事客体之间的法律联结,又构成了法律关系的过程(法律行为)。因此,民事权利(义务)也最能够反映法律关系的本质。但是,也正是这种将法律关系的内容简单地总结为权利(义务)的做法,大大缩小了法律关系原本的范围。对此,梅迪库斯指出:"权利在私法中所占的主导性地位,长期以来遮住了传统学说考察其他思路的视线。"①简单来说,这种权利思维模式的局限性体现在以下几个方面:其一,对法律关系的"权利关注"会使一些本来不属于权利的法律利益也被归入权利范畴,由此造成权利概念的泛化;其二,对权利的强调会忽视与之相应的法律义务或法律拘束,而它们才是权利得以实现的保障;其三,权利思维往往强调"权利—义务"的两种相对模式,但这忽略了法律关系主体之间在法律上的牵连性。

近现代以来,就有许多学者对此提出批评,认为权利只是法律关系的一部分内容,并非全部。而且,应将对权利的理解与应用置于关系之中,亦即,私法的核心是法律关系而非权利,其实质是一种关系,在这种关系中,义务和负担是同时存在且占有必要的位置。

法律关系的概念源自古斯塔夫·胡果。在《现代罗马法阶梯》(1789)和《民法课程教科书Ⅰ:法学百科》(1799)中,胡果即已开始使用法律关系这一术语。在胡果看来,法律关系是一种无体物,从一个方面看,它是权利,从另一个方面看,它是义务。② 显然,在胡果那里,法律关系只不过是权利(义务)的另一种表达。受胡果影响,19世纪初德国的一些民法学家也开始使用法律关系这一术语,但从总体上看,法律关系的概念在那时还没有得到普遍广泛的使用。

第一个对法律关系进行系统论述的是萨维尼。在《当代罗马法体系》中,萨维尼将法律关系定义为"通过法律规则而界定的人与人之间的联系"。它指向个人的意志领域,在此领域之中,个人意志独立于其他所有人的意志

---

① 〔德〕迪特尔·梅迪库斯:《德国民法总论》,邵建东译,法律出版社2013年版,第63页。
② 参见杨代雄:《古典私权一般理论及其对民法体系构造的影响——民法体系的基因解码》,北京大学出版社2009年版,第83—84页。

而居于支配地位。① 萨维尼对法律关系的本质的阐述深受康德哲学自由意志观的影响。"法律关系概念以及其带出的很多其他论题都可以在康德哲学中找到根源;关系是由权利义务构成,而在权利义务背后是康德的自由观(意志、自治、自律)。"② 尽管萨维尼认为法律关系的本质是权利,但他是将权利置于法律关系中予以认识的:"所有个别的权利都只是描述了法律关系的特别的、通过抽象而分离出来的一个方面,这样,即使是关于个别权利的判决也只是在以下范围内才是真实的和令人信服的,即它以对于法律关系的整体直观为出发点。"③

在经典民法教科书《德国民法通论》④中,拉伦茨专辟"法律关系与权利"一编⑤,阐述法律关系和权利的相关理论。在拉伦茨看来,私法的第一个基本概念是作为"权利主体"的人,即权利的所有者和义务的承担者,第二个基本概念就是法律关系。可见,拉伦茨把法律关系放在了私法的中心位置,并与权利相并列。在拉伦茨看来,对于法律关系这一概念来说,大多数的法律关系并不是由某种单一的关系组成的,而是一个由各种法律上的联系组成的综合体;它是一个整体,是一种"结构",它的具体要素有权利、权能、义务和拘束等多种多样的形式。拉伦茨进一步指出,《德国民法典》只谈到权利和义务,对法律关系则疏忽了。具体来说,按照拉伦茨的观点,法律关系的内容(类型)包括了权利、权能、预期取得、法律义务和其他的拘束、负担性义务和权限等各种形式。拉伦茨指出:"所有的法律关系都是一种作为权利主

---

① 〔德〕萨维尼:《当代罗马法体系Ⅰ:法律渊源·制定法解释·法律关系》,朱虎译,中国法制出版社 2010 年版,第 258 页。但是,需要注意的是,由于萨维尼仅仅是在一般意义上对法律关系进行阐述,因此后来的理论也往往是立足于法律关系的一般性原理对其从不同角度进行解读。"这个令人捉摸不定的制度概念对今天的解释造成某些困难。唯一清楚的是,这个概念源自萨维尼对和谐一体之法秩序想法的需要。"参见〔德〕弗朗茨·维亚克尔:《近代私法史——以德意志的发展为观察重点》(下册),陈爱娥、黄建辉译,上海三联书店 2006 年版,第 385 页。

② 唐晓晴:《法律关系理论的哲学基础与教义结构》,载《法治研究》2019 年第 3 期。

③ 〔德〕萨维尼:《当代罗马法体系Ⅰ:法律渊源·制定法解释·法律关系》,朱虎译,中国法制出版社 2010 年版,第 10 页。

④ 〔德〕卡尔·拉伦茨:《德国民法通论》(上册),王晓晔、邵建东等译,法律出版社 2013 年版。该书译自 1988 年德文版第七版,为拉伦茨生前校订的最后一版。

⑤ 该书内容共分为五编:第一编"人",第二编"法律关系与权利",第三编"权利客体与财产",第四编"法律行为",第五编"关于期间、期日和担保的规定"。

体的人与人之间的法律关系,实质要素是权利以及与此相关的义务或法律约束。"

需要注意的是,法律关系的词源是古罗马法所谓的"法锁",是"法律用以把人或集体的人结合在一起的束缚或锁链",后被拉伦茨形象地称为"一种法律上的纽带"。[①] 从文义来看,关系本身就意味着当事人之间权利义务的关联价值,而不是一方的权利或一方的义务。当然,权利是法律关系必要的思维方式,要使某个人负有的义务在私法上得到实现,最有效的手段就是赋予另一个人享有一项相应的请求权。但是显然,私法仅靠权利这一思维手段是不够的,权利其实仅是众多法律技术工具的一种,其在涉及法律的具体适用的同时,还涉及法律权威的实现及法秩序的建立目标。社会的发展及社会利益的多元化,仅靠权利已经不能很好地概括和分析复杂的现实生活,它须融入社会关系之中予以运用。[②] 我国有学者认为关系说的意图在于,取消个人与个人的关系对立,但结果也是必然取消了个人的独立性。[③] 这种看法值得商榷,关系中的权利不仅是现实生活的真实反映,也是现代法律处理社会关系的基本要求。关系说只是强调了权利的法律技术工具性,与个人的独立性没有必然关系,后者是一个社会实然与应然的状态。

因此,尽管主流学术观点强调权利是法律关系的本质,但此时的权利已经成为关系中的一种权利了。而且,权利义务是法律关系的基本内容,但不是全部。这是因为,除了权利义务的结合,其中还随着各种法律上或事实上的关系,而导致权利义务的发生、变更或消灭。[④]

美国学者霍菲尔德(Wesley Newcomb Hohfeld,1879—1918)认为,严格的法律关系是自成一体的,那种将其形式化的定义不能满足对于事实的

---

① 拉伦茨对法律关系和权利的理解,与其类型学的方法论密切相关。在拉伦茨看来,类型的方法不仅可以用来描述法律关系,还可以描述权利。"在法学中,类型这种思考形式又可以用来详细描述某些形态的法律关系,特别是主观权利以及契约性质之关系的特征。""我们用'类型'来指涉的主观权利包括不能作严格定义的人格权、支配权、形成权、参与权及期待权。"〔德〕卡尔·拉伦茨:《法学方法论》,陈爱娥译,商务印书馆2003年版,第340—341页。
② 韩光明:《论民事法律关系的内容构建:一个基本概念的范式分析》,载《比较法研究》2009年第5期。
③ 龙卫球:《民法总论》,中国法制出版社2001年版,第127页。
④ 梅仲协:《法律关系论》,载《民法总则论文选萃》,中国法制出版社2004年版。

推理分析需要。① 因此,最好将各种法律关系纳入"相反"和"相关"的关系中。其中,具有相反关系的概念为:权利—无权利、特权—义务、权力—无权力、豁免—责任;具有相关关系的概念为:权利—义务、特权—无权利、权力—责任、豁免—无权力。权利、特权、权力和豁免相当于广义上的权利,霍菲尔德为它们各自找了一个对应的概念,由此展开了其对法律关系的推理与分析。他认为,权利只是一种要求权,即要求他人为或不为一定行为的正当性,其对应的义务则是应权利人的要求做什么或不做什么。所以,"权利遭侵犯时,义务也被违反。"②特权是指某人可以为一定行为的自由,其对应的无权则指不能为一定行为的限制。权力是指当事人创设、变更或消灭特定法律关系的法律上的能力,其对应的责任则指当事人承受行使权力者所形成的法律关系。豁免是指在特定法律关系中,某人免受他人法律权力或"支配"约束的自由。对这四对相关概念,沈宗灵先生作了简要而形象地说明:"狭义的权利—义务关系"是:我主张,你必须。"特权—无权利关系"是:我可以,你不可以。"权力—责任关系"是:我能够,你必须接受。"豁免—无权力关系"是:我可以免除,你不能。③ 因此,简单的权利义务关系不能涵盖法律关系,它还包括其他法律关系。

法律关系的整体法律结果——参与某种法律关系的主体所拥有的权利或权力、预期取得权利或权力、义务以及其他的拘束、负担性义务和权限等,一起构成了该主体在法律关系应有的法律地位。毫无疑问,权利常常是法律关系的标配,但是在一般情况下拥有权利并不能穷尽主体法律地位的内容,它还包括所有由权利所产生的其他法律联系。因此,法律关系的核心是权利,但它是处于关系之中的权利,法律主体的地位同时还须依赖于义务及其他拘束。申言之,主体权利的享有,应结合自身义务和其他拘束,后者决定着主体权利所存在的内容和程度;同时,主体义务的承担,也要结合主体自身的权利,以及其他利益来考虑主体义务存在的内容和程度,不能单方面

---

① 霍菲尔德对法律关系的思考集中于他在 1913 年和 1917 年分别发表于《耶鲁法律评论》的两篇同名文章《司法推理中应用的若干基本法律概念》,也是在这两篇文章中,霍菲尔德阐述了他的法律概念"最小公分母"的法律关系形式理论。中译本可参见〔美〕霍菲尔德:《基本法律概念》,张书友编译,中国法制出版社 2009 年版。

② 〔美〕霍菲尔德:《基本法律概念》,张书友编译,中国法制出版社 2009 年版,第 32 页。

③ 沈宗灵:《比较法研究》,北京大学出版社 1998 年版,第 656 页。

地认识对方的权利或义务,亦即,仅仅简单地将一方的权利与另一方的义务加以对应,或者相反。如在买卖关系之中,卖方享有价款支付请求权,但该权利有赖于当事人依照合同约定交付标的物、对物的瑕疵进行担保以及交付相关单证和资料等义务,它们一起组成了作为卖方的当事人法律地位的内容及程度。如果只是强调买方的支付价款义务,那么,本来是双向的买卖法律关系就成为单向的对人权了,其结果必然是没有了所谓的买卖关系。

实际上,霍菲尔德对法律关系的形式化解读与拉伦茨对法律关系的类型化解读,在观念意义上可谓殊途同归,不谋而合。即两者都并非像通常观念那样,将法律关系简单地总结为"权利—义务"关系,而是承认法律关系本身是一个包含着不同形式(类型)的综合体。只是在拉伦茨那里,法律关系是包含着权利、权能、预期取得、法律义务、法律拘束、负担性义务和权限等各种类型的"结构";而在霍菲尔德这里,它是包含着狭义的权利(right)、特权(privilege)、权力(power)、豁免(immunity)等积极性的权利形态的"集合"。事实上,霍菲尔德对法律关系的基本形式所作的总结,与大陆法系中既有的权利类型也存在着一一对应的关系,比如,狭义的权利对应着请求权(Anspruchrechte),特权对应着支配权(Herrschaftsrechte),权力对应着形成权(Gestaltungsrechte),豁免对应着抗辩权(Einrede)。[①]

法律关系一方面根源于社会,是对社会生活关系的反映;另一方面,"何种生活关系,可认其为法律关系,只有以法律的目的作标准而予以认定"[②]。换言之,法律关系的存在及内容,一方面是基于"对一部分现实生活的撷取",另一方面是基于法律规范的需要。"对现实生活的撷取"要求法律关系既尊重现实生活,又不简单地重复现实生活;"法律规范的需要"要求法律关系须对现实生活"基于规范性的观点来从事选择及界分"。[③]

二、作为交易的合同关系

在作为交易的合同法律关系中,既有大量由商人或经营者进行的交易

[①] 参见王涌:《法律关系的元形式——分析法学方法论之基础》,载《北大法律评论》(1998年第1卷第2辑),法律出版社1999年版。

[②] 梅仲协:《法律关系论》,载《民法总则论文选萃》,中国法制出版社2004年版。

[③] 〔德〕卡尔·拉伦茨:《法学方法论》,陈爱娥译,商务印书馆2003年版,第340页。

关系,也有大量由普通人或非商人参与的交易关系。其中,前者是商人因营业而产生的经常性、职业性的交易,故可以称之为商事交易关系;后者基本上是因为生活需要引起偶然性、非职业性的交易,故可称之为狭义上的民事交易关系(与商事交易关系相对)。

  商事交易的一方至少是一般具有商人或经营者身份的自然人或企业所为的营业性行为。如果双方均为普通民众,则其之间就不是所谓的商事交易。商事交易关系有两种情况:一是交易双方均为具有商人身份或被视为具有商人身份者产生的交易,如两个公司之间的原材料买卖或批发交易;一是仅一方为具有商人身份或被视为具有商人身份者,而另一方为消费者和其他非商人,如零售商与消费者之间、金融机构与存款客户之间等。具有商人身份或被视为具有商人身份者的表现多样,有生产商与销售商之分,有大厂商与小厂商之别,但它们的成立或存在均是以营利为目的。在法律上,营利与否并非商人身份者成立或存在之要求,但现实中,它们常常是为了营利目的而成立并存在。营利需要计算,需要在某营业方面具有一定的专业知识与能力,这使商人身份者的经营行为成为某种事业而具有长久性和计划性,亦即所谓的营业。在这种情形之下,商人身份者与现在及潜在的交易相对方的一切交易关系的建立和内容就具有了经常性与事先谋划性,以最大可能充分实现其营利。易言之,商事交易是由商人们"职业性地"做出来的。[①] 德国学者拉德布鲁赫指出:"商法规范的主体,是以个人主义的典型商人为形象,根据商人纯粹追逐利润和自私自利的特性而刻画的——众所周知'商场如战场'。"因此,"商法是基于个人主义的私法本质,为那些精于识别自己的利益并且毫无顾忌地追求自身利益的极端自私和聪明的人设计的"。[②]

  而普通民众或非商人身份者之间的交易,是基于其日常生活需要建立起来的,它们主要是普通民众和非商人身份者的日常生活和工作需要在法律上的表现,一般情况下并不具有所谓的事先谋划性,常常是因日常生活需要而习惯性或临时性的。因此,日本学者指出,近现代民法的首要任务是保

---

 ① 〔德〕马克斯·韦伯:《法律社会学》,康乐等译,广西师范大学出版社2005年版,第317页。

 ② 〔德〕拉德布鲁赫:《法学导论》,米健等译,中国大百科全书出版社1997年版,第72页。

证人的生活的维持、安全的维持和艺术、学问、宗教、娱乐的进行。[①]

商事交易是因营业产生的法律关系。从每次具体的商事买卖来看，其是暂时性的，但对于营业的商人或其他经营者来说，他们每次具体的暂时性的买卖都构成长期经营的一部分，从而具有了长期性的意义。也就是说，这些暂时性的买卖具有了连续性和相互关联性。

普通民众和其他非商人，并不必然发生法律上的关系，常常是那些对于他们影响重大的社会生活关系才会为法律所调整。进言之，非商人的普通民众或其他主体的一般生活关系仅是生活而已。即使是发生法律关系的生活关系，如消费品买卖，也因它们系基于生活而表现为生活的内在组成部分而非生活外的负担。从这个意义上，非商人之间的交易关系与其说是法律上的关系，不如说是生活上的关系。只有在这些法律关系因纠纷或其他矛盾出现时，一般人才会意识到这是一种"法律上的关系"。但对于那些商人来说，他们从事的交易行为常常并必然是一种具有法律意义的关系，而不仅仅表现为生活或经营生活的关系。可以说，具有商人身份者所从事的营业或经营行为，甚至包括为营业而产生的消费行为，都是有目的且会对社会、第三人产生重要的影响，从而需要法律加以明确调整和规范。显然，具有商人身份者的行为都是法律上的行为，精明的商人不会不知道其所言所行都会产生法律上的效果。

对于仅一方为具有商人身份者的交易，特别是消费交易关系，作为卖方的商人无论是在知识、阅历、专业上都要强于对方，尽管从形式上看他们之间是平等和自由的。对于普通民众，其在某方面的知识、经验等都存在着欠缺，而一般处于被动接受的地位。此时，作为非商人的一方仅仅是一个消费者或其他所谓的被服务者，其获得的商品或服务仅是一种具有使用价值的东西；而作为商人的一方，则其提供的商品或服务主要是具有交换价值的东西。目的决定能力，对于商人而言，欲实现商品或服务的交换价值，他必须有能力提供能够让对方觉得好用的东西或服务；而对于非商人的对方而言，他则仅须知道如何使用或接受即可，而无须也不可能或没有精力知道这些商品或服务到底是如何产生或构成的。而且，由于双方目的不同，各自关注

---

① 参见〔日〕星野英一：《民法劝学》，张立艳译，北京大学出版社2006年版，第20—23页。

点也不同,作为商人的卖方希望能够最大限度地获得交换价值,而作为买方的普通民众则只是希望得到实用的东西或满意的服务。尽管他们是否同对方进行交易或接触都由自己决定,但作为提供者的卖方无疑具有更多的实力与选择。拉德布鲁赫认为,作为生意人的商人,他要大量参与同一种类的法律行为,因而,商人可以与生意主顾签订比没有经验的私人更多的订单。对于商人而言,那些对权利保护性质的照顾就显得无足轻重。在商人参与的法律关系中,琐碎的法律形式是多余的。但商人的顾客则可以通过外在的法律形式,确定与广泛的法律后果的联系。"商人知道其签字的影响,一般人却不完全清楚这一点。"①

对于双方均从事营业活动的商事交易关系,他们各自对自己所要交易的东西具有相应的专业知识与能力,其对于如何同对方打交道,以及如何更好地实现自己的目的,都有各自不同于常人的手段与认知。首先,商人们都希望尽可能地降低成本,以实现商业利益的最大化。为此,他们在买或卖时一般要进行一定的调查和计划。其次,为了更快地达成交易,商人们都希望他们之间的交易关系简洁明了。因而,在商人之间的交易中,习惯与惯例非常重要。最后,商人们之间由于要经常性进行各种各样的交易,这些交易是无数交易组成的营业长链中的一环,任何一环的交易障碍都会引起整个交易的不稳定。因此,交易安全至关重要,商人负有诸如对交付的货物及时检查以及有瑕疵时立即作出通知的义务。也就是说,法律也保护商人对外在事实构成信赖的权利。②

所以,对于具有商人身份者参与的法律关系来说,义务与其他负担成为判断其行为的标准。不过,具有商人身份者应承担更多的义务与负担,这并非否认其权利与利益,而是因为其具有强势地位或专业性、知识性而使其权利与利益不再值得法律的特别保护与照顾。法律所需要做的主要是保障他们之间交易的安全与便捷,并维护社会公共利益。所以,在商事交易关系中,法律一方面扩大了私法自治的范围,另一方面对交易保护和信赖保护提出了较高的要求,而且,它还对商人的特别注意义务和职责作出了明确规

---

① 〔德〕拉德布鲁赫:《法学导论》,米健等译,中国大百科全书出版社1997年版,第73页。
② 同上书,第74页。

定。① 具体来说，对于仅一方为商人参加的交易关系，尽管大陆法系国家规定双方都可适用商法，但对于具有商人身份者的义务要求往往是严于非商人一方的，以保证商事交易中的公平与平等，如对于格式合同的解释要求是不利于商家的。德国学者认为，商法典规定单方商事行为也适用商事法的规定，虽然在起源上主要来自商事交易的特别保护需要，但更重要的是，"假使让商人面对非商人比面对另一个商人要受到更好的保护，将是不公平的"②。对于双方均为商人的商事关系，则更多遵循私法自治原则与外观主义规则等。

所以，在有关商事交易关系的法律适用中，义务与负担常常成为解释涉及具有商人身份者一方的法律制度或做法的主要内容，权利与利益则往往退居其次甚至被忽略。但对于普通人，则权利优先。

在采民商分立的国家和地区，商法就是在商人之间及其商业活动中产生的法律。和其他法律相比，商法的法规更为生动，它不是枯燥干瘪的法律，不用从法律文字中理解，只需从法律交往中观察。"与其他任何法律领域相比较，商法更能体现出法律与利益之间的较量以及利益对法律的影响，亦即规范对事实的有限力量和事实的最终规范力—简而言之，表现了经济历史观对经济与法律关系的解释。"③在民商合一之下，关于具有商人身份者之间及其商业活动中产生的行为之法律解释与运用，也同样应当如此。

三、以关系论分析作为交易的合同关系

（一）以关系论确定民商事关系

法律关系的本质是关系，其以关系而非简单的权利概念确立相应当事人之间的法律秩序，进而形成整个社会意义上的法律秩序。在这种法律关系之中，参与人的法律地位取决于该人在具体社会活动中的实在与当为，既要考察当事人是在干什么，也要观察当事人能否以及应该做什么。当事人的地位如何是通过他们之间的互动，而非单纯一方的静态的权利或义务确定的，这是一种主体间的问题。萨维尼认为："法律关系具有一种有机的本

---

① 〔德〕C. W. 卡纳里斯：《德国商法》，杨继译，法律出版社2006年版，第8—9页。
② 同上书，第536页。
③ 〔德〕拉德布鲁赫：《法学导论》，米健等译，中国大百科全书出版社1997年版，第75页。

质,此本质部分体现在其互相包含、互为条件的组成部分的关联之中,部分体现在它的不断发展变化之中,体现在其产生和消灭的方式之中。"①申言之,法律关系需要动态而非静态的观察和认识。

在一般或抽象的民事法律关系当中,我们需要强调作为当事人的普通民众的权利,他们需要各种权利表达自己、保护自己、发展自己,但这时他们所享有的各种权利仍是一种关系之中的权利,唯权利成了分析他们之间关系的首要工具而已。也就是说,对于普通民众参与的生活法律关系,可以更多地以权利作为工具予以分析。

但是对于以营业为主的企业或其他商人从事的交易活动,权利似乎并没有显得那么重要。

其一,营业是因经营而产生的经济关系,其具有专业性、长期性与营利性。为营业之目的,商人们常常有意地营造有利于其长期而非一时营利的环境。即使是与消费者之间一次和偶然的买卖或服务,也构成营业者长期经营行为的一部分。为做成买卖,他们往往要事先谋划和计算,在一个完善的法律制度下,精于计算的商人无须法律的特殊保护,因为,他们本身就是相应关系中的强者,只要消极地不违反法律就足够了。

其二,对于营业交易,主要是解决两个问题:一个是怎样更好地促进营业交易的快捷与安全;另一个则是如何更好地保护普通民众与维护社会的整体利益。无论是更好地促进营业交易的便捷与安全,还是更好地保护普通民众与维护社会整体利益,于营业者们而言,权利都不是最重要的,最重要的是双方或多方关系的畅顺,有助于更好更快地做成生意,避免或减少不必要的商业风险与其他风险。所以,对于双方均为商人的商事交易,对方明确的义务就是商事交易关系顺畅的基本保证,而自己的权利如何显然就不那么重要了,反之也同样如此。对于仅一方为商人,而另一方为非商人的商事交易,则商人一方的义务和责任是相应关系得以保障的根本。

在采民商分立的国家,无论是商法理论还是商事实践,均认为商法就是关于商人的法,这很少导致商人的特权,而恰恰相反,一般会导致对他们适

---

① 〔德〕萨维尼:《当代罗马法体系Ⅰ:法律渊源·制定法解释·法律关系》,朱虎译,中国法制出版社 2010 年版,第 10 页。

用更为严格的要求和标准之后果。① 也就是说,以义务、责任为出发点来分析商事交易,是其本质要求。

对于商事交易,除了法律明确规定的义务,如各国民商法所规定的经营者的安全保障义务、消费者权益保护义务外,还有因营业而产生的诸多默示义务。如英美法系中,其银行与客户之间的关系具有默示性,即许多规范当事双方行为的标准和条件均不明示写在双方签订的契约中,如银行对客户金融隐私权的保护,双方的合理谨慎义务或在特定情势下银行对客户的信托义务等。而且,这些默示条款不一定是法律规定的,法官有权利用自由裁量权为合同添加必要的条款:或者是基于事实上的需要,或者是基于惯例,或者是基于法律的规定。②

无论是明示或默示的义务,均是因商人的营业性质而由法律明确规定、事先约定或事后推定出来的。亦即,它们是基于商人的营业性产生,如从事金融业务的金融机构,必然具有相当专业的金融知识与能力,故在向客户提供建议时,须保证其陈述的准确性,慎重考虑客户交易的适当性(suitability),若建议不当,就应对客户由此导致的损失承担赔偿责任。

对于社会主义市场经济的中国来说,以关系论确定民商事关系的基础,其意义与价值更大。首先,可以因此较好地规范包括企业在内的营业者的营业行为。以关系性认知并规范相应主体之间的法律关系,让企业可以更好地认识其在市场经济中真实的法律地位与应有的负担,促使其关注交易对方和社会的期待。其次,可以因此较好地维护社会公共利益与作为市民的普通民众应有的人格与尊严。关系论意味着作为营业者的主体需要关注他人的利益与社会整体利益,从而更好地维护社会公共利益与个人应有的尊严。

(二)交易之间的交互性

一个富有活力的市场需要交易者具有适当的选择自由,但如果市场中一部分人始终按照另一部分人的意愿行事,就会形成等级之分,从而不能造就一种真正平等的交易关系。市场能够持续运行的前提条件是,在市场中,大多数参与者在交易中能够寻求到一种最终令各方满意的可行的解决方

---

① 〔德〕C. W. 卡纳里斯:《德国商法》,杨继译,法律出版社2006年版,第3页。
② 王贵国:《国际货币金融法》(第3版),法律出版社2007年版,第441—442页。

法。因此,尽管交易者基于自身推动着市场的运行,但当一些交易者连续不断地利用其享有的巨大的交易优势时,市场也会受到威胁。①

交易的本质是互惠,是指交易双方或多方都能获得相应的利益并承担相应的负担。在欧洲的 11 世纪晚期和 12 世纪出现的商法就强调权利的互惠性。而且,他们所理解的权利互惠性原则,涉及的还不只是交换,在观念上还包含在进行交易的双方之间的那种负担或利益均等的因素,即公平交换的因素。在程序上,必须公平地参与交换;在实体上,即使是自愿和故意参与的交换,也不得使任何一方承受与他所获得利益极不相称的代价,这样的交换也不能不正当地损害第三方的利益或一般的社会利益。② 应当说,中世纪商法以来,其关于交易关系的认识是一种关系论而非权利论。

因此,尽管现代经济与法律理论都以自由和平等学说为基础,但平等的意义已经转入交互性的意义。③ 所谓交互性是指对于交易的当事人,根据其在交易中实际的力量如何而确定权利与义务。对于力量较大者或处于优势者,一般更多地限定其权利,加重其义务;对于力量较弱者或处于劣势者,则更多地扩大其权利,减少其义务。通过这种交互性的权利义务配置,使当事人之间尽量减少因各自地位和能力、知识的不同而导致的不平等以实现真正的平等。可以说,交互性其实就是国家对社会上较弱方的一种照顾,即在进行每一类交易的时候,国家的物质力量,总是被动员起来去限制一个阶级或阶层的经济力量,从而扩大相反阶级或阶层的经济力量。交互性是对于人的一种善恶的官方评估。④

这种交互性打破了传统一般意义上的自由与平等概念,私法上所有的人被平等看待的简单做法,逐步被按其经济力量有所区别对待的认识取代。由此,现代民法对人的看待,发生了"从对所有人的完全平等的法律人格的承认到承认人格权"这一转变,关于"法律人格"发生了"从自由的立法者向法律的保护对象""从法律人格的平等向不平等的人""从抽象的法律人格向

---

① 〔美〕詹姆斯·威拉德·赫斯特:《美国史上的市场与法律:各利益间的不同的交易方式》,郑达轩等译,法律出版社 2006 年版,第 69 页。
② 〔美〕哈罗德·J.伯尔曼:《法律与革命——西方法律传统的形成》,贺卫方等译,中国大百科全书出版社 1993 年版,第 419 页。
③ 〔美〕约翰·R.康芒斯:《资本主义的法律基础》,寿勉成译,商务印书馆 2003 年版,第 166 页。
④ 同上书,第 167 页。

具体的人"的转变,在其背后则是"从理性的、意思表示强而智的人向弱而愚的人"的转变。① 亦即,私法中的人不再被一律地抽象掉种种能力且简单地形式上平等而无差异地对待,而逐步成为依其身份和能力来对待的具体的人。在这些具体的人中,既有雇佣者与被雇佣者之分,也有经营者与消费者之分,还有大企业与小企业之别等。这样,现代私法对人的处理,就不再是谋求平等的契约中双方当事人的利害之均衡,而是以"针对属于特定社会范畴的卖主保护、属于特定社会范畴的买主的方式",将一定的更加具体的社会类型的人,与其他具体的社会类型的人区别开来,并对其中一方进行很好地保护。② 如对于公司,法律赋予它们更苛严的义务,消费者和劳动者则获得更多的保护,这就使现代民法中出现了不是将人作为法律人格做平等处理,而是根据种种差异区别对待的倾向。③ 对此,法律上主要有两种回应方式,一是通过民法典之外的单行立法进行,如劳动者保护法、消费者法等。二是通过原有民法典中的所谓的一般性条款,作出适合现代社会发展需求的司法解释和裁决。如《德国民法典》第242条著名的一般条款(诚信条款),曾经而且现在依旧是契约关系伦理化的突破口。德国法院据此发展出了一些概念范例,如"情势不变条款""交易基础消灭""滥用权利""承诺与行为相违背"等修正了民法典契约法中最初的个人主义的僵硬性。④

在当事人均为商人的商事关系中,一般来说,其相互之间的力量是相对均衡的,无论是知识、能力还是精于计算上。因而,权利义务的交互性并不突出,而更多的是一般意义上的权利义务的平等性。在一定意义上,权利的保护对于商人是多余的,而其义务,则基本上都是一样的。也就是说,凡是商人,都要在商事交往中承担相互差不多的义务和责任,其不能享有普通人的某些权利。如《德国民法典》第343条规定,如果违约金过高,当事人一方可以要求减少到适当数额;但《德国商法典》第348条规定,商人在经营其营业中约定的违约金,不得依《德国民法典》第343条的规定减少。而且,商人不仅在某些情形下不能享有普通人的权利,常常还要承担更高要求的责任。

---

① 〔日〕星野英一:《私法中的人》,王闯译,中国法制出版社2004年版,第50页。
② 同上书,第73页。
③ 同上书,第75页。
④ 〔德〕K.茨威格特、H.克茨:《比较法总论》,潘汉典等译,法律出版社2003年版,第226—227页。

如《德国商法典》第 347 条第 2 款规定,《德国民法典》关于债务人在一定情形只对重大过失负责任或只对其通常在自己事务上应尽之注意负责的规定,不因此而受影响。也就是说,商人不仅要对重大过失负责,也要对一般过失负责。

但在当事人一方为商人,另一方为非商人的商事关系中,双方各自的身份与地位决定了他们之间权利义务的交互性。也正是这个原因,各国纷纷制定了在商事关系中处于弱势的消费者的特殊保护法律,即消费者保护法。不仅如此,各国还专门制定了其他各种各样的法律来保护消费者,如产品质量责任法、隐私法等,并因而形成了不同于传统商法的法域。不过,尽管如此,当我们仍然从商人的商行为角度看待时,相应的法律关系仍为商事关系。① 在这种商事关系中,不仅需要法律明确规定作为商人一方更多的义务与责任,如根据《德国商法典》第 362 条的规定,对于商业交易中的要约,商人有不迟延答复的义务,但对于非商人则没有这一要求。而且,也需要在司法实践中以商人基于其地位和身份而应该负有更多义务和责任的原则或观念处理相应纠纷。如英国法院在一起金融隐私权保护的案子中指出,银行对金融隐私权保护的范围不限于客户的账户本身,而是包括了银行因其与客户关系的存在而获得的任何信息,并且这一金融隐私权的保护义务不因客户结清账户或停止使用账户而终止。②

在非交易的场景下,民法的理想人是权利能力者与完全行为能力者,其镜像是理智且有足够的业务能力与判断力的人,人与人的区分直接表现为各自的属性方面,是静态的存在。所有基于年龄和精神状态的考虑都基于这么一个理由:行为能力的有无和强弱,乃是基于表达自己的意思的能力的有无和强弱,这时的人只是一个意思表达的机器。③ 所以,在传统民法中,只要其有行为能力,就可以自由与他人缔约,相应合同对其就会产生法律拘束力。为实现主体的权利,民法赋予了请求权。

---

① 也就是说,在这种法律关系中,如果我们从消费者保护的角度看,其是一种消费者保护法律关系;如果我们从一般交易角度,则其是一种商事交易法律关系。不同的角度,意味着看待和解决问题的思路和方法的不同。

② E. P. Ellinger, E. Lomnicka, and R. J. A. Hooley, *Modern Banking Law*, Oxford University Press, third edition, 2002, p.137.

③ 参见赵晓力:《民法传统经典文本中"人"的观念》,载《北大法律评论》(1998 年第 1 卷第 1 辑),法律出版社 1998 年版。

在交易的世界中，其人像尽管也是有足够判断力和行为力的人，但更多是从动态角度理解并加以认识的，他是一个进入交易中的人，强调双方权利义务的交互性价值，要看到双方的职业能力、专业能力。在这个意义上，合同中的弱者与强者不是预定的，而是在合同缔结与履行实践中确定的。①

德国联邦宪法法院认为，平等的基本权主体参与私法交易，追求不同的利益和经常相冲突的目的。因为所有私法交易的参与者均受基本法的保护，具有行为自由并可以平等地诉诸私人自治基本权的保障，不允许强者的权利占优势。而对于相互冲突的基本权行使，应在它们的交互作用中予以观察，并以对所有参与者尽可能有效为其界限。如果是在合同法中，合同一方占有如此的优势，以至于事实上他可单方决定合同的内容，那么对于另一方而言，就是他治。然而，法律秩序无法周全顾及协商均势，法的稳定性也不允许一项合同的效力在协商均势受侵扰的所有情形下都能被嗣后质疑或更正。但如果是一个可作为典型的案例，其中合同一方具有明显结构优势，且履行合同的结果将对弱势的合同方构成过分负担，那么私法必须对此予以回应并更正。合同并非他治的工具，如果合同内容对一方当事人构成超乎寻常的负担，且作为利益补偿明显不公，那么法院就不应再受限于"合同即合同"，而应当查明，双方同意的规则是否是结构性不平等造成的优势协商的结果，以便在上述情形下在现行私法一般条款的框架内对其予以修正。②

传统上，商法为商人之特别私法，它不仅意味着只有具有商人身份的主体才能适用商法，而且意味着相应商法规则的特殊性。出于人人平等的理念（其实质是出于对商人某种特殊地位的厌恶），1789年的法国大革命不仅取消了各种行会，还在相应商法典中确立了所谓的客观主义立法，即强调从事商行为者均为商人，以此设计商法典制度。但随着社会的发展，现在的法国，在广泛程度上属于商人之法的商法正在得到恢复与重建。其中重要的

---

① 谢鸿飞：《现代民法中的"人"》，载《北大法律评论》（2000年第3卷第2辑），法律出版社2001年版。
② 参见〔德〕奥科·贝伦茨：《〈德国民法典〉中的私法——其法典编纂史、与基本权的关系及其古典共和宪法思想基础》，吴香香译，商务印书馆2021年版，第158—159页。

一个表现是,现在的商人法,已经不是中世纪时关于商人特殊阶层的法律,而更多的是关于商人特殊责任的要求的法律。这主要表现为两点,一是商事行为要受到特殊法律制度的调整,商人本身也负有特别的义务;二是由商人完成的大多数民事行为也视同商事行为,即推定为商事行为。

这具体包括如下内容:(1)习惯常常成为解决商人之间纠纷的重要甚至首要依据。商人都是要经常以商为业的,他们之间的交易习惯和惯例必然成为他们交易和相互识别的重要依据。(2)商人的职业性、知识性和营利性追求等使得某些规则有别于普通民众的要求。如沉默可以产生相应商业义务(如在德国,如果商人确认函的受领人没有对此不迟延地表示异议,则与此确认函有关的合同依照确认函中的内容被判决认为即告成立,不论受领人是否对此有相关的意识);外观主义的适用;短期时效的适用等。(3)商人要负特别的义务。如履行法定的公告手续,设置商业账簿及通过银行转账,少使用现金结算等。(4)商人责任大于非商人。如《美国统一商法典》第2-314条规定了所谓的默示担保、商销性、行业惯例。只要卖方是从事某种货物交易的商人,他对该种货物的商销性的担保即为买卖合同中的默示担保。而且该条对所谓的商销性作了具体的规定,即根据合同所提供的说明,货物应在本行业内可以不受异议地通过;并且货物如果为种类物,应在说明的范围内具有平均良好的品质;且货物应适用于该种货物的一般使用目的;并且货物的每个单位内部或全体单位之间的种类、质量或数量应均匀,差异不超过协议许可的范围;并且货物应按协议的要求装入适当的容器,进行适当的包装和附以适当的标签;并且如果容器上或标签上附有保证或说明,货物应与此种保证或说明相符。(5)商人的民事行为一般也视为商事行为。

在采民商合一的情况下,合同规则应确立作为商人的企业更多的义务和责任观念,使其在经营中能够更加诚信并明确自己的社会角色,从而在司法实践中,基于商人身份而应承担更多责任的交互性思维,以较好地处理相应的交易纠纷。

第四节　作为"人法"的现代民法的法教义学及应用

一、作为"人法"的现代民法的法教义学

现代民法学上，其所谓的"人"已经不是抽象的人，而是等于"个人"的"人"。既如此，民法应当摒弃从所谓"财产"出发，而选择从"人"出发，那么，从这个角度来看，"所谓民法，就是规定和支援每个人活动的法"，并探讨如何来构想人们得以开展活动的法的空间。基于此，阐明民法如何理解"人"，就又一次成为极为重要的问题。这存在许多具体的问题，一方面，"（抽象的）人"之外，还要考虑劳动者、消费者；另一方面，除了个人外，如何应对"团体"和"法人"。其结果是，具体化的人更有意义，他们是法律实践中真正的"人"，进而可以真正成为某个法律关系中的权利义务归属者。[①]

与财产法上抽象的人相比，具体的人在民事法律关系中具有丰富生活的"个体"意义与价值，而不再仅仅是财产交换的符号，具体的人之间互为主体，而非财产获得或占有的财产关系，后者只是互为主体的人之间的行为对象。

互为主体本为民法调整社会关系之含义，即平等主体之间的人与人之间的关系，但由于传统民法过于强调形式上的平等，使得主体的意义被遮蔽，反而突出了客体——财产的价值与地位。民事法律关系中的人本来是理性的个别实体，却成为理性的形式上的平等主体。对于人格的含义，德国学者考夫曼认为，法律上人格的概念表示出一个"关系总体"的概念，是"人对人或人对物的关系"，同时法律也可理解为秩序，意指不是实体的事物，而是一个关系的框架。在此意义下，人格是一个时代的以及共同体的面向，是对每个人创设性的同一性。但我们今天的人格概念，连接人格尊严、自律与自由发展："依此，人格概念主要是精神的个体性"意味着，"拥有精神的自我

[①] 〔日〕大村敦志：《从三个纬度看日本民法研究——30年、60年、120年》，渠涛等译，中国法制出版社2015年版，第53—54页。

意识以及对应的自我处理能力"。① 展言之,人格的特色并不在于个体本身,而是在于关系内涵,人格彰显法律秩序的性质,因为它清楚地指出,使人各得其分。在当代欧洲日常用语中,在概念内也包含规范性的意义;因为当人们提到"人",认为承认主体的尊严与权利,且也课付自己美好生活的责任。无论在各时代其规范的具体意义为何,人的概念蕴含不可处分的"各得其分"。② "各得其分"不仅是结果取向的,更指规范中的"人"通过合意和过程得到适合其自身能力的结果,并因之承担责任。

传统的法教义学是一种法律内的分析视角,强调规则取向性、安定性及可预见性,通过条件程式(如果 A,那么 B)分析法律规范并予以应用。这是一种典型的"复杂性缩减",以较好地化解复杂的社会关系。③ 将民法上的人纯粹化与高度抽象化,是十分符合该分析范式的,但分析结果未必符合社会实际情况,特别是在进入现代经济与科技高度发达的社会,人与人之间已经不再是传统的互为小农或小商小贩的简单关系。交易形态的复杂化,导致私法的形式化要求与当事人的实质性要求之间的冲突扩大。

欧洲于 19 世纪法典化之际,法国与德国采民商分立,一方面是因为其历史原因,另一方面则是民商二者之间适用的人像应当是有差别的,统一立法不能化解以调整小商人、小农、土地所有者为主要对象的民法与以调整大商人为主要对象的商法之间法律关系的不匹配问题。进入 20 世纪以后,欧洲面临的一系列社会问题特别是劳资问题使得其将劳动关系独立立法;20 世纪 60 年代以来消费者运动的兴起则促使消费者权益保护法得以迅速单独立法,同时,特别人群的单独立法也成为社会法的重要组成部分。应当说,这是通过单独立法或独立化而使法律能够适应社会的需要。

但对于仍然留在民法典(包括民商合一与民商分立下的民法典)的部分内容或者说一般的民事法律关系而言,其并非说因为特殊人群的单独立法而更为纯净,因而可以在统一的人像基础上进行法教义学分析;毋宁说其更需要关注抽象平等人格下人的具体化和差异化,因为后者更容易被统一的权利能力概念所遮蔽。

---

① 参见〔德〕Neumann、Hassemer、Schroth 主编:《自我负责人格之法律——Arthur Kaufmann 的法律哲学》,刘幸义等译,台湾五南图书出版股份有限公司 2010 年版,第 24 页。
② 参见同上书,第 30 页。
③ 苏力:《也许正在发生:转型中国的法学》,法律出版社 2004 年版,第 15 页。

法律人格只是法律为了保障人人都能实现其自身的人格而提供的一种手段,对其同时代人和后代而言,这一人格就是其本人。① 而抽象的法律人格聚焦于权利,以权利掩盖了具体人格者的实际情况及需求,再以逻辑推演,得到的结论是权利能力者自己的行为自己负责。其获得的答案,仅止于检验民法的适用是否正确,以及逻辑的推理是否正确。至于其适用及逻辑推理的结论是否符合当事人各自的实际情况,是否真正达到了"各得其份",除非法律有明文规定,否则为非权利能力者教条理论所需要过问的事情。

当抽象的人格进入具体的法律关系之中时,具体的人格者就不仅是一种符号,还是一个具有自身利益与人格尊严的具体活动者,其与对方或他方是一种互动的关系,不再是简单的权利人对义务者的诉求。申言之,抽象的法律人格只是为每个人参与民事法律行为提供了平等、自由的前提,惟有在具体法律关系之中,"本人"行为的意义才能成为判断民法中民事法律行为恰当与否的基准。民法中民事权利能力与民事行为能力应借助具体人格者的具体行为予以认知,它们(民事权利能力与民事行为能力制度)是法律上的,而非事实上的。法律与事实的结合方能使法律成为具有实效的制度,事实也因此获得法律保障与厘清关系的效用。

"法律不仅仅是(对争议的)清理,而且是(对行为的)界定。它不仅仅是(在界定何者为)正确,而且是(在界定何者为)可能。在其设定的意义框架内,法律所定义的乃是一种关涉人类行为及其意义的重要力量—型塑人类行为并赋予其含义、价值、目的和方向。"②"法律并非某些实体事物,亦非是些纯粹名目的事物,而是存在于人类相互间与对物的真实关系之中。这样思考的法律是人格的,因为关系的原型是人。作为人格法律并非可恣意运用,而是时代的、动态的、程序的:它主要不是规范,而是行动。"③如是,相比于法律以及所有人类规范的制定者的规制想象,法律人须进行评断和调控的生活是愈加丰富、多样化并且具有活力的。在所有的生活领域和法律领

---

① 〔法〕阿兰·苏彼欧:《法律人:试论法的人类学功能》,郑爱青译,中国政法大学出版社2019年版,第54页。

② 〔美〕劳伦斯·罗森:《法律与文化:一位法律人类学家的邀请》,彭艳崇译,法律出版社2011年版,第6页。

③ 〔德〕Neumann、Hassemer、Schroth 主编:《自我负责人格之法律——Arthur Kaufmann 的法律哲学》,刘幸义等译,台湾五南图书出版股份有限公司2010年版,第30页。

域中,法律交往及其参与者均有着无限的创造性。

从抽象的人格到具体的人格,意味着法律是离不开某种赋予人们以生活意义场景的。生活场景意义下的问题解决不能单单在法律中找到,它应当以法的基本价值和"最高的基本原则"为基础,以理性的说服力来解释法律,避免传统法教义学形式化的简单分析。

对此,以卢曼、图依布纳为代表的学者提出了融合并超越法律的形式合理性与实质合理性的法律系统理论,该理论并不否定传统法律教义学的功能,但认为法律对社会环境的"复杂性缩减"模式已经不能单纯地从法律体系的封闭性中作出理解,而应当通过对外部环境的学习达到法教义学分析的社会适应力。

"在法律系统论看来,法律教义学仍然是法律系统自我描述的核心部分,也是支撑法律系统闭合性自我生产(自律性)不可欠缺的要素。在这里,法律的一致性通过对法律规范(条件程式)实施解释的方式获得,进而实现法律系统不断的自我生产。""与此同时,法律系统对外部环境具有认知上的开放性。法律系统通过自身的内部镜像投射环境,并从环境中进行学习。由于法律系统对外部环境的学习是通过系统自身的法律运作而实施的一项自习行为,故法律系统具有多大程度的环境学习能力归根结底取决于自身内部结构的复杂性。"[①]

法律系统通过自身的内部"镜像"投射环境,并从环境中进行学习的过程其实是一个法律规范的"人"的规范意义与个体性存在的并重,即人与人之间是一个关系的存在和发展,每个人既是规范的,也是个体的。法律系统使得法律获得了形式性与实质性、规范性与认知性的统一,它契合了现代民法典维系法律安定性的担当重任,也契合了其具有的合目的性需要,从而可以促进民事权利义务关系下一定领域的资源合理分配。

法律形式性与实质性、规范性与认知性的统一要求,既要维护现在的法律规范,也要发展现有法律规范之外或之内的符合社会的规则。法教义学不仅是实用的,也应当是科学的。前者是指将法学思维限制在法学金字塔较低层级的教义学形式,是一种精细加工的体系,无须在个案中不时地返回

[①] 参见顾祝轩:《民法系统论思维:从法律体系转向法律系统》,法律出版社2012年版,第12页。

援引基本原则;后者是指将具体问题归置入金字塔底部精心织就的体系网络之中,紧接着以更抽象的基本规则,并最终以法学金字塔顶部极度抽象的基本原则为准绳,从而保证结果之正确性。实用教义学简单、实用,但其可信度值得进一步推敲,其可能对蕴含在精细体系中的、与之"对立的某种基本价值不予以应有的注意"。能把握教义学大厦之全部思想内容,并使之一致的细节,即在整体法秩序中得到符合一致性的归置者唯科学教义学。① 科学的教义学分析既符合体系化的个案裁决,也不时地回溯至基本原则与一般规则,从而使教义学分析不仅是条件程式的,还是系统的。

  从财产法到人法的转变,其核心是作为平等、自由之人的人格尊严受到民法特别是宪法的基本原则与最高原则的保护与实际应用,而不再是仅仅停留或基本停留在口号上的。这时,人不再是一种作为当事人的符号,而成为具体关系中的具有丰富内容的人;其行为也不再仅表现为一种单纯的行为,而是一种某个具体人的具体行为。由是,判断人的行为,也就不再仅靠其是否具备抽象的权利能力与行为能力进行,还须看行为人行为中的有关自身和对方的实际情形。当民法的重心放在更为具体而非更为抽象的人身上之时,其衍生的财产归属就存在是否正确、分配是否合理的问题,而这,主要有赖于法的基本原则与价值。同时,具体的人还意味着,私法是一种具有约束力的保护性生活秩序,而不应被理解为一种所谓的制裁机制,从而不至于使法律规则与社会之间产生一定的距离。否则,在共同生活中,法律规则设定的制裁措施便成为"司法游戏"的战略工具,而常常为那些在这场"竞争性社会"中处于优势地位之人所利用。②

  所以,在"人法"的视野中,个案将更多地直接被归纳至基本规则与原则之中,并以此来测定个案的解决方法。在法律适用与法律续造中,目的性视角将会决定整体情况,这一视角以法律的基本原则与基本规则,并以宪法的基本价值为导向。③ 当然,更多地诉诸基本规则与基本原则要求进行内涵填

---

  ① 参见〔德〕罗尔夫·施蒂尔纳:《现代民法与法教义学的意义》,陈大创译,载李昊、明辉主编:《北航法律评论》(2015 年第 1 辑),法律出版社 2016 年版。
  ② 参见〔德〕罗尔夫·施蒂尔纳:《现代民法与法教义学的意义》,陈大创译,载李昊、明辉主编:《北航法律评论》(2015 年第 1 辑),法律出版社 2016 年版。
  ③ 参见〔德〕罗尔夫·施蒂尔纳:《民法学及其方法论——过度关注法律适用与太少注重基础导向?》,于程远译,载李昊、明辉主编:《北航法律评论》(2015 年第 1 辑),法律出版社 2016 年版。

充与相互归类的平衡性。这样,就可以较大限度实现我国《民法典》第 1 条开宗明义规定的目的,既可以"保护民事主体的合法权益,调整民事关系",也可以"维护社会和经济秩序,适应中国特色社会主义发展要求,弘扬社会主义核心价值观",实现我国宪法的基本价值。

无论"运用传统法学方法论,还是运用经济学、社会学等社会科学的知识和方法,并不是法教义学与各种非法教义学的本质区别。在现行法的效力框架内克服体系冲突,落脚于法律适用,为司法实务提供一般性规则,这才是法教义学的教义性所在。法教义学与社会科学能够形成内部合作关系。将社会科学融入法教义学体系,成为塑造教义的材料和工具,锻造指引实务的规则,这种研究的性质仍然是法教义学。与社会科学的内部合作能够改善教义学的论证结构,提升教义学的生产能力,输出更加有想象力和说服力的法教义学产品。"① 人类正义观的一个基本因素在于平等即要求相同情况相同对待、不同情况差异对待、类似情况相应对待,而教义学的基本功能首先在于使相同性、不同性及类似性保持透明。任何法秩序都不能抛弃这一功能。②

二、"人法"视野下法教义学的应用——以个人保证为例

现代民法由财产法向人法的转变表现为由主体自我向主体间性的转变,即由静态上民商事主体制度转向动态上民商事主体之间的互动认识,其实质是现代民商法权利观向当事人之间关系观的转变。当事人之间的关系观,并非排斥当事人权利存在的意义,而是要分析"某项民事权利究竟是处于 A 法律关系之中,还是归属于 B 法律关系之内,应当适用哪部法律的哪个条文,其生效要件、实现条件,其效力强弱,其负担有无及轻重,受到怎样的对抗等,可能都不一样"③。

关于保证合同,相对于原担保法中的保证规定,《民法典》改变了原来非

---

① 车浩:《法教义学与社会科学——以刑法学为例的展开》,载《中国法律评论》2021 年第 5 期。
② 〔德〕罗尔夫·施蒂尔纳:《法教义学在进一步国际化的世纪之初的重要性》,李云琦译,载李昊、明辉主编:《北航法律评论》(2015 年第 1 辑),法律出版社 2016 年版。
③ 崔建远:《论法律关系的方法及其意义》,载《甘肃政法学院学报》2019 年第 3 期。

明确规定视为连带责任保证的规定,强调如非明确规定则为一般保证,赋予一般保证人的先诉抗辩权,体现了对保证人的保护,但如果仅从一般文义来看,一是一般保证人仅因一般保证而具有先诉抗辩权而已;二是如果当事人事先约定明确,则保证责任为连带责任保证。也就是说,保证合同的这种变化实质意义并不大。显然,在精明的商人或专业的经营者的债权人面前,保证人的责任必然被约定为连带责任保证,即使未明确规定,精明的商人或专业的经营者也会及时追究保证人的一般保证责任。

对于营业者而言,因为其具有商人应有的计算性与理性,保证常常是其营业所需要的一部分。但个人作为保证人时,因其具有情谊性、非必然性、无偿性与轻率性等特征,常常无端陷入保证困境而承受无法承担的巨大负担。① 2017年日本新民法的重要修改就是努力保护个人保证。我国过去几十年的经济发展表明,保证有力地促进了社会主义市场经济的发展,但也将许多个人保证人不当地拖入保证困境之中。《民法典》尽管也对保证人作了以上保护性规定,在一定程度上纠正了过度有利于债权人的做法,但没有对个人保证人设立特别的保护,有待个案作进一步的解释。

《民法典》第681条规定:"保证合同是为保障债权的实现,保证人和债权人约定,当债务人不履行到期债务或者发生当事人约定的情形时,保证人履行债务或者承担责任的合同。"亦即,保证的目的在于债务人不能履行时,由保证人以自己的财产予以偿还,从而达到实现债权人债权目的。那么,在设立保证之时,保证人应当具有保证能力,即"当债务人不履行到期债务或者发生当事人约定的情形时,保证人履行债务或者承担责任"。

对于保证能力,《民法典》并未明确。如果单纯从第681条规定来看,凡具有权利能力并具有完全行为能力的保证人,只要与债权人事先进行了保证约定,就为有效保证。换言之,具有完全行为能力者,均具有保证能力。这个认识是值得商榷的。民事行为能力是和个人的认知能力与意思能力紧紧结合在一起的,但个人的认知能力与意思能力并不能决定保证能力,即能否作为保证人为他人保证。

保证能力是由保证功能决定的,即通过保证,能够在债务人不履行债务

---

① 参见〔日〕王冷然:《日本新民法上有关保护个人保证人的规定》,载李昊主编:《日本民法修正:回顾与反思》,北京大学出版社2020年版。

之时以自己的财产代为清偿的能力。对于保证能力,原《担保法》第7条规定:"具有代为清偿债务能力的法人、其他组织或者公民,可以作保证人。"

对于清偿能力,一般认为是指保证人现在及未来能否具有清偿的能力。从抽象角度观察,几乎所有具有行为能力者均可以成为保证人,具备保证能力,但这显然又回到了行为能力标准。清偿能力是一个具体保证关系成立时的标准,非抽象层面的可能。因此,判断个人是否具有清偿能力不仅要看行为能力,还要看行为人当时的身份或处境,如正在上学的大学生或者尽管未上学但未工作之人,或完全或主要依靠他人生存之人。而且,即使是那些具有生活来源的个人,如果保证会给其带来严重生活问题,也需要考量其保证能力,因为保证能力不能成为为了别人而使自己陷入困境的法律制度。

这些人之所以不能或不宜轻率地作为保证人,关键在于保证可能给他们的成长、发展和生活带来严重影响,损害其应有的人格尊严。在契约性义务涉及人格本身时,必须将人格的概念置于核心地位。[①] 一旦保证合同创造了为债权实现的法律关系,该保证就应当是一个财产,而非人的问题。但作为信用担保的保证有赖于保证人的积极作为,即在出现保证承担事由时,保证人须积极主动以自己的财产承担责任,从而使得本属于财产的问题,成为具有一定程度的人的问题而具有了人格属性。也就是说,保证已经不仅仅是财产关系,而成了主体间性问题。

所以,对于个人保证,西方国家和地区是以保护的态度予以规范和判断的。

《瑞士债务法》第20章"保证"部分,对于自然人提供保证的要求是比较苛刻的,如第493条要求自然人保证数额较大的,须以公证书方式为之,并且不允许为回避该规定而化整为零;第494条规定保证人为已婚者,则须经配偶书面同意;第500条规定自然人保证情形,除了预先或嗣后另有约定外,每年消减责任额的百分之三。2017年日本新民法主要从以下三个方面作出了新规定:一是制作公证书成为个人保证合同的生效要件;二是缔结保证合同时,主债务人负有向保证人提供信息的义务;三是保证合同缔结后,债权人负有向保证人提供信息的义务。此外,日本新民法还对个人进行最

---

① 〔德〕奥托·基尔克:《私法的社会任务:基尔克法学文选》,刘志阳等译,中国法制出版社2017年版,第45页。

高额保证和法人为最高额保证进行了不同的制度要求;并在"事业相关债务的保证契约的特则"中区分了保证行为法人与非法人的情形等。

在个人之间某些特别的关系中,如家庭关系的亲密和依赖性质就会导致家庭成员被另一方强迫或误导的风险。① 在此情形下,有关个人(包括配偶、孩子等)为亲密之人提供担保就会存在不得已、欠缺考虑或随意性。在德国一个著名的保证人资格案例中,一位商人的 21 岁女儿同意为其父亲 10 万马克的贷款提供保证。提供保证时,银行职员告诉她说仅需签名,不需要承担任何重大的责任。该商人的女儿没有接受过良好的教育,大多数时候处于失业状态,而且,即使其找到了工作,每月工资也只有 1150 马克。当其父亲不能偿还银行贷款时,被要求承担保证责任。德国联邦最高法院认为,任何成年人都知道签订一份保证合同需要承担特定的风险,因此裁判其应受到该保证合同的约束。后来该案子上诉到德国宪法法院,主张其对于私人自主性享受的基本权利(《德国基本法》第 2 条)与人格尊严,而银行方面则认为应当尊重私法自治。最后德国宪法法院判决该商人的女儿胜诉。② 尽管该案备受争议,但德国宪法法院的判决无疑具有符合现代法律关于人的认识,即现代社会的每个人不能在法律中仅仅成为一种符号,而更多的是一个具体的、活生生的人。

在我国的司法裁判中,各级人民法院惯常以"合同是当事人的真实意思表示,不违背法律的强制性规定,故合法有效"来表述裁判正确。这是一种典型"司法正确"的说辞,是一种不负责任的裁判表达,不符合裁判文书所要求的逻辑要求与实质说理。甚至可以说,这是一种"暗箱式"裁判。

当债权人只想有保证人,而不管保证人是否具有保证能力时,则保证必然成为"人质式"保证;而且,此种形式意义上的保证也失去了保证的意义与价值。对于整个社会而言,其不仅不具有建设意义,还会加剧社会的不平等。所以,应当摒弃司法判决中一贯的"司法正确",结合案情与社会发展进行说理。"只有当契约是公正的时候,契约才是道德的,才能得到社会的承认并给予准许。""纯粹的合意契约仅仅意味着,合意只是义务的必要条件,但不是充分条件。"③

---

① 〔加拿大〕Peter Benson:《合同法理论》,易继明译,北京大学出版社 2004 年版,第 12 页。
② 参见〔荷〕杨·斯密茨:《法学的观念与方法》,魏磊杰等译,法律出版社 2017 年版,第 83 页。
③ 〔法〕涂尔干:《职业伦理与公民道德》,渠敬东译,商务印书馆 2015 年版,第 228 页。

制定法的语境总是体系化的,也是政治化的,即法律外的。适用法律程序,制定法的"输出"必然具有社会、文化或政治的本质。因此,在解释相关规定时,一方面是与规范语境(作为规范体系的法律体系)相关联的,另一方面又是与社会价值与文化价值相关联的。①"法律上具有可比较性的,只有达成相同任务、发挥相同功能的。"当进行比较法研究时,我们不应该从法规范,而是从生活事实出发。我们必须思考,法规范是在何种社会及经济脉络下被制定出来的。②

本 章 小 结

作为交易法的合同法必然并主要是商化的,其目的是促进社会财富的流通。可以这样认为,当一个人进入商品经济社会的交换领域时,他就成为一个交易人,而不是其他了。既为交易与交易人,他自然须按照交易规则行事并承担相应的后果。但是,商事规则的一般化在拔高普通人的智识情形下,也应该使普通人从中获益,或至少不会因此背负不恰当的负担。也就是说,商事规则的一般化应有一定的原则,即,不能因此不适当地拔高普通人的行为标准,特别是不能因此加重普通人的负担与责任,同时,这些规则能够促进普通人合理地进入商业领域。

所以,如何解释有关合同规则,关怀应有的民生,是以后司法解释和个案裁判中的重要课题,直接关系到我国未来的发展。

英国哲学家培根曾经说过:"在考虑法律正义的同时也应当有慈悲人之心,以无情的目光论事,以慈悲的目光看人。"在法律的适用中,其并非简单地运用法条,而是一个复杂的过程。但无论法律适用如何复杂曲折,法律适用的原则和方法如何,作为法律的适用者应当以善为理念,努力探寻法律适用的公平合理之善。在判断规范性因素时必须考虑社会的基本观念,从普遍的社会善念出发,以当下的国民观念和社会价值为判断基础。③

---

① 〔芬兰〕奥利斯·阿尔尼奥:《作为合理性的理性:论法律证成》,宋旭光译,中国法制出版社 2020 年版,第 157 页。
② 参见许政贤主编:《私法学之国际视野》,台湾元照出版有限公司 2020 年出版,第 30 页。
③ 参见陈长均:《善是法律适用的崇高理念》,载《中国法治文化》2015 年第 1 期。

第五章 《民法典》合同编商事化的补足：空间与再造

第一节 引　　言

不论从继受对象，还是立法背景来看，《民法典》合同编都被认为是一部高度商法化的合同法。1999年的《合同法》是在《经济合同法》《涉外经济合同法》和《技术合同法》，并主要参考《联合国国际货物销售合同公约》和《国际商事合同通则》的基础上出台的，继受对象是纯粹的商事法。为贯彻全面深化改革的精神①，《民法典》合同编在1999年《合同法》的基础上作出了更加"商事化"的修正，如通则部分增加了情势变更，分则部分增加了保证合同、保理合同、物业服务合同、合伙合同。

但是，《民法典》合同编仍有"商化不足"的现象，如委托合同任意解除权的规定、合同解除事由缺失、合同解除效果区分不明显、交易习惯规定过于原则化、承诺实质性变更规则宽松、商事交易惯例规则缺失以及典型合同中商事合同类型不足等问题；司法实践中也出现了违约金过高的调整、从单一法律关系认识复杂的交易结构、拒绝交易习惯的适用等问题。现有研究仅是提出了规范中存在的这些具体问题，而没有将这些问题予以"类型化"，并且，在解决方案上多是从"立法论"展开。因此，《民法典》时代下，本章将从商事理念、商事价值和商事规范基准三个层次梳理合同编商事化的不足，并提出解释论上的补足方案。

---

① 王晨：《关于〈中华人民共和国民法典（草案）〉的说明——2020年5月22日在第十三届全国人民代表大会第三次会议上》，载《中国人大》2020年第12期。

第二节 《民法典》合同编商事化的实质缺憾

《民法典》合同编存在很多商化不足的具体规则,从抽象层面来看,这些规则主要反映了法典在商事理念、商事价值、商事规范基准方面存在的问题。

一、商事理念的实质缺乏

商事理念,指商主体在经营活动中形成的一般性的思想和观念,它是商人对交易行为的理性看法。这种概括性的观念通常具体表现在商事实践、交易习惯和责任承担之中,故而,缺乏商事理念一般体现为立法对以上三个方面把握不足。

(一)尊重交易实践的理念不足

其一,对交易实践方式关注不足。为提高交易效率,商人们在交易时习惯使用标准条款,这是商事实践的惯用方式。然而,根据立法资料显示,《民法典》格式条款的起草,旨在保护在交易中处于弱势地位的消费者,以实现实质公平。故格式条款规范群落多以单方使用格式条款情形(消费者合同)为预设,规制提供方的行为、强化单方责任。商事交易中双方使用格式条款的情形,例如格式之战,就被法典规范所忽视。

其二,对交易实践的创新回应不足。交易上商人未必会坚守法律规定的契约模式,经常会作些转变,并且发展出一些新的类型。[①] 在科学技术的催生下,市场中交易类型与方式不断更新,要求合同编中的具体合同积极回应这些变化,根据基本原理作类型化区分。在各方学者提出的建议中,服务合同是一种最广泛的类型[②],《民法典》却只选取了其中的两种(原有的技术服务合同和新增的物业服务合同)进行了规定。其实,既往的司法实践和立法经验表明,服务类型合同虽然与委托和承揽合同在客体上具有相似性(即提供劳务),但因具有订立的非常态性、效力的维持性、履行中义务的长期性

[①] 〔德〕卡尔·拉伦茨:《法学方法论》,陈爱娥译,商务印书馆2003年版,第15页。

[②] 学者们的建议包括:出版合同、信用卡合同、储蓄合同、金融服务合同、旅游服务合同、快递服务合同、邮政服务合同、电信服务合同、互联网服务合同、医疗服务合同、物业服务合同等。

以及终止后报酬请求权的独立性等特征,完全可以在抽象出统一规则之后再进行分类。① 此外,在一审稿中曾被当作有名合同单列成章的特许经营合同以及学者们提出的演出合同等,立法都没有予以足够回应。

(二) 尊重交易习惯的理念不足

在商事纠纷的裁判中,交易习惯具有本源性的地位,在没有国家强制力出现的时期,商人正是依靠交易习惯解决彼此之间发生的纠纷。随着法典化时代的到来,交易习惯成为一项重要的裁判规范。采民商分立的商法典,习惯(法)作为法律渊源具有优先于民法的适用顺位。② 采民商合一的民法典,虽然在法源条款中可能不承认(事实上)交易习惯或将习惯法置于补充顺位,但是在部分规则中为交易习惯设置了除外规定,使其优先于民法规则进行适用。③ 通过检视《民法典》对交易习惯的规定,可以发现以下不足:一是,通说将"总则编"法源条款中新增"习惯"的性质界定为习惯法,导致司法实践中交易习惯的适用极少以该条为依据。这是因为,商事规则渗透着很强的法技术属性,法官在适用时很难论证习惯达成了法理论的标准。④ 二是,在《民法典》颁行之前,商事习惯的适用主要依靠《合同法》中规定的"交易习惯"。合同编共有 12 条规则明确提到了交易习惯⑤,但都未对交易习

---

① 参见周江洪:《作为典型合同之服务合同的未来——再论服务合同典型化之必要性和可行性》,载《武汉大学学报(哲学社会科学版)》2020 年第 1 期。

② 主张借鉴民商分立的日本、韩国关于商事习惯(法)优先于民法适用的规定,使商事习惯与商法在规范层面上具有相同的意义。一般认为,在借鉴民商分立的商法典中区分"商习惯法"与作为事实的"商习惯"实际上没有太大的意义,因为商事习惯在商法中具有规范的天然属性。例如,日本在 2005 年修订商法典时,将"本法没作规定的事项遵照商习惯法"修改为"本法没作规定的事项遵照商习惯"。但是,在采民商合一的民法典中,这种区分就具有重要意义。因此,为了使表达更加严谨,对各国商法典中皆涵盖事实上习惯的习惯或习惯法采不同表述,本章采"习惯(法)"表达。

③ 台湾地区"民法"第 207 条仿《瑞士债务法》第 314 条规定,利息不得滚入原本再生利息,利息迟付逾一年后,经催告而不偿还时,债权人得将迟付之利息滚入原本者,依其约定。前项规定,如商业上另有习惯者,不适用之。

④ 在《民法典》颁行后,选取"北大法宝"为数据库,以"法律没有规定的,可以适用习惯,但是不得违背公序良俗"为关键词,得到 111 份裁判文书,其中商事习惯的适用不足两成。

⑤ 分别是:第 480 条"以行为作出承诺";第 484 条"承诺生效的时间";第 509 条"合同履行的原则";第 510 条"合同任意性条款的补充";第 515 条"选择之债中债务人的选择权";第 558 条"附随义务";第 599 条"标的物有关资料的交付";第 622 条"检验期限的调整";第 680 条"借款合同利息的确定";第 814 条"客运合同成立时间";第 888 条"默示保管行为";第 891 条"保管物的交付"。

进行解释,仅有相关司法解释第 7 条对概念和举证责任予以规定。囿于规则中语义的模糊性和抽象性,裁判中存在着诸如直接引用法条但未具体论证交易习惯、当事人主张交易习惯或贸易习惯的运用却被法官回避等问题。三是,合同编在具体规则的设计上没有很好地反映出交易习惯,如确认书规则、意向书和备忘录规则等。

(三)强化交易责任的理念不足

相较于民事法律关系以权利、义务为主要要素,各国商法法律关系要素更加强调商人的义务和责任。为区别于归责原则,新近研究一般称其为加重责任。① 之所以对商行为的实施主体加重责任,主要有两大原因:(1) 商行为的实施主体因长期从事该方面交易,有着专业知识、理解能力和业务素质积淀,故应具备较强经营能力。不论在与普通民事主体还是商事主体的交往中,商人都应承担与其能力相匹配的注意义务。(2) 商行为具有营利性。在当事人均为商人的交易中,因双方之间的经营能力相对均衡,故商品和资金的高效流转是营利的主要路径。为提高流转效率,法律要充分保障商品交易之简便和迅捷,而这些的实现前提是交易主体具有较高的责任意识;在一方为民事主体的交易中,实质上的公平,课以商人较高的义务,是实现营利的保障,因为在交易中兼顾能力较弱者利益和社会公共利益是维护市场良性运转的手段。加重责任主要表现为以下具体制度:(1) 保证的连带责任;(2) 要约是否承诺的通知义务;(3) 对要约附送货物的保管义务;(4) 商主体的严格注意义务,例如,销售商发生的标价错误问题,是不被允许基于重大错误的规定而解除合同的。显然,《民法典》没有体现(1)(2)和(4)制度。

加重责任还在履约损害赔偿的规定中区别于民事合同的填平责任。填平责任原则依据损益同销的民法理论,认为过错方损害赔偿的目的是填补受害人的损失,而并非使其因赔偿而获利。加重责任原则主要体现为两个方面:一是责任标准上,实行无过错原则。二是责任范围上,在要求损害造成者尽量补偿私人成本的同时,再使其承担"惩罚性责任"。② 所谓的"惩罚

---

① 也有学者采用了"严格责任主义",参见赵中孚主编:《商法总论》(第三版),中国人民大学出版社 2007 年版,第 44 页;任先行主编:《商法总论》,北京大学出版社 2007 年版,第 75 页。

② 焦富民:《论经济法责任制度的建构》,载《当代法学》2004 年第 6 期。

性"是指,以警示为目的的金钱赔偿数额不以受害人的损失为限,且责任承担方式除了金钱惩罚之外,还有资格罚、声望罚等。从责任标准和范围上看,《民法典》合同无效、被撤销规定和违约责任中的损失赔偿责任,虽然在履行利益和信赖利益的范围上不一,但明显都为填平责任。可见,加重责任在违约后规范群落中表现并不明显。

二、商事价值的供给不足

商事价值指,商主体在经营活动中为实现经济利益形成的理想品格。为实现营利,商事交易应具备自治、效率和体系(通过多种交易实现一种目的)的价值。

(一)商事自治的价值不足

商事自治并非私法自治在商法中的直接体现,而是在中世纪商人阶层的形成过程中逐渐产生与发展起来的。① 商事自治是商人们在开展跨地区贸易中,为了免遭潜在的本土法律歧视和可能出现的国家权力滥用所生控制,而在商人团体内部通过承认、传播和裁判机制建立的调整模式。这种调整模式的形成与商事规则自身也有很大关系,即维持商业发展的规则基于自发秩序不仅不需要而且常排斥强制力的介入。因此,与私法自治强调保护当事人自主意思不同,商事自治的核心是商人团体的自我约束。由于团体内部的约束,在商事交易中,当事人为促使合同得到实际履行,有时会约定较高的违约金,但根据《民法典》之规定,法院或仲裁机构却可以依一方当事人的申请,对违约金予以酌情减少;企业为弥补融资缺口,有时愿意以较高利率向个人借款,但该利率却被相关司法解释限定在同期 LPR 的 4 倍之内;有时愿意转让与自身有特殊信任关系或事关生计的债权(如劳务给付请求权)实现融资或还款,但债权内容和转让形式受到了《民法典》相关规定的限制。《民法典》类似于以上遏制商事自治原则的规定实际上都有悖于现代商法中不断强化私法自治的理念。

(二)商事效率的价值不足

商事交易的目标在于充分利用现有资源以追求最大经济效益,而资金与商品的流转频率与其所得的效益成正比。在利益驱动下,交易主体都追

---

① 范健:《商法》(第四版),高等教育出版社、北京大学出版社 2011 年版,第 12 页。

求高效经营,试图使交易更便捷。为实现这一要求,缔约形式必定会以形式自由为主要原则,而不是传统的书面形式;缔约方式必定会以缔约竞争制度为主要制度,而不是传统合同法的要约与承诺制度。然而,《民法典》"合同的订立"章的规定具有浓厚的形式色彩:(1)由于合同形式自由原则规范技术上的隐蔽性,实行形式强制的合同类型实际上仍占较大比重;(2)由于合同订立与形式不分,书面合同形式约束了合同订立方式自由原则;(3)我国对不遵守书面形式法律后果的规定,容易导致意思自治受到严重抑制且被交易机会主义所裹挟;(4)"要约—承诺"结构性匹配的形式标准阻碍合同成立。

(三)商事体系的价值不足

《民法典》商事体系的价值不足,即重个别轻整体。有两方面的体现:一方面是在简单交易结构中,忽视交易双方利益的整体性。委托合同任意解除权规范的理论基础,即委托人与受托人之间的特殊信赖关系,这是以普遍无偿的民事委托作为预设。① 然而,交易双方之所以能够建立商事委托关系,不仅是因为相互信赖,更多的是因为通过委托可以实现自身利益的最大化。如果在这种情形下,没有任何约束地赋予委托人一方以任意解除合同的自由,那么相对方已有的投入和追求的利益会遭受严重打击,从而陷入跋前踬后的困境。②

另一方面是在复杂交易结构中,忽视各法律关系之间的整体性。复杂交易结构,即商事主体通过将一项完整的交易行为拆分成不同合同文本,以不同的法律关系组合来实现特定的交易目的。从单一的法律关系看,可能会出现"名不副实"的现象。如对赌协议包含两种法律关系,一是投资方向目标公司增资扩股,认缴目标公司注册资本。二是对赌协议本身,其常见条款类型如投融资双方约定的对赌条件不成就时,投资方请求融资方依约回购投资方的全部或部分股权。名股实债也有两种法律关系,一是债权债务关系,即出借人与借入方之间的借款合同法律关系;二是通过股权转让或增资扩股形成的股权法律关系,即出借人以股东身份持有目标公司或借入方

---

① 黄薇主编:《中华人民共和国民法典合同编释义》,法律出版社2020年版,第891页。
② 张谷:《中国民法商法化举隅》,载《金融法苑》(总第60辑),北京大学出版社2005年版。

持有的某公司的股权。若以《民法典》法律行为效力规范群落认定这些合同的效力,会出现两种情形,即内部关系探求当事人的真实意思,外部关系保护第三人的信赖利益。从而导致,当以上两种交易发生对赌失败和目标公司破产或解散的情况时,出资人在本作为保证债权实现的关系组合中成为公司股东,这打破了交易体系的整体性。

三、商事规范的基准失序

社会阶段的演进导致交易的异化,工商社会和数字社会交接期中的经济活动相较于工业社会初期,更依赖于大规模的资本投入,这是因为专业化和信息化生产推动了商业模式变革。这种变革的一个重要表现是交易特征由即时性和完全性转为长期性和灵活性,从而导致能够关注长期合作稳定、调整当事人之间复杂关系和嵌入社会背景的继续性合同占据了合同模式的主导地位,如雇佣、承揽、委任合同等。[①] 随着交易的复杂程度加深,形成了以继续性合同为子合同的合同群落,如供应链合同群、基础设施建设合同群、商业特许经营合同群等。相较于继续性合同对交易过程的关注,合同群则更关注子合同之间、群成员之间的协作与对抗结合,权威治理与平等自治并存的特殊关系。[②] 两者只是在维度上对交易有个体性和团体性的认识差异,其都是以信任和协作为要素维持合同关系。然而,《民法典》"合同编"仍然是以合同关系的确定为主线来构造相关合同制度的[③],关系性合同理论被作为例外甚至类似性制度而安置于其中。所以,一时性合同的基准不足,导致了合同必备条款、合同解除事由、合同解除效果等规范不适应现代交易结构。

---

① Ian Macneil, "Relational Contract: What We Do and Do not Know", 5 *Wisconsin Law Review* 483, 485 (1985).

② 徐英军:《契约群的挑战与合同法的演进——合同法组织经济活动功能的新视角》,载《现代法学》2019年第6期。

③ 屈茂辉、张红:《继续性合同:基于合同法理与立法技术的多重考量》,载《中国法学》2010年第5期。

第三节 《民法典》合同编商事理念的重塑

交易习惯作为商人自发形成的交易规则,其中必然凝结了普遍化的商事理念,也反映了交易实践中的一般做法。在一定意义上,交易习惯是商事习惯的另一谓称和法律条文中的表达。商事理念下的合同立法与其说是制定规则,毋宁说是承认交易习惯。因此,交易习惯是商事理念的主要表现。

一、商事理念的源流:商业市场

(一)欧洲悠久的商业历史孕育了交易习惯作为主要渊源的商事规则

欧洲商业随西罗马帝国的灭亡一度式微,直到中世纪后期,情况开始发生变化。农业生产力的迅速发展和殖民运动的兴起,意味着需要更少的劳动力来生产满足人们生活所需的粮食和衣服。农业商品生产水平的提高在一定程度上刺激了更大规模的贸易,大量的人口流入城镇,其中许多的城镇迅速发展成为大型城市,在这些城市中职业商人阶层开始出现。从此,欧洲便迎来了一场规模空前的"商业革命"。① 正是在这个时期,跨地区商品贸易的开展需要有统一的体系化和演进式的交易规则予以规范。而不论是历经几个世纪流传下来的罗马习惯法还是重新发现的市民法,都不能充分地解决早期商业革命中出现的问题。② 商人们便依靠团体内部的实践经验,衍生出自我约束的规则,因此中世纪商人法最基本的特点就是其是一种典型的交易习惯。

中世纪正在兴起的商业内,由于地域的限制,各城市市场和集镇首先形成了本土化的商业习俗(地区内固定的行为模式),以解决本地区商业交易中的问题。接着,商人们开始跨越政治、文化和地理的界限经营业务,成千上万的交易者远赴欧洲各地的集镇和城市市场进行商品贸易。当各地的交易习俗交织在一起时,商人们发现有些规则是通行的,对于相冲突的习俗则通过互惠、效率等检验机制选择出最能提高交易效率的规则。这些规则在

---

① 〔美〕C. 沃伦·霍莱斯特:《欧洲中世纪简史》,陶松寿译,商务印书馆1988年版,第17页。
② 〔美〕哈罗德·J. 伯尔曼:《法律与革命——西方法律传统的形成》(第一卷),贺卫方等译,法律出版社2008年版,第328页。

循环往复的贸易中被推而广之（一般是通过商业行会），逐渐打破了交易地本土法律的地方保护，成为商业惯行（各地区通行的交易模式）。此后，鉴于各地皇室法庭不能接受、理解和适用这些惯行，由商人组成的商事法院依据商人们公认的"惯行"来裁判纠纷，其结果的执行力源于被整个商人团体所排斥的威胁，这样这些"惯行"就成了具有裁判规范效力的"商事习惯"。随着贸易活动的日益繁盛，城市国家（指自治城邦）通过法律汇编将其中的一些习惯发展成为"习惯法"，赋予其行为规范的效力。

从15世纪开始，欧洲各国逐渐开始对商事活动进行干预，商事习惯逐渐被国家的商事立法取代。真正称得上近代商法的，是1807年《法国商法典》以来的各国商事立法，落入既有法律制度的商人法也开始变得僵化。与此同时，普通法系国家也试图通过成文法（如《英国商人宪章》《美国统一商法典》）夺回商业活动的管辖权，并通过普通法法院积极地争取商事纠纷的审判权。但是，从大陆法系各国频繁从趋于成熟的交易习惯中吸取"养料"来修改各自的商法典的现实情况来看，想要脱离商事习惯而建立的商法典框架也并非"完美"。不仅是商法典，欧洲国家的民法在市场交易规则中也大量吸收了商人法的内容[1]；在英美法系，一些法律史学家称曼斯菲尔德勋爵（Lord Mansfield）为英国"商法的创始人"，但事实上，曼斯菲尔德也仅仅是把商人法再次移植入英国法。[2] 普通法法院虽然凭借国家强制力获得了商事法院裁判的上诉权和执行权，但是法官也不得不主动适用商事习惯，并且新生的仲裁机构也对其造成了威胁。可见，各国所谓的"商事立法"也仅是对商事惯例加以承认或者稍作修改。[3] 即使政治国家的出现也并不能阻碍交易习惯作为商事法律的主要渊源，甚至需要主动遵从交易习惯。

当今国际贸易盛行，新的交易习惯大量出现，并且迅速发展以摆脱国内法的桎梏。由于国家立法固有的滞后性和地域性等特点与商业社会瞬息万变的特征难以相容，国家法院通常无法完全适用基于国际交易习惯形成的私法。商人们开始重新建立自己的裁决机构，以国际商会（ICC）国际仲裁院为代表的仲裁机构成为解决国际商事合同纠纷的首选。借此，尽管遭受到

---

[1] Leon E. Trakman, *The Law Merchant: The Evolution of Commercial Law*, Fred B. Rothman and Co., 1983, p.24.

[2] Ibid., p.27.

[3] W. Mitchell, *Essay on the Early History of the Law Merchant*, Burt Franklin, 1904, p.11.

实证主义法学的质疑,国际范围内"新商人法"开始出现,以适应不断变化的交易习惯。① PICC、CISG 和 DCFR 等国际商事合同规则的出现正代表了这种趋势。为了促进本国市场的繁荣,各国政府也开始约束自身权力,承认和执行仲裁裁决,并主动以国际交易软法为蓝本制定或修改本国的交易法规则。因此,在经济全球化的浪潮下,商事规则以交易习惯为主要渊源的特征愈加明显。

(二) 市场长期缺位导致我国立法缺失商事理念

我国的贸易与合同立法发展历程可以分别以改革开放和加入 WTO 为界限。改革开放前,我国贸易实行指令性计划管理。在这一制度下,贸易经营权实行行政审批制度,企业是否有权进行贸易,以及企业贸易经营的商品品种、范围,都需经政府行政主管部门审批。政府掌握着绝大部分资源,依此决定经济发展中"生产什么、怎样生产和为谁生产"的问题。因此,在市场缺位的环境下,国家不需要对市场进行宏观调控,合同法立法也无关紧要。

为了与中国改革开放的进程相适应,我国先后制定了《经济合同法》《涉外经济合同法》和《技术合同法》三部合同法,分别适用于国内经济合同、涉外经济合同、技术合同。我国之所以采用不同市场的规制路径,是因为缺乏市场规范经验,步子不敢贸然迈得过大。在这一过渡阶段,虽然计划经济被不断赋予"市场"元素,但是其在经济体制中的基础地位并没有被根本动摇。市场经济并没有得到明确表达(以商品经济阐述)和地位确立。以开放力度最大的对外贸易为例,对外贸易主体资格的取得依靠审批制,故经营模式上,传统的国有贸易企业一直充当着"中间商"的角色。

自党的十四大明确了我国经济体制改革的目标是建立社会主义市场经济体制之后,党和国家政策以及《宪法》都立即对市场经济的价值和地位予以肯认。由于缺乏统一的市场交易规则阻碍了我国加入 WTO 的进程和市场经济的运行,我国在 1993 年开始了《合同法》的立法工作。在走过计划经济时代,民事立法者在制定市场交易规则过程中面对自治和管制的调和时,势须作出更细密的思考。② 这是因为,欧洲市场先于政治意义的国家出现,悠久的商业历史孕育了大量交易习惯。资本主义国家私法典凭借着长期市

---

① Michael T. Medwig, "The New Law Merchant: Legal Rhetoric and Commercial Reality", 24 Law & Pol'y Int'l Bus 578, 589 (1993).

② 苏永钦:《民事立法与公私法的接轨》,北京大学出版社 2005 年版,第 27—28 页。

场交易的经验一般先于公法典制定,其合同立法仅需在整合交易习惯的基础上,作部分领域的调整。然而,中国的立法顺序则是反过来的,合同立法是为了回应政治需求。

由于计划经济思想一时难以转变,立法者在"回填"自治规范时,就难免会受管制思想的冲击。合同法的起草中,有关部门同志在谈合同的行政管理时提出,我国的市场经济刚刚起步,对外贸易中常有合同的签订、履行问题,导致国有资产流失严重。甚至认为,企业代表国家或集体对共有财产进行管理,无权随意处分,现在放弃行政管理为时过早。[①] 所以,合同立法对交易实践和惯例照顾不周。

二、市场导向下交易习惯一般条款的功能完善

(一)《民法典》中交易习惯一般条款的体系定位

《民法典》颁行前,交易习惯在我国法律和司法解释中有大量适用依据,但是,司法实践中交易习惯的适用却不尽人意:一是,存在着诸如直接引用法条但未具体论证交易习惯、证据审查体现对交易习惯适用的趋势未具体论证等问题[②];二是,很多案件中当事人提到交易习惯或贸易习惯的运用,法官却在说理中进行了回避,并未对相应证据是否能体现交易习惯进行明确。[③] 原因是,大多数交易习惯的认知是通过以往的交易行为或者交易团体中的关系网得以确定,这与法律的确定性不同。虽然最高人民法院《关于适用〈中华人民共和国合同法〉若干问题的解释(二)》第 7 条[④]界定了交易习惯的含义,但是其中的词语仍然具有模糊性,如通常采用、经常使用等,有的

---

① 全国人大法制工作委员会民法室编著:《〈中华人民共和国合同法〉立法资料选》,法律出版社 1999 年版,第 175—176 页。
② 例如,原告王海珍诉被告郑州增奇新钢铁有限公司买卖合同纠纷案,河南省郑州市中级人民法院(2012)郑民三初字第 905 号民事判决书;四川超源同新信息科技有限公司诉华普信息技术有限公司买卖合同纠纷案,上海市第一中级人民法院(2013)沪一中民四(商)终字第 90 号民事判决书等。
③ 海林公司诉晓星公司购销合同纠纷案,载《最高人民法院公报》2000 年第 5 期。
④ 最高人民法院《关于适用〈中华人民共和国合同法〉若干问题的解释(二)》第 7 条规定:"下列情形,不违反法律、行政法规强制性规定的,人民法院可以认定为合同法所称'交易习惯':(一) 在交易行为当地或者某一领域、某一行业通常采用并为交易对方订立合同时所知道或者应当知道的做法;(二) 当事人双方经常使用的习惯做法。对于交易习惯,由提出主张的一方当事人承担举证责任。"

法官认为三次即为通常,有的法官则认为两次即为通常。而且并未规定交易习惯发生冲突时怎么适用,仅以"订立合同时知道或者应当知道"加以概括。因此,在现代法律语境下寻找交易习惯是否符合特定要素,以进一步确认交易习惯是否应该具有约束力。

《民法典》颁行后,在丰富对交易习惯的诠释之前,需要解释交易习惯一般条款在法典体系中的位置,这是因为法源条款的一般规定以习惯代替了旧法中的国家政策,造成习惯和交易习惯共存的格局。首先,法源条款中的习惯作为交易习惯的上位概念,应统合民事习惯和商事习惯,成为事实上的习惯。通说认为,民法法源中的习惯并非指事实上的习惯(惯行),而是指习惯法。[①] 而习惯与习惯法的区别在于,前者是社会所通行的行为模式,后者是国家所承认的法律。根据罗马法传统,习惯成为法必须具备三项要件:第一,长期稳定的习惯;第二,普遍的确信;第三,观念上以其为具有法律拘束力之规范,其核心在于是否形成了"法的确信"。[②] 法律确信可以理解为公认是强制性的[③],即社会普遍认为应该受其约束。

这种筛选标准的实现对于民事习惯较为容易,但是对交易习惯则较为困难。一是,效力范围的局限性。交易习惯发端于个别交易中,形成于特定商业领域内,不从事相关交易者很难知晓其内容。二是,规范理解的技术性。交易习惯是由商人这一具有较高智识的群体为专业行为精心设计的,与民事习惯等伦理性规范承载有社会大众朴素情感不同,其内容并非仅凭一般常识所能理解。三是,行为模式的灵活性。市场瞬息万变,交易行为需要保持开放性以随时应对不断变化的商业环境和条件,其所形成的模式也很难被长时间固定。因此,通说对《民法典》第 10 条的解释提升了司法实践依据本条规定适用交易习惯的难度,导致有关本条司法判例中极少涉及商事纠纷案件,这打破了《民法典》"总则——分则"体系逻辑。

其实,不论是观察《民法典》第 10 条还是比较法,我国法源条款中的习惯都是事实上的习惯。就规范本身而言,作为裁判规范性质的法源条款不要求习惯成为效力渊源。我国学者对法源有两种理解,从立法来讲,法源专

---

① 杨代雄主编:《袖珍民法典评注》,中国民主法制出版社 2022 年版,第 10 页;陈甦主编:《民法总则评注》(上册),法律出版社 2017 年版,第 75 页。
② 朱庆育:《民法总论》(第二版),北京大学出版社 2016 年版,第 40 页。
③ 姜世波:《习惯法形成中的法律确信要素——以习惯国际法为例》,载谢晖等主编:《民间法》(第 8 卷),山东人民出版社 2009 年版。

指具有法律效力的表现形式;从司法和法官裁判的角度,法源系指"一切得为裁判之大前提规范的总称"。① 前者是指具有法律拘束力并可直接作为法官裁判依据的准则来源,是以制定法为主要表现形式,也被称为"正式渊源";后者还包括了不具有法律拘束力、但具有法律意义并可能构成法官审理案件依据的准则来源的"非正式渊源",如习惯、政策和判例。拉兹(Raz)指出,法律渊源是指那些鉴别法律有效性及其内容的事实,区分了规范作为裁判依据来源于法律约束力和内容符合社会的公共行为模式两种途径。② 这种定义解释了非正式的法律渊源虽然没有法的效力但可以作为裁判之大前提的原因。

我国学者借此提出效力渊源和认知渊源的分类,前者与法律效力直接关联,后者是指司法裁判中作为法律推理大前提的规范命题本身在内容上的来源,关注个案的适用。③ 因此,作为行为规范性质的法源条款是指效力渊源;作为裁判规范性质的法源条款是指认知渊源,其内容的正当性来源于,内容合理反映了人们的行为事实,且必须获得制度性权威直接或间接的认可。《民法典》第10条与《民法通则》相比,适用范围上以"处理民事纠纷"代替了"民事活动",更加突出法源条款的裁判规范性质,并且该条为具有内容合理性的规范提供了权威性认可。这意味着法典对法源的理解由规范效力向裁判依据的转变,其所要讨论的问题不再是规定如何具有法的约束力,而是法官应该援引何种规定作为裁判依据。在此意义上,习惯仅是认知渊源的表现,是事实上习惯(惯行),且法律要求不得违背公序良俗,司法解释又增加了不得违背社会主义核心价值观的要求。

就比较法而言,比较法中充斥着"习惯法"和"(事实上)习惯"两种概念。学者常参照我国台湾地区"民法"和《瑞士民法典》第1条的内容,将习惯解释为"习惯法",但是缺乏体系内和比较法的整体考量。《瑞士民法典》第1条规定,所谓习惯法,是 Gewohnheisrecht,其余条文多称为 Brauch、Orts-

---

① 参见张文显主编:《法理学》(第四版),高等教育出版社、北京大学出版社2011年版,第52—53页;王泽鉴:《民法总则》,北京大学出版社2009年版,第47页;梁慧星:《民法总论》,法律出版社2011年版,第25—26页。
② 〔英〕约瑟夫·拉兹:《法律的权威:关于法律与道德论文集》,朱峰译,法律出版社2005年版,第43—44页。
③ 雷磊:《重构"法的渊源"范畴》,载《中国社会科学》2021年第6期。

brauch、Kaufmännische übungen 等,指交易上的惯行,并不具有习惯法的意义。① 我国台湾地区"民法"仿照《瑞士民法典》严格区分了作为效力渊源的习惯法(仅为第1条法源之规定)和作为认知渊源的习惯(分布在法典的具体规则中)。一般认为,第1条中的习惯须以惯行之事实及普通一般人之确信心为基础,且仅具有补充法律的效力;而其他法律条文中的(商业)习惯,不适用第1条的规定,此项习惯即因法律之特别规定,而有优先之效力。② 例如,第207条确立了商业上将利息滚入本金再生利息的习惯优先于民法规则的适用顺位,作为认知渊源的习惯也是实现民商合一的主要立法方式。可见,不同条文中的"习惯"汉语表述看似相似,实则对应不同的德语表达。然而,反观我国《民法典》相关司法解释中习惯和交易习惯的定义,都是指一定地域、领域或行业范围的惯常做法,具有概念上的同一性。因此,不能单从比较法中法源条款之习惯,就推定我国《民法典》之规定。从法典的体系逻辑上理解,习惯应当包含交易习惯的概念,故总则编中的习惯应对应比较法中事实意义上习惯 Brauch 等概念。

其次,法源条款中习惯所处的位阶弱化了习惯在商事纠纷适用中的优先顺位,合同编中的交易习惯条款仍应是商事习惯适用的主要依据。《民法典》第10条在文义上确立我国商事纠纷"商法—民法—习惯"的法源顺位,就此造成习惯的补充法源地位,使其劣后于制定法。这种做法可能是仅考虑到了民事习惯,因为根据《民法典》总则编司法解释,第10条中习惯多指民间习俗。对比民商分立国家的商法典,普遍地确立了"商法—习惯(法)—民法"的三位阶法源体系,使习惯在商事纠纷的解决中处于优先于民法的顺位。日本学者提出民事习惯和商事习惯之所以有不同的位阶,原因之一是两者的性质不同。"在民事习惯的适用上,应当遵照一般法理,无论法律对某种情形有无具体规定,都要承认法律规定的效力(立法优先原则)。然而,商事习惯(法)并非处于补充民法的法源位阶,两者之间构成一般法和特别法的关系,商事习惯(法)优先于民法适用。"③

我国学者亦提出,不论将商事法律性质解释为民法还是私法的特别法,

---

① 李敏:《〈瑞士民法典〉"著名的"第一条——基于法思想、方法论和司法实务的研究》,载《比较法研究》2015年第4期。
② 王泽鉴:《民法总则》,北京大学出版社2009年版,第63页。
③ 〔日〕大隅健一郎:《商法总则(新版)》,日本有斐阁1978年版,第81页。

都说明商法是一个相对独立的体系。如果贯彻"特别法优先"的适用原则,那么适用一般法规定的前提是作为特别法的商法是没有任何漏洞的。囿于法律形式逻辑的局限和商业社会日新月异的变化,商法体系不可避免会存在漏洞。于是商事习惯就成为填补漏洞的主要方法[①],这也解释了为何日本学者称商事习惯(法)和民法之间是一般法和特别法关系。除此之外,通过对商事规则演进过程和交易习惯的独特性观察,可以发现比较法的认识更符合商事纠纷的裁判逻辑。在我国司法实践中,有法院已经按照商事习惯优先于民法适用的思路进行裁判[②],尤其在专业交易领域,比如字画交易,法官会采用古玩领域的惯行裁判案件,而不考量合同编的一般规定。[③] 这种习惯优先适用的逻辑在"合同编"有关交易习惯的规定中皆有体现。

综上,《民法典》第 10 条中的"习惯"作为事实上的行为模式,为交易习惯作为裁判之大前提规范提供了正当性基础。倘若要赋予习惯某些价值要素,仅需从行为的事实意义上进行思考;结合相关司法解释,考虑到民事习惯和交易习惯的内容和法源位阶差异,交易习惯的适用主要依据合同编中的规定。

(二)从社会学功能主义视角分析交易习惯

在市场自治的背景下认识交易规则,需要裁判者从功能的角度思考市场运行中法律制度的共同问题,主动借鉴社会学的方法,以此找寻功能观察点。这是因为,理解市场不是一个单纯的法律问题,还要理解商人的经济行动。并且,法律中的"习惯"作为事实上的行为模式,需要深入到社会层面进行考察。然而,这样的理解变化并没有动摇民法典最原初的理性经济人假设,只使其在方法上也能接纳某些社会科学的研究路径。其结果是将法律规范放置于社会现实进行考察,而不是单纯从规范自身的概念和逻辑等方面认识交易规则。因此,社会学对经济行动系统的分析,可以为深化理解交易习惯的裁判规则性质提供一种功能主义的视角。

---

① 钱玉林:《商法漏洞的特别法属性及其填补规则》,载《中国社会科学》2018 年第 12 期。
② 钱玉林教授列举了两个司法实践中的案例来说明此种情况。参见钱玉林:《民法总则与公司法的适用关系论》,载《法学研究》2018 年第 3 期。
③ 广东省珠海市中级人民法院(2017)粤 04 民终 1413 号民事判决书、四川省南充市中级人民法院(2016)川 13 民终 2865 号民事判决书等。

第五章 《民法典》合同编商事化的补足：空间与再造　　231

帕森斯在分析经济行动时，把行动系统分为四个子系统（如图一）：社会系统、人格系统、文化系统和行为有机体系统。这些系统之间相互依存、相互影响，它们各自执行不同的功能，以共同维持整个系统的运行。四个系统对应着四种功能：行为有机体系统具有适应功能（Adaptation）、人格系统具有目标获取功能（Goal Attainment）、社会系统具有整合功能（Integration）、文化系统具有模式维持功能（Latency）。① 卢曼在这种刻板的分析范式上，活化了法律规范在社会系统论中的动态演进过程，这个演进表现为"变化—选择—稳定"的循环过程。这个过程不断循环演进，就是实现"规范性行为期望的一致性和一般化"这一法律功能的法律演化进程。②

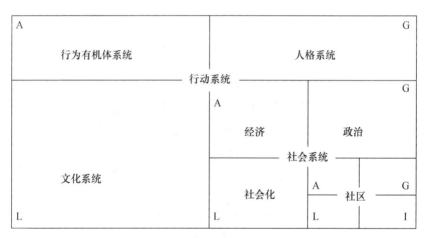

A—对环境条件的适应
G—从环境中获取目标的取向
I—系统整合
L—系统模式的维持

图一　AGIL 功能分析模式

从功能理论看，法律的演化是行动系统中的一环。功能主义理论假定社会是一个行为有机体，它具有整合环境内资源的能力。法律系统作为社会的子系统之一，当经济环境发生变化时会衍生出新的应对机制，这种变化是由经济行动引起的。行动系统的多元性导致法律规范冲突，从而在社会

---

① T. Parsons, *The Social System*, The Free Press, 1951, p. 67.
② 〔德〕尼克拉斯·卢曼：《法社会学》，宾凯、赵春燕译，上海世纪出版集团 2013 年版，第 213—217 页。

维度为规范变化提供了契机。但是,规范的内化不是一蹴而就的,在规范的衍生过程中存在各种异质性规范,而这些规范经过筛选得出符合经济行为的最佳模式。

法律规范以程式的形式从(商人)人格、角色和价值中分化出来,并呈现出法律文本的条件形式。这种动态过程形式上表现为立法者(法官)的权衡,实质是社会的人格系统为了达至经济目标而进行的自发行动,这也就从原理上解释了为何交易习惯是商事规范的主要渊源,甚至使其排除了国家强制的干涉。正如哈耶克的解释,表象中拥有权力去裁决法律纠纷的人,实际上并不需要去决定当下的行为是否违反了国家意志,但是需要决定"他们的行为是否符合其他契约当事人的合理期待,因为其他契约当事人的行为符合团体成员依据经年累月实践形成的习惯"[①]。因此,在功能主义视角下,法官的裁判应关注规范背后商人的利益期待。

(三)以营利性和自律性认定交易习惯的约束力

裁判者可以结合行动系统的子系统,来理解商人的利益期待,从而判断交易习惯是否具有拘束力。第一,商人人格。田中耕太郎博士评价商人是"营利之人",是作为"完全无视附着于人的自然的和人为的色彩、与其他的人相对立的一个赤裸裸的'经济人'"。因此,所有附着于他人的性格被剥去,纯粹地作为营利主义的斗士决定输赢。[②] 然而,随着市场交易复杂程度的提升,现代民法对人的态度,发生了"从自由的立法者向法律的保护对象""从法律人格的平等向不平等的人""从抽象的法律人格向具体的人"的转变,在其背后是"从理性的、意思表示强而智的人向弱而愚的人"的转变。[③] 人格系统具有目标获取的功能,从商人和民法人呈现人像区分来看,商人的经济行为目标就是营利,而民事主体则多为营生。商人人格因其"强而智"的特征,故在营利目标的获取中保持有较高理性,裁判者应尽量维护合同中的利益安排,即使在一般人眼中这种安排是不合理的(如过高的违约金)。但是,由于民法人人格"弱而愚"的特征,裁判中应限制商事习惯对营生为目的交易行为的适用。

---

① 〔英〕弗里德利希·冯·哈耶克:《法律、立法与自由》(第1卷),邓正来等译,中国大百科全书出版社2000年版,第98页。
② 〔日〕星野英一:《私法中的人》,王闯译,中国法制出版社2004年版,第43页。
③ 同上书,第50页。

第二,商业文化。从欧洲商业的发展历史看,商事惯例蕴含商业自律的文化传统。中世纪商业惯例大多都起源于商会。欧洲中世纪初,随着商业和城市、地区、国际贸易的不断发展,商会组织在西欧逐渐普遍。当商会组织日渐发达,商人们对其的依赖和信任逐渐增加,又因于皇室法庭不能高效合理地解决团体内的争议,他们赋予了商会一定的内部司法权。为了促进本行业市场的良性发展,商人们甚至让作为法人团体的商会掌握了本行业的经营管理权,包括制定行业章程制度监督生产和交易以及垄断市场。到中世纪末,商人入会已经成为获得经营资格和市民身份的先决条件,商会的管理和裁判结果也因被行会开除之威胁而更具执行力。商会在其内部有适当的监督权,其成员对组织和组织代表的意见也表现出十足的忠诚。① 因此,个体之间的交易模式若想得到团体的承认,行会是一个重要媒介。根据行会的角色,商业惯例就是商人之间自我约束的手段。裁判者需要理解,商人的利益期待不限于行为一时的营利,更包含长期行为的营利,而商业惯例的约束就是保障。因此,适用商业惯例是课以商人更严格责任的表现。

三、市场演进中交易习惯具体规则的法律续造

(一)具体规则因缺乏对市场变化的观察而对商事实践反应不及时

《民法典》第491条第1款②对交易中常用的确认书进行了规定。现有学说有三种观点,一是认为本条规定的确认书是一种合同书,是合同的书面形式③;二是认为本条规定的确认书签订是合同的最终承诺,或者说是承诺的最终组成部分④;三是认为本条规定的确认书是单方提出或者双方约定的合同的特别成立条件⑤。但是,确认书作为国际商业实践所衍生的惯例,主

---

① 〔美〕C. 沃伦·霍莱斯特:《欧洲中世纪简史》,陶松寿译,商务印书馆1988年版,第23—28页。
② 《民法典》第491条第1款规定:当事人采用信件、数据电文等形式订立合同要求签订确认书的,签订确认书时合同成立。
③ 韩世远:《合同法总论》(第四版),法律出版社2018年版,第112页。
④ 江平主编:《中华人民共和国合同法精解》,中国政法大学出版社1999年版,第27页;王利明:《合同法研究》(第1卷)(第三版),中国人民大学出版社2015年版,第297页;杨立新:《中华人民共和国民法典条文要义》,中国法制出版社2020年版,第361页。
⑤ 朱广新、谢鸿飞主编:《民法典评注·合同编·通则1》,中国法制出版社2020年版,第214页。

要适用于两种情形：一是证明合同的成立（evidentiary effect），即重复和总结交易双方已采用口头或电话、电传等形式订立的合同内容，对此前达成的合同没有任何影响；二是创设新的合同内容（decisive effect），即细化和修改交易双方已确定必要条款但没有达成最终协议的合同内容，对此前双方均认为基本成立的合同有变更。① 由此导致，在出现确认书的缔约过程中，国际实践中普遍认为的合同成立时间被我国立法推后。②

《中华人民共和国民法典合同编释义》指出，本条的规定反映了原涉外经济合同法时期我国对外贸易企业的习惯做法③，此时对外贸易处于转型期，这种做法是为了服务于国有企业行政管理的需要。但是在现今外贸实务中，中国企业要求签订确认书的目的已经转变。由于数据电文订立的合同没有书面凭证或书面订立的合同内容繁多，确认书可以作为简式交易凭证在图二所示的贸易环节中提交申报。综合国际和国内商业实践中的做

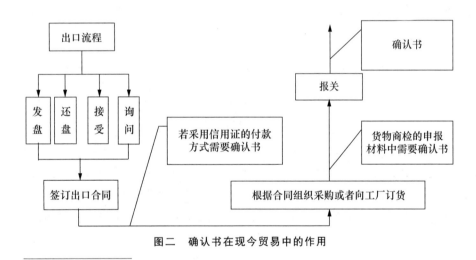

图二　确认书在现今贸易中的作用

---

① Michael Esser, "Commercial Letters of Confirmation in International Trades: Austrian, French, German and Swiss Law and Uniform Law unter the 1980 Sales Convention", 18 *Georgia Journal of International and Comparative Law* 427, 429 (1988).

② 〔德〕维尔纳·弗卢梅:《法律行为论》,迟颖译,法律出版社 2013 年版,第 791 页；Michael Esser, "Commercial Letters of Confirmation in International Trades: Austrian, French, German and Swiss Law and Uniform Law unter the 1980 Sales Convention", 18 *Georgia Journal of International and Comparative Law* 427, 430 (1988); Tobias Lett, Das kaufmännische Bestätigungsschreiben, JuS 2008, S.851.

③ 黄薇主编:《中华人民共和国民法典合同编释义》,法律出版社 2020 年版,第 69 页。

法,我国确认书规则明显将问题简单化了。就条文内容而言,其明显的漏洞就是没有规定合同成立后签订确认书的情形。

类似的问题还有意向书、谅解备忘录。在谈判周期长、协商内容多的国际交易中,合作方不仅会在合同成立之后签订确认书重申合作内容,以保障交易的完全履行,有时也会在缔结正式协议或合同之前签署"谅解备忘录"(Memorandum of Understanding)或"意向书"(Letter of Intent)等过程性文件记录双方达成的阶段性成果,以推动合作进展,并促成合作的最终达成。[①] 即使《民法典》第495条取代了最高人民法院《关于审理买卖合同纠纷案件适用法律问题的解释》第2条,在具体类型列举中省去了意向书和备忘录,也不影响意向书在本条适用。虽然预约合同仅要求双方达成约定时具备法律上的拘束意思,但是作为合同仍需要具有一定的确定性。对此,一般认为,预约合同需要包含本约的必要之点及当事人视为不可或缺的非必要之点。然而,商业实践中的意向书有时仅有简短几页,不会达到如此详细的程度,其作用是记录交易各方会谈的内容(记录性文件),或展示友好合作的意向(磋商性文件);有时则长达数十页,详细程度远超预约合同的要求,作为实质上的正式合同(本约)。

意向书在商业实践中并不单纯发挥预约合同的效力,既有规则对其性质的单一化导致司法裁判对意向书的多种功能没有形成清晰的界定标准。[②] 可能认识到规则没有全面反映交易习惯,《民法典》在预约合同条文中删去了意向书。但立法没有再对意向书进行专门规定,这也造成了意向书条款的漏洞。

(二)法官运用法律续造弥补交易习惯缺失的一般方法

如果现行法无法(具体)给出交易中常用文件用法的导向性观点,那么法官对相关规则的法律发现模式更偏向于"超越法律的法官法"。学者们认为,法官法两种领域之间的界限并不清晰,对它们加以区分是为了言明其各

[①] 许德风:《意向书的法律效力问题》,载《法学》2007年第10期。
[②] 参见尹小婷:《论意向书的类型构造、效力认定与损害救济——基于231份裁判文书的实证分析》,载焦宝乾主编:《浙大法律评论》(第7卷),法律出版社2021年版。

自都有自己的典型方法。① 《民法典》关于法律渊源的规定虽然只肯定了法律和习惯两种法源,但通过目的性扩张的解释方法可以将超越法律的法官法纳入我国民法的实际法源体系。② 超越法律的法官法是将一般条款具体化,依据一般条款填补有关漏洞是其典型方法。《民法典》总则编第一章规定的法律基本原则为法官的法律续造提供了丰富的素材,其中,自愿原则、诚信原则等也都是商法的基本原则,法官可以从这些原则中找寻法律续造的依据。但是,法官在法典内使用原则性条款进行法律续造时应以维护"国际的法律统一适用"为目标③,有必要借鉴比较法的立法、判例和学说所形成的规则或意见,丰富中国民法的理论,服务于中国民法的实践。④ 以第491条中确认书型沉默的漏洞填补为例,可以展示上述法律续造方法的运用。

欧洲在长期交易实践形成了确认书型沉默的交易习惯,被德国等国法院判例或者美国等国立法承认,称为创设性确认书规则。其是指,一方在合同成立后发出载有附加或者变更合同内容条款的确认书,假如受领人无即时地⑤就该确认书提出异议,合同将以确认书所载内容(包含被确认的先前协商内容)为准而视为成立。但是,我国立法对创设性确认书原理的论证,即将受领人的沉默解释为同意遇有困难。《民法典》第140条第2款规定,沉默只有在有法律规定、当事人约定或者符合当事人之间的交易习惯时,才可以视为意思表示。一方面,由于第491条的法律漏洞,我国立法没有将确认书中受领人的沉默拟制为意思表示。另一方面,根据我国目前的交易实情,确认书中受领人的沉默作为意思表示不是一种交易习惯,况且,德国商事法院通过数十年的判决才将确认书受领人沉默构成承诺作为习惯法被确

---

① 〔奥〕恩斯特·A.克莱默:《法律方法论》,周万里译,法律出版社2019年版,第152页;〔德〕卡尔·拉伦茨:《法学方法论》(全本·第6版),黄家镇译,商务印书馆2020年版,第461页。

② 陈甦主编:《民法总则评注》(上册),法律出版社2017年版,第77页。

③ 〔奥〕恩斯特·A.克莱默:《法律方法论》,周万里译,法律出版社2019年版,第270—272页。

④ 崔建远:《合同成立微探》,载《交大法学》2022年第1期;陈胜蓝:《商事合同确认书规则初探》,载王保树主编:《中国商法年刊2007》,北京大学出版社2008年版。

⑤ 《德国民法典》第121条:依第119条和第120条规定为撤销时,撤销权人应于知悉撤销原因后,于不可归责之迟延(实时)情事下为之。向非对话者为撤销时,撤销之表示尽速发出者,视为即时。

认下来。因此,法院需要对创设性确认书规则进行法律续造。

比较法对确认书是否具有创设效果的判断上,最重要的认定标准是信赖保护的必要性。德国古典的权利外观理论的核心思想是:对正常交易中的外观事实的合理信赖应得到法律的保护,从而拘束行为者的法律正当性的来源之一即为信赖保护的必要性。① 在德国创设性确认书的法教义学论证中,受领人的沉默不论依据法律规定的诚实信用原则和信赖保护原则,作为意思表示拟制还是基于符合交易的典型行为的权利外观作为意思表示,信赖保护原则都是漏洞填补的重要素材。此外,《联合国国际货物销售合同公约》框架下填补漏洞所适用的鼓励交易原则也是信赖保护原则的目的。确认书创设效果的根本原理是,法律出于保障交易安全的考量,对商事确认书发出人的特别信赖保护,故课以受领人担负一定程度的回复义务,否则其将承受合同变更的法律风险。

虽然我国立法上没有明确采用"信赖保护原则"的表述,但该原则可以从具体法律制度中进行抽取,或者直接以诚实信用原则作为一般条款。一方面,《民法典》关于信赖保护的具体规定可谓星罗棋布,如缔约过失责任、表见代理制度、善意取得制度等,可以从这些规则中抽象出信赖保护的一般原则。另一方面,《民法典》规定有诚实信用原则,可以将该原则具体化为信赖保护原则。诚实,要求行为人正直;信用,指相对人可以对其信赖。如果当事人都诚实地行使权利,履行义务,则当事人的合理信赖便可以得到回报。但是,人可能会做出有违诚实的行为,欺骗相对人的信赖。为惩戒违反诚实信用的行为,民法形成了各种具体的信赖保护制度。从这个角度看,信赖保护原则以诚信原则为依据,是诚信原则的具体化。②

信赖保护原则不能因为支撑交易安全的理由而被肆意适用,对善意者的信赖保护需建立在对实体权利人归责可能性的基础上。有学者统合了与因主义、过失主义和危险主义三种归责原理学说,认为信赖保护的最低认定归责可能性基准是实体权利人存在"危险支配"(归责)事实。③ 参照这种认定标准,只要信赖基础事实存在,确认书发出人的信赖保护就成立。关于信

---

① 朱广新:《信赖保护理论及其研究述评》,载《法商研究》2007 年第 6 期。
② 吴汉东、陈小君主编:《民法学》,法律出版社 2013 年版,第 33 页。
③ 孙鹏:《民法上信赖保护制度及其法的构成:在静的安全与交易安全之间》,载《西南民族大学学报(人文社科版)》2005 年第 7 期。

赖基础事实,有以下四种要件。

第一,长久交易协商的事实。长久意味着确认书的适用是双方的一种交易惯例,发出人可以合理信赖受领人能够收到并且阅读确认书所载内容。长久没有一个固定的时间标准,需要根据不同的商品类别和交易规模,在个案中具体认定。交易接触(geschäftlicher Kontakt)是发出人信赖保护的基础事实,即交易双方在订立先前合同时已经经过充分的协商,协商可以通过电话、电报、书信(含电子邮件)往来等方式。双方只有经过协商才能了解彼此的意思,即使合同订立后发出的确认书载有附加或者变更条款,在双方之前的交易接触中也可能已有提及,发出人可以合理信赖受领人同意。

第二,确认书发出时间和内容与合同订立具有关联性的事实。时间关联性的认定需要个案判断的积累,如果双方在先前的协商阶段就有交流或者适用确认书的惯例,可以将平均的时间间距作为认定标准。一般而言,应当根据先前的协商谈判时间长短和合同内容的复杂程度,认定确认书发出所需要的时间;内容关联性要求确认书能够将双方间成立合同的重要内容加以重述,在满足本身形式条件的基础上,依据一般普遍可接受的格式书写。此外,发出人对确认书与之前协商内容的不同之处有书面上的提示、说明义务,可以采用加粗、注明等方式,使受领人在书面审查中易于知晓确认书对先前合同修改的内容。

第三,附加或变更条款没有与已订立合同内容的事实发生重大偏离。首先,依据国际规范中成文法的规定,附加或变更条款不能实质性地变更原合同内容。《民法典》第 488 条关于承诺对要约的实质性变更范围的规定过于宽泛,不宜类推适用。其次,德国法院的判断标准有借鉴价值,即合理判断下,受领人是否会因为这种程度的偏离而变更其意愿。如果限定哪些条款的偏离能够改变受领人意愿,至少可以纳入对合同具有实质重要意义且不可或缺的要素有添加或者变更的条款。[①] 如果当事人对于这些要素未达成合意,原则上先前合同就不能成立。关于合同必要之点的范围学说上没有统一定论[②],但是最高人民法院《关于适用〈中华人民共和国合同法〉若干

[①] 这些反映合同本质的合同要素,民法理论称之为必要之点,关于此内容详述参见韩世远:《合同法总论》(第四版),法律出版社 2018 年版,第 103 页;王泽鉴:《债法原理》(第二版),北京大学出版社 2013 年版,第 200 页。

[②] 参见王洪亮:《论合同的必要之点》,载《清华法学》2019 年第 6 期。

问题的解释二》将合同必要之点限定于"名称或者姓名、标的和数量"可以作为具体范围。最高人民法院作此规定的目的在于鼓励交易,尽可能少地否定合同成立,这符合商事理念。

在举证责任上,确认书内容倘若变更或增加原合同中交易主体、标的和数量三种要素,可以推定其与原合同的内容发生重大偏离,如果发出人主张这种变更或增加并没有发生重大偏离,则其负举证证明责任。根据个案不同的情况,其他要素也可能会对原协商内容有重大偏离,由主张具体要素变更或增加以致重大偏离的受领人负举证证明责任,再由法官自由裁量。

第四,受领人没有不迟延地提出反对的事实。如果受领人收到确认书后不迟延地提出反对,意味着附加或者变更条款以明示的意思表示被拒绝。至于不迟延的时间间隔,个案中依不同的交易类型进行区分,特别注意的是,商事交易要求效率,总体上应从严把握。

综上,以创设性确认书规则的法律续造为例,可为其他交易习惯提供以下思路:(1)交易习惯在没有具体规定时,就迫切需要通过法官的法律创制活动去填补漏洞,将一般原则具体化。如以信赖保护或者诚实信用原则为依据,将沉默能够视为同意的情形具体为四种要件。(2)维护国际交易习惯的统一适用,如借鉴比较法经验。(3)纳入受约束的法官法的填补方法,如类推适用沉默之规定。

第四节 《民法典》合同编商事价值的强化

一、商事价值的核心因素:合同效力的实质化

商事价值的三个表现,商事自治、商事效率和商事体系,其核心问题是,如何理解合同内容和效力,即对于什么样的合同内容赋予其效力,有利于实现自治、效率和体系,这需要突破现代民法的形式技术理性,思考合同实质。具言之,就商事自治而言,合同内容效力源于合同的公平性,但是这种公平性绝不是民法理解的"形式公平",而是交易者之间的"实质公平",只要商人认为交易安排是合理的,他能通过这种安排获利,那么法律就不应该以某种单一的公平标准来予以限制(如违约金的调整、贷款利率的限制);就商事效

率而言,合同的成立在于达成实质合意,而不在于合意的形式(如书面、行为等)和达成方式(要约—承诺相对等);就商事体系而言,对复杂交易结构所搭建的合同体系,通过整体价值予以一体分析(如以融资方式认识"明为……实为……"案件),力图透过现象发现实质。因此,商事合同的价值核心是,合同效力的实质化,有以下表现:

(一)中世纪商人法就形成了"合同效力源于互惠式履行而非法定形式"观念

中世纪法学家以原因理论重构了契约概念。罗马法中"契约"(contractus)是指"得到法律承认的债的协议"。① 倘若一份协议要想成为契约,就需要具有债关系的原因的行为(negozio)或关系(rapporto)。一个合意或者协议,主要是通过遵循法定的定约形式产生债。② 在解释"原因"时,中世纪法学家借亚里士多德之同一概念,利用辩证法或者诡辩方法进行创造性加工,并结合亚里士多德和阿奎那关于美德的理论,赋予其伦理意义。③ 评注法学派的代表人物之一巴托鲁斯(Bartolus)就是用这种方法构造出原因的一般理论。第一,他由买卖契约和互易中的给付基础推出一种一般化的原因:某种回报的收受,它包括已为的给付和待为的给付。然而,罗马法中的原因只关于无名契约。巴托鲁斯将原因适用于所有类型的契约,实现契约效力由形式到内容的根本转变。第二,针对无偿允诺情形中要式口约拘束力的原因,他解释说是"慷慨",并结合其第一种原因形成了原因的一般理论。④ 根据该学说,契约当事人的合意,原则上只是在它因两种原因之一而达成时,才具有拘束力。

中世纪商人对契约的理解正是建立在内容的公平性之上。对于商人阶级而言,合同是实现盈利的法律手段,而不是罗马法意义上取得或处分所有权的手段。从而,商人对契约义务的履行通常不需要强制力的施压,而源于

---

① 〔意〕彼德罗·彭梵得:《罗马法教科书》,黄风译,中国政法大学出版社1992年版,第307页。

② 〔英〕梅因:《古代法》,沈景一译,商务印书馆1996年版,第182页。

③ 〔德〕弗朗茨·维亚克尔:《近代私法史——以德意志的发展为观察重点》(上册),陈爱娥、黄建辉译,上海三联书店2006年版,第72—74页。

④ 以巴托鲁斯和巴尔都斯对原因理论的构造为例,两者都认为,当事人的同意具有约束力,原则上仅当存在下述两个理由或者原因,慷慨或者所得源于所予。参见〔美〕詹姆斯·戈德雷:《现代合同理论的哲学起源》,张家勇译,法律出版社2006年版,第61—65页。

商人自觉地承认,前提是该契约是一种互惠协定。① 哈特认为:"当事人之间的互惠式履行必须在某种意义上具有同等的价值,否则,就失去了交换价值的基础。但是同等并不意味着确切的同一性,因为像用一本书或者一种思想来交换完全相同的书或者思想,这样的交换是毫无意义的。"② 互惠(reciprocity),在某种意义上可以说是成本和获利相对等,这是交易的本质所在。原因理论的出现不仅回应了商人的需求,还丰富了商人对契约的认识。商人逐渐认为"权利对等"所涉及的不仅仅是互换交易(mutual exchange),它更包括交易公平的要素。③ "实际上,即使是基于完全自愿和自我认知的交易,也不能使任何一方所获利益显失公平,或者有损第三人和社会的利益。"④ 可以说,并非罗马法为中世纪后期以来的贸易复兴提供了足够的规则,而是中世纪后期兴起的"法律科学"的演绎使得契约成为大规模贸易的基本规则,中世纪兴起的"法律科学"是基于贸易的需要与现实而发展起来的。⑤

(二)现代交易的实质主义思考方式扭转了近代民法的形式理性趋势

近现代理性主义思潮将合同带回到了一种新的"形式"观。文艺复兴后,笛卡尔从理性主义认识论出发提出"我思故我在"对人存在新的本体论命题。⑥ 受此影响,法学家们对合同的解释也不再局限于形式或者内容,而发展到当事人个人的意志。格劳秀斯把单方允诺作为合同学理的基础,认为允诺具有约束性,成为"意思"的概念基础。⑦ 之后,普芬道夫将哲学谱系上的意思概念融入自然法私法建构,实现了哲学理念法学化的统一⑧,自此,

---

① Bruce L. Benson, "The Spontaneous Evolution of Commercial Law", 55 *Southern Economic Journal* 623, 644 (1989).
② [美]富勒:《法律的道德性》,郑戈译,商务印书馆 2012 年版,第 28—29 页。
③ W. Mitchell, *Essay on the Early History of the Law Merchant*, Burt Franklin 1904, p. 16.
④ [美]哈罗德·J. 伯尔曼:《法律与革命——西方法律传统的形成》(第一卷),贺卫方等译,法律出版社 2008 年版,第 343 页。
⑤ 参见陈颐:《从中世纪商人法到近代民商法典——1000—1807 年欧陆贸易史中的法律变迁》,载《华东法律评论》(第一卷),法律出版社 2002 年版。
⑥ 漠耘:《主体哲学的私法展开:权利能力研究》,法律出版社 2012 年版,第 50 页。
⑦ 徐涤宇、黄美玲:《单方允诺的效力根据》,载《中国社会科学》2013 年第 4 期。
⑧ [德]萨缪尔·普芬道夫:《论人和公民的自然法义务》,祝杰、韦洪发译,吉林人民出版社 2011 年版,第 165 页。

合同的效力不再依靠德性思想，仅仅源于当事人的意思表示。合同效力的来源经历了"定约形式—定约内容—意志表达"的变化。

同时，数学的研究方法扩大了自然现象的研究范围，达·芬奇认为，数学是一切科学的基础。① 从而，法学界掀起了科学主义潮流，尝试以数学的思维逻辑分析当事人如何形成合意。波蒂埃借用数学式逻辑指出：一份合同包括两个人的意思达成一致，其中一人向另一人许诺一些东西，而后者则接受前者所作出的许诺。② 得益于逻辑上的清晰，"要约—承诺"理论传遍大陆法系和英美法系，并定格在各国现代合同法的实证制度。

但是，这种只关注形式的逻辑式思考并不能满足商业社会的价值需求。现实的商业交易不是如此简单，交易的复杂性、语言对商事交易规则表达的局限性、交易者的有限理性，这些因素都动摇了形式主义的根源。③ 值得关注的是，在合同订立领域，新近合同立法颇有"回归"实质合意的趋势。其中，商事立法对合同形式和订立方式自由原则的确立便是典例。新近研究亦深刻指出，合同法的主要目的是实现允诺所产生的合理期待。合同法必须抗拒形式逻辑理性对每一种交易都应用相同规则这种普遍化的趋势，因为单个规则可能无法按照当事人的预期区分各种交易和商业关系。④ 有学者指出，现代合同法不再需要要约、承诺概念，而应聚焦交易中合同的实际履行情况和当事人之间信赖关系等因素，结合客观行为和主观意思作实质灵活解释。⑤

但是，《民法典》合同编却充斥着形式技术理性，其表现为形式强制和形式标准。形式强制，指对合同形式的强制要求，以书面形式为表现；形式标准，指对合同订立方式、内容达到成立标准的形式化规定，以"要约—承诺"结构性对等、违约金和利率最高数额为表现。为补强合同编的商事价值，需

---

① 〔美〕沃尔特·艾萨克森：《列奥纳多·达·芬奇传》，汪冰译，中信出版社 2018 年版，第 356 页。
② 唐晓晴：《要约与承诺理论的发展脉络》，载《中外法学》2016 年第 5 期。
③ 孙良国：《从形式主义到实质主义——现代合同法方法论的演进》，载《华东政法大学学报》2007 年第 5 期。
④ 〔英〕休·柯林斯：《规制合同》，郭小莉译，中国人民大学出版社 2014 年版，第 198 页。
⑤ Shawn J. Bayern,"Offer and Acceptance in Modern Contract Law: A Needless Concept",103 *California Law Review* 101, 106 (2015).

要重新审视这些形式技术理性规则。

二、制定法解释方法对形式强制规则的澄清

(一)形式自由原则条款的文义解释

《民法典》以两种比较独特的立法方法承认了合同形式自由原则。第一,第469条第1款对合同订立自由采"口头形式或者其他形式"这种概括列举式规定,对合同形式自由一般规定作出隐性表达。① 第二,第135条②对法律行为形式规定,该条源自《合同法》第10条,后句以引致规范的立法技术规定了合同形式强制的一般条款。由于本条规定中前句与后句是原则与例外的关系,形式强制也被解释为形式自由的例外情形。

形式自由的隐蔽性立法技术导致法典中形式强制规定过多。一方面,第469条第2款、第3款关于书面形式的规定侵蚀了合同自由原则在条文中的主导地位。本条对书面形式不仅在篇幅上过多着笔,而且在表达上采概括列举式规定,这些都使其更像是合同形式强制的规定。另一方面,我国民法中实行形式强制的合同类型实际上仍占较大比重,共涉及17种合同类型③,其中不乏一些商事合同。例如,没有承认商事借贷的非书面形式的自由选择之权利。

既然立法技术对形式自由原则表达不够明显,那么可以从法条文义上予以明晰。首先,第469条第1款和第2款、第3款之间是一般与例外的关

---

① 胡康生主编:《中华人民共和国合同法释义》(第2版),法律出版社2009年版,第17页;黄薇主编:《中华人民共和国民法典合同编释义》,法律出版社2020年版,第233页;崔建远:《合同法总论》(上卷)(第一版),中国人民大学出版社2011年版,第248页;韩世远:《合同法总论》(第四版),法律出版社2018年版,第110页。

② 《民法典》第135条规定:"民事法律行为可以采用书面形式、口头形式或者其他形式;法律、行政法规规定或者当事人约定采用特定形式的,应当采用特定形式。"

③ 包括:商业借款合同(第668条),租期6个月以上的租赁合同(第707条),融资租赁合同(第736条),保理合同(第762条),建设工程合同(第789条),建设工程委托监理合同(第796条),技术开发合同(第851条),技术转让合同和技术许可合同(第863条),物业服务合同(第938条),建设用地使用权出让合同(第384条),建设用地使用权流转合同(第354条),居住权合同(第367条),地役权合同(第373条),抵押合同(第400条),质押合同(第472条),细胞、器官、组织、遗体捐献合同(第1006条),约定夫妻关系存续期间财产归属的合同(第1065条),离婚协议(第1076条),外国人在中国收养子女的协议(第1109条)。

系。因总则编第 135 条已对民事法律行为的形式自由及其例外作出明确规定,故本条以书面形式定义代替旧法形式强制一般规定,这种替代并不影响条文的固有逻辑。其次,形式自由原则(第 1 款)作为一般规定,需要对该款中的"其他形式"作出扩张解释。在此可以借鉴《合同法司法解释二》第 2 条①的解释,只要能够充分表明合意,皆可是"其他形式"。最后,通过第 469 条中书面形式(第 2 款、第 3 款)的文义解释缓和法定书面形式合同的要件强制性。由于电子形式固有的便利性,其要件严格程度相对低于书面形式(如电子签章、电子载体)。比较法中书面形式多指纸质载体,区别于电子形式,有时不可替代。根据《民法典》第 469 条第 2 款、第 3 款的文义,书面形式包括纸质和电子数据两种载体。这意味着法定书面形式合同可以电子数据为载体进行签订,从而弱化了法定形式对交易效率的阻碍。

(二) 形式强制条款规范群落的体系解释

合同的形式和订立合同的方式包含不同语义逻辑。"前者指合同协商过程中形成的意思表示以何种形式进行固定和呈现,它以静态具象证明合同内容的物理存在。后者指合同所载的意思表示以何种方式达成,它以动态具象显示了合同从无到有的过程。"②在交易实践中,前者在交易的整个过程中都具有重要作用,后者仅关乎合同的订立过程,与后续的履行和救济无关。因此,比较法中前者通常规定在"总则"章;后者规定在"合同订立"章。立法中合同订立方式自由指,除"要约—承诺"以外,允许当事人以能充分表明合意的行为订立合同,如根据交易过程、交易习惯或履约过程证明合同的订立,其带有明显的商事价值。

虽然《民法典》也规定了合同订立方式自由原则(第 471 条),但合同形式的体系错位导致其在解释上受到限制。与比较法不同,《民法典》将合同的形式和订立方式共同规定在"合同订立"章,又混淆在一起判断合同的成立时间和地点。并且,第 490 条在《合同法》第 32 条的基础上,纳入了第 36

---

① 最高人民法院《关于适用〈中华人民共和国合同法〉若干问题的解释二》第 2 条规定:"当事人未以书面形式或者口头形式订立合同,但从双方从事的民事行为能够推定双方有订立合同意愿的,人民法院可以认定是以合同法第十条第一款中的'其他形式'订立的合同。但法律另有规定的除外。"

② 朱广新:《合同法总则》,中国人民大学出版社 2008 年版,第 125 页。

条和第 37 条的规定。多数学者认为,第 32 条是关于合同成立时间的规定,统合后法条的字面表述也带有很明显的将第 36 条和第 37 条纳入了合同成立时间范畴内的倾向。如图三,从本章的体系通说来看,很容易形成如下理解:(1) 以要约承诺方式订立合同对应合同的形式自由,即除书面形式以外的其他合同形式以"要约—承诺"方式订立;(2) 形式强制对应要约承诺之外的其他合同订立方式,即强制其他方式订立的合同以书面形式。① 根据立法释义,承认合同订立的其他方式是为了对现代商业实践中衍生的其他缔约方式予以认可②,如证券市场中电脑根据价格优先和时间优先的规则促成交易、ebay 网络拍卖中系统会在拍卖者出具的最高价位控制下,逐渐提高出价。合同订立方式自由条款在比较法和我国立法意旨中是合同订立方式的去程式化,却很可能在我国立法体系中转换为以合同形式约束合同订立的方式。

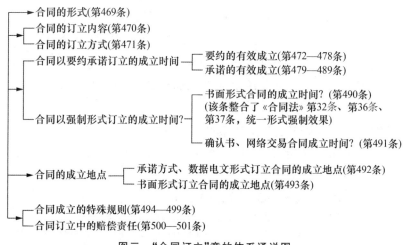

图三 "合同订立"章的体系通说图

为了还原立法者促进商事交易的本意,需要重新确立"合同订立"章的体系解释。其实,第 490 条、第 491 条并非关于合同成立时间的规定。在合同法时期,就有学者质疑第 32 条的释义,并进一步提出签字是合同成立时

---

① 参见朱广新、谢鸿飞主编:《民法典评注·合同编·通则 1》,中国法制出版社 2020 年版,第 91—98 页。

② 黄薇主编:《中华人民共和国民法典合同编释义》,法律出版社 2020 年版,第 32—33 页。

间节点还是构成要件的思考。① 这是因为在法律没有明确说明"当事人未采书面形式"是何种情形的前提下,第 36 条的独立体系可以间接表明,签字和盖章是合同书形式的构成要件。在司法实践中,最高人民法院在以《合同法》第 32 条作为裁判依据的部分判决中释明,签字和盖章是当事人达成合意的体现,其效力是表明合同内容为签字或盖章当事人的意思表示,并以此享有权利、承担义务。② 显然,法院认为签字或者盖章是当事人对合同内容的同意,倘若以"要约—承诺"缔约方式析出,在先的签字或者盖章就是要约,后者则是承诺。

不只是第 32 条,《合同法》第 33 条关于确认书条款中的签字在司法实践中也是如此理解。法院一般认为,销售确认书的签订系双方当事人的真实意思表示,受领人对确认书的签字是对确认书的承诺。③ 相关条文解释也普遍认为,本条中确认书的签订才是承诺,在此之前,双方达成的协议尚未成立,对双方并无约束。④ 在这种理解之下,《民法典》第 490 条和第 491 条可以沿用以"要约—承诺"方式订立合同成立时间的体系,完全没有独立规定的必要。因此,第 490 条看似是合同成立时间之规定,实则将是第 36 条、第 37 条和第 32 条重新统合,使之成为书面形式的一般规定,并与第 491 条组合,构成合同形式强制的独立体系。

"合同订立"章就形成如下体系逻辑:合同形式自由、合同订立内容、合同订立方式自由、合同的成立时间、合同的强制形式、合同的成立地点、合同

---

① 朱广新:《论违背形式强制的法律后果》,载《华东政法大学学报》2009 年第 5 期。

② 参见申诉人唐兰与被申诉人程永莉房屋买卖合同纠纷再审案,最高人民法院(2012)民抗字第 55 号民事判决书;河北胜达永强新型建材有限公司与中信银行股份有限公司天津分行、河北宝硕股份有限公司银行承兑汇票协议纠纷二审案,最高人民法院(2007)民二终字第 35 号民事判决书;建行浦东分行诉中基公司等借款合同纠纷二审案,最高人民法院(2001)民二终字第 155 号民事判决书,载《最高人民法院公报》2004 年第 7 期。

③ 在"北大法宝"司法案件板块中选择"法院认为",以"销售确认书"为关键词,限定案由为"合同、无因管理、不当得利"、案件类型为"民事案件",检索出各级人民法院自 2002 年 12 月 25 日至 2020 年 12 月 10 日审结的 243 例案件中,248 份判决书中的 240 份都有这种表述。

④ 参见最高人民法院民法典贯彻实施工作领导小组主编:《中华人民共和国民法典合同编理解与适用(一)》,人民法院出版社 2020 年版,第 204—205 页;江平主编:《中华人民共和国合同法精解》,中国政法大学出版社 1999 年版,第 27 页;王利明:《合同法研究》(第 1 卷)(第三版),中国人民大学出版社 2015 年版,第 297 页;杨立新:《中华人民共和国民法典条文要义》,中国法制出版社 2020 年版,第 361 页。

成立的特殊规则、合同订立中的赔偿责任。针对与通说体系中两处变化作出说明：一是，不论是何种形式的合同，其订立都可以遵循"要约—承诺"的一般方式。合同成立时间的规范群落完全以合同的订立方式（要约—承诺）为依据，这也是比较法中一般的做法。以其他方式订立的合同因为不能像"要约—承诺"如此清晰地确定合同时间，故需要实践中考察合同订立行为具体判断，这是立法者有意沉默，是授权漏洞。二是，合同形式强制的规范群落作为强制形式的一般规定，包含形式强制合同的成立要件与法律效果，构成合同形式自由和成立时间的例外，是合同成立的例外规则。

（三）形式强制条款规范群落的限缩解释

形式强制有法定和约定两种生成基础，第 490 条第 2 款亦说明了书面形式的两种样态，但是在效力瑕疵补正方式、成立要件上未作出区分。① 比较法上，《德国民法典》第 125 条，《瑞士债务法》第 12 条、第 16 条，《意大利民法典》第 1352 条、第 1350 条以及我国台湾地区"民法"第 73 条、第 166 条皆区分了形式强制的两种形态。之所以对形式强制采取两种规范模式，是因为两者意义层阶不同。法律对合同形式的强制有以下目的：一是证明交易的成立以及缔约内容（如期限长于一年的土地使用租赁合同）；二是警示当事人在订立重要合同时不要仓促行事，认清合同中风险（如保证合同）；三是，为维护公共利益或第三人利益要求登记或者公证，也使当事人知晓合同的法律意义（如土地、财产及遗产转让合同）。这三种意义的层阶呈上升趋势，即由个人向公共利益的过渡，与缔约关系也逐渐紧密。它们共同体现了，法律规范在保护交易安全中发挥的"家长主义"。由于形式欲实现目的愈来愈重要，法律对其要求也愈加严格。以德国法为例，书面形式发挥证据功能时可以电子数据形式取代，而在后两种功能中则不被允许。

与法律"家长主义"理念不同，当事人对合同形式约定强制完全出于交易中的意思自治。根据商业实践，交易双方约定形式强制完全是出于平等利益的考量，多使形式在交易中发挥证据的功能，以维护交易的有效进行。至于为对方利益和公共利益考虑的警示和秩序功能，交易当事人绝不会主动提及。约定形式强制意义的最高层阶也只是证明交易成立和内容，更可

---

① 《民法典》第 490 条第 2 款规定：法律、行政法规规定或者当事人约定合同应当采用书面形式订立，当事人未采用书面形式但是一方已经履行主要义务，对方接受时，该合同成立。

能是实现双方交易中的特定目的,如程序性的报关等。由于意义层阶的差距,法律对两者规范的强制程度自然也不同。

其一,构成要件严格程度不同。参照《德国民法典》第 126 条第 1 款和《瑞士债务法》第 13 条的规定,签字是书面形式的要件,我国学者也认识到,签字是合同书凭据的必要条件。但是,比较法对法定和约定形式强制中合格签字的规范标准有别。以《德国民法典》为例,法定书面中签字必须在内容终了的末尾空间亲笔书写。然而,根据《德国民法典》第 127 条的规定,如果当事人约定采用书面形式但未对书面形式作出特别规定,那么电信或书信传达即为足够。由此可推知,签名不需亲笔,签名图章即可。当事人也可约定放弃亲笔签名。①

其二,形式瑕疵补正方式不同。以德国法为例,形式瑕疵只有在例外情况才被法律允许治愈,且履行程度要求高(《德国民法典》第 311 条之二,土地、财产及遗产转让合同因让与合意及登记完成而治愈;第 518 条,赠与合同因提出允诺给付而治愈;第 766 条,保证人履行主债务而治愈)。然而,法律允许当事人以明示或者默示的方式作出放弃形式要求的意思表示。对于默示承认放弃形式约定,德国通说认为,当事人已经开始履行合同并对不符合形式要求而订立的合同予以确认即可②;根据《德国民法典》第 141 条,无效法律行为经行为人认许,始恢复其效力。立法和学说的重心在于强调尊重当事人的意思,而不在于要求当事人履行的程度及方式。如果对方接受,纵然履行的是非主要义务,合同也有可能成立。

对比我国《民法典》,形式强制规范群落与比较法中的法定强制更为符合。一方面,签字是书面形式合同成立的必要要件;另一方面,一方须履行完主合同义务才有可能补正形式瑕疵。显然,我国《民法典》将法定与约定形式强制一并规定,缺乏对约定形式强制样态的考量。此外,我国《民法典》

---

① 〔德〕汉斯·布洛克斯、沃尔夫·迪特里希·瓦尔克:《德国民法总论》(第 41 版),张艳译,中国人民大学出版社 2019 年版,第 147 页。

② 〔德〕卡尔·拉伦茨:《德国民法通论》(下册),王晓晔等译,法律出版社 2013 年版,第 567 页;〔德〕汉斯·布洛克斯、沃尔夫·迪特里希·瓦尔克:《德国民法总论》(第 41 版),张艳译,中国人民大学出版社 2019 年版,第 151 页;甚至有观点认为,当事人在没有意识到形式约定存在的情况下也可以通过履行行为取消形式的约定,因为判断核心是当事人是否承认未履行形式要件的法律行为的法律效力。参见〔德〕维尔纳·弗卢梅:《法律行为论》,迟颖译,法律出版社 2013 年版,第 308—310 页。

违背法定形式强制的法律后果是合同不成立,受损害的一方只能依据缔约过失责任(第 500 条),向对方提出信赖利益的赔偿要求。而比较法上的规定是合同不生效,成立与生效相区分的概念下,受损害的一方可以自由选择信赖利益或履行利益的赔偿。① 由于效果上的差异,我国实践中更容易发生"市场行情在合意达成后发生了不利于一方当事人的变化时,该当事人拒绝签字或者盖章",这种将书面形式衍生为滥用对方信赖的工具的情形。② 可见,单一的规范模式和不成立的法律效果双重裹挟了商事自治。

为尽可能限制形式强制规范群落的不利后果,有必要对其进行限缩解释。法谚有云,"不得扩张解释例外规定"。第一,在"合同订立"章的体系内,形式强制的规范体系构成合同形式自由和成立时间的例外,是合同成立的例外规则。因此,以第 469 条合同形式自由为解释的基点,约定形式强制其实是形式自由的体现。依据形式自由条款,约定形式强制的当事人可以通过约定排除形式强制或者其要件。在治愈形式瑕疵时,可以通过意思表示规则解释当事人对形式的态度,不要求其必须履行完主要义务。如此,第 490 条和第 491 条的适用范围就限缩于法定形式强制和约定形式强制当事人无特别表示的情形。

第二,在形式强制规范群落的体系内,为防止交易者恶意利用形式瑕疵主张合同不成立,可以借鉴德国法院的做法:如果一方当事人利用其经济上的优越地位或利用某种依赖关系,不让对方当事人遵守形式规定,那么依据诚实信用原则(《德国民法典》第 242 条),无论他一开始有无阻碍形式成立的故意,都不得主张合同因未遵守形式规定而无效。③ 解释论对第 490 条和

---

① 学界对于成立但未生效的合同可能承担的责任性质有,前期违约责任、违约责任、缔约过失责任等宰件。一般认为,未生效合同由于已经具备一般有效条件,因为当事人在该合同的中的期待利益已具有法律保护的基础。参见张家男:《未生效合同辨析——以"合同法解释"第 9 条的理解为中心》,载《西南民族学院学报(哲学社会科学版)》2001 年第 4 期。有观点细化了成立但未生效合同的类型,如须经批准或登记后生效的合同、效力待定合同、意定未生效合同等,根据不同类型中生效条件实现可能性的大小,区分对信赖利益和期待利益的保护。参见李小青:《论合同成立与合同生效之间的效力》,郑州大学 2007 年硕士学位论文,第 27—32 页。

② 〔德〕迪特尔·梅迪库斯:《德国民法总论》,邵建东译,法律出版社 2000 年版,第 461 页。

③ 〔德〕卡尔·拉伦茨:《德国民法通论》(下册),王晓晔等译,法律出版社 2013 年版,第 565 页。

第 491 条作出如下限制:当事人不得违背诚实信用原则主张合同不成立,包括利用相对方对合同强制的不知情、得知交易情形对自己不利后拒绝签字、诱使相对方对合同履行投入巨大成本后拒绝签字以及阻碍相对方遵守形式规定等情形。

三、实质合意解释体系对形式标准规则的解构

(一) 合同编因规则过度标准化而对商事价值的供给不足

其一,违背商事自治。《民法典》第 585 条赋予了法院和仲裁机构根据当事人的请求调整过高或者过低的违约金的权利,最高人民法院《关于适用〈中华人民共和国合同法〉若干问题的解释二》第 29 条规定,当事人约定的违约金造成损失的 30% 的,一般可以认定为违约金过分高于造成的损失。但是,作为当事人自主安排、设计合同履行障碍救济方案的工具,违约金是当事人自治的体现。有别于普通民事交易,商事交易主体通常具备"评估其违约金负担的能力",故即使发挥"履约担保功能"的惩罚性违约,法律也应当承认。司法解释从补偿功能界定 30% 的上限[①],有悖商事自治。同样,因一年期贷款市场报价利率(LPR)4 倍利率上限缺乏包容度,可能会加剧小微企业的融资难度。

其二,阻碍交易体系。"镜像规则"要求的"要约—承诺"完全对等的理想图景,在商业交易中很难实现。贸易实践中,买卖涉及的事项细密复杂,双方很难就所有事项达成一致。有时为了促成交易,交易双方很有可能隐藏或者忽视不一致的内容。倘若严格遵守要约与承诺完全一致的规则,交易者就很难一次性地达成协议,甚至不能达成协议。"随着交易的发展,要求承诺与要约内容绝对一致,确实会阻碍许多合同的成立。"[②]如果按照文义解释,《民法典》第 488 条后句列举开放式的要约实质性变更内容,一定程度上导致实质性变更的范围过大,非实质性变更的适用空间较为狭窄,从而导致实质性变更规则功能缺位,无益于合同的订立。

(二) 实质合意解释体系下重构形式标准规则的解释方法

商事价值观念的补强,需要发挥体系对法律规范的解释作用。体系对

---

① 沈德咏、奚晓明主编:《最高人民法院关于合同法司法解释(二)理解与适用》,人民法院出版社 2015 年版,第 256 页。

② 王利明:《合同法研究》(第 1 卷)(第三版),中国人民大学出版社 2015 年版,第 234 页。

法律的解释不简单是体系解释意义上的"循环学解释"。体系是一种逻辑范式,每个体系都是"透过研究个别问题所获致认识状态的概括总结,它包括:被认识的法律原则及其相互间的相互关系,以及我们在个案,在规定的客体中所认识的事物结构"。① 根据形式逻辑的规则,概念法学将由抽象的一般概念建立起来的体系称为"外在体系"。价值法学认为,对于法律思维而言,形式逻辑上的判断标准意义极为有限。故主张从价值论理解法律内在意旨关联性的体系,称为"内在体系"。② "法学的研究方法虽有种种,但都是理智的内在运用,没有工具可供观测与实验,没有数据可以劝服他人,不能重复客观验证一个法学观点或理论的正确性。"③体系这种分析工具在法学领域中的应用,弥补了这种空缺。

内外体系对法律规范的解释是相互补充的。根据价值法学的观点,基于内在体系的法律解释就是在明确法律趣旨(ratio legis)的前提下,分析其背后存在的价值评价,从目的论的视角,作出符合民法体系的法律解释。结合概念法学的观点,在解释这一条法律规范时,应尽可能使其不致与更高位阶的法律规范(外在体系)发生逻辑上的抵触。④ 前者为后者提供了技术路径,后者为前者提供了验证方法。在法律规范体系内进行分析、归纳、经验、论证、比较,是法律对社会开放的前提。⑤

商事价值的核心是合同效力的实质化,从内部体系而言,补强商事价值就是以构建一种实质合意的解释体系,在该体系下运用各种具体解释方法解释活化具有明显形式理性的规则。从外部体系而言,合意实质的解释体系不能与《民法典》的整体规范发生逻辑上的抵触。那么,首先需要在《民法典》中找出反映实质合意的规则。例如,《民法典》第 464 条规定的合同的概念,将合同的本质限定在"权利义务关系"之中;第 525 条规定的"同时履行抗辩权"、第 526 条规定的"先履行抗辩权"、第 527 条规定的"不安抗辩权"、

---

① 〔德〕卡尔·拉伦茨:《法学方法论》,陈爱娥译,商务印书馆 2003 年版,第 45 页。
② 吴从周:《概念法学、利益法学与价值法学:探索一部民法方法论的演变史》,中国法制出版社 2011 年版,第 239—210 页。
③ 林东茂:《法学方法,即非方法,是名方法》,载林山田教授退休祝贺论文编辑委员会编:《战斗的法律人:林山田教授退休祝贺论文集》,台湾元照出版有限公司 2004 年版。
④ 〔德〕齐佩利乌斯:《法学方法论》,金振豹译,法律出版社 2009 年版,第 76—77 页。
⑤ 陈金钊:《体系思维的姿态及体系解释方法的运用》,载《山东大学学报(哲学社会科学版)》2018 年第 2 期。

第 533 条规定的"情势变更",要物合同中物的交付作为生效要件等。因为这些都与合同的约定不同,法律在这里关注的,并非双方以何种形式达成合意及内容是否符合形式标准,而是关注合意包含的相互的义务是否存在,以及相互之间是否严重不对等等实质性问题。通过这些规则,可以抽象出合意实质的解释体系,作为解释合同规则的基础。

其次,在体系的规则范围内对规则作出目的性限缩甚至依据体系解释排除规则适用。例如,第 533 条"情势变更规则"为当事人自主协商违约金的调整提供了基础。如果客观性或主观性合同基础丧失导致动摇了原定计算方式的正当性,当事人亦有诉诸第 533 条变更计算方式的空间,不必须依据第 585 条诉诸法院调整违约金,从而排除 30% 上限的适用。再如,对于民间借贷利率、合同形式强制原则等商化不足的规则,在体系上应通过目的性限缩予以调整。① 民间贷款利率 LPR4 倍可以通过区分主体(自然人与自然人、自然人与法人)予以限缩解释。

最后,对于体系内无法解释的规则,由体系漏洞填补进行修复。例如,格式之战(battle of the forms),亦称格式之争或格式条款之争②,即交易中接受方常以己方的格式条款回复对方的格式条款,但条款内容在数量和质量上存有差异,由此引发的合同是否成立以及合同内容为何的两类争议。《民法典》借鉴了 CISG 的做法,仅对改变了要约内容的"承诺"作出了一般规定,未对格式之战问题作出特别规定。一般认为,第 488 条和第 489 条是我国判定格式之战的规范基础,以此确立"最后一枪理论"(the last shot doctrine)。也即承诺对要约内容作出实质性变更的场合,要约失效,合同不能成立,其变更内容被视为新要约;承诺对要约内容作出非实质性变更,合同成立,合同内容以承诺内容为准。但是,这种解释方案有悖实质合意的体系。

---

① 陈金钊、吴冬兴:《〈民法典〉阐释的"体系"依据及其限度》,载《上海师范大学学报(哲学社会科学版)》2021 年第 2 期。

② 称"格式之争"者,参见崔建远:《合同法》(第二版),北京大学出版社 2013 年版,第 55 页;梁慧星主编:《中国民法典草案建议稿附理由·合同编》(上册),法律出版社 2013 年版,第 92 页;张玉卿主编:《国际统一私法协会国际商事合同通则 2010》,中国商务出版社 2012 年版,第 190 页以下;称"格式条款之争"者,参见王利明:《合同法研究》(第 3 卷),中国人民大学出版社 2012 年版,第 258 页;韩世远:《合同法总论》(第四版),法律出版社 2018 年版,第 149 页。称"互相冲突条款"者,参见黄越钦:《论附合契约》,载郑玉波主编:《民法债编论文选辑》(上册),台湾五南图书出版公司 1984 年版,第 331 页。

当下国际商事争议判例的通说是"相互击倒理论"(the knock-out doctrine),即不论缔约双方交换的格式条款存在多大冲突,合同仍会成立。彼此发生冲突的条款不构成合同内容,应通过通则的有关规定填补合同漏洞。该理论之所以成为《国际商事合同通则》《欧洲合同法原则》《欧洲示范民法典草案》《欧盟共同买卖法》中的实体规则,是因为它通过实质合意突破了传统的要约、承诺结构性匹配的缔约机制。这种突破不仅宽松了合同的订立方式,而且贯彻了商事规则的价值核心。为了强化格式之战规则的商事价值,采"最后一枪理论"的立法例开始通过解释论转向新理论。《联合国国际货物销售合同公约》(CISG)缔约国判例法的常用做法是,依《联合国国际货物销售合同公约》(CISG)第 7 条第 2 款(体系内漏洞填补的一般规则)及第 6 条(条款的选择管辖)剔除未合意的冲突条款,以任意性规则填补合同漏洞。①

为了限制《德国民法典》第 150 条第 2 款(承诺变更构成新要约)造成不合理的结果,德国法院确立了新的审判思路。首先,相冲突或者新增的格式条款内容构成第 154 条第 1 款(意思表示公开不合意)中的不合意。其次,根据联邦最高法院在第 242 条(诚实信用原则)指导下形成的判例,若当事人虽有部分内容未达成合意,却仍愿意受其约束或开始履行契约,并填补合同漏洞,那么该款中的不合意不应影响合同成立。最后,根据第 306 条(一般交易条款不成立或不生效不影响其他条款效力)的规范意旨确认合同内容,一致的格式条款内容仍然生效,相冲突的格式条款内容依据法律规定进行填补。如果相互冲突的格式条款意义重大或数量居多,可能导致合同目的落空,那么可依据第 139 条(法律行为部分无效)、第 140 条(无效法律行为转化)具体认定合同效力。② 这种实现学说转换的解释思路实质是,以第 154 条的不合意为基础,将格式之战转换在了实质合意的解释体系之下。为了弥补体系中的漏洞,类推适用格式条款的订入规则,解决了相互冲突格式条款。

《民法典》可借鉴这种做法,在实质合意解释体系下填补"格式之战"的

---

① Kaia Wildner,*Art. 19 CISG*:"The German Approach to the Battle of the Forms in International Contract Law:The Decision of the Federal Supreme Court of Germany of 9 January 2002",1 *Germanic Review* 20,24 (2008).

② Peter H. Schlechtriem,"The Battle of the Forms under German Law",23 *The Business Layer* 655,657 (1968).

法律漏洞。实质合意体系并不关注格式之战双方要约与承诺是否达到高度的匹配,而是要约与承诺中哪些内容可以纳入双方想要或已经履行的合同。《民法典》没有从合同之各点(内容要素)的合意范围判断合同成立的规定,仅最高人民法院《关于适用〈中华人民共和国合同法〉若干问题的解释二》第1条规定了合同的必要之点。以该条为解释基础,如果未达成合意的冲突格式不涉及内容、标的和姓名条款,那么不影响合同成立。由于《民法典》缺少格式条款相冲突的处理规则,因而需要类推适用第496条(格式条款的订入规则)补阙漏洞,从而得出符合"相互击倒理论"的结果。鉴于商事规则具有共同的价值内核,格式之战的漏洞填补方法可为补阙其他规则提供借鉴。

第五节 《民法典》合同编商事规范的基准调整

一、现代商事规则的基准:关系性合同理论

随着社会经济的发展,现代社会的交易基本上为企业交易,而企业交易大多为继续性合同,故继续性合同成为现代社会的一种典型的交易方式。继续性合同最初系由德国学者基尔克于1914年以"继续性债之关系"的概念提出,后来得到学界与实务界的普遍接受。固有意义上的继续性债之关系,具有四个特点:(1)单一的合同;(2)定有期限或不定期限;(3)以继续性作为或不作为为其内容;(4)随时间的经过在合同当事人之间产生新的权利义务。[①] 普遍认为,各国合同法中的雇佣、承揽、委任、运送和财产性的租赁亦属于继续性合同。随着交易的发展,有学者甚至称为"企业交易中继续性合同的原则化",作为其表现,诸如继续性供给合同、代理店或特约店合同等均为企业交易中的继续性合同,从而使得原以财产流转为主要内容的合同也成为利用财产权的合同和提供服务型的合同。[②]

继续性合同的法理基础是关系性合同理论,该理论认为,关系性合同具有其特殊性:第一,履行期较长。这种合同随着时间的延伸而继续,交换关系既可能表现为长期交易周期内数个在不确定期间中订立的即时交易合

---

① 王泽鉴:《债法原理》(第二版),北京大学出版社2013年版,第157—158页。
② 韩世远:《合同法总论》(第四版),法律出版社2018年版,第90页。

同,也可能表现为一个具有确定期限的长期合同。第二,开放条款和自由裁量权设置。在合同签订时期,交易仍有过量的不确定因素。当事人既不可能又不希望将未来关系中会随时变化的因素予以一时性固定,故而,更为合理的做法是,随着交易环节的推进作出适应性的调整和组合。第三,履行中协商机制。开放条款和自由裁量权的保留,为当事人在不断变化的交易环境中灵活设置权利义务或分配风险提供了空间。那么,如果合同条款与当下交易现实不符,当事人可以协商新的内容。第四,风险分担。在关系性合同中,关系通过双方合意的共同合作得以维持,且灵活性的规定减少机会主义对关系维持的干扰。基于共同目的和应变性权利义务配置方式,双方自然倾向于维持关系,化解风险。[1]

以商业关系为视角,继续性合同打破了一时性合同对权利义务进行详细描述的方法,缓和了合同框架和商业交易之间的紧张关系。一时性合同关注交易即时履行(现物交易),以权利义务明晰为特征,追求合同订立时的完整。然而,继续性合同更多的是一个过程,通过该过程来实现某种可确定性的后果,但其过程是可变的,因此,就其本质而言,继续性合同的内容是不确定的,其在合同成立时只是具备了一个初步的合同架构,其内容随着逐个交易环节的开展被不断完善。亦即,继续性合同在本质上是一种不确定性契约。[2] 由于继续性合同和一时性合同关注不同的交易结构,故两者所塑造出来的合同关系有明显差异,如图四。

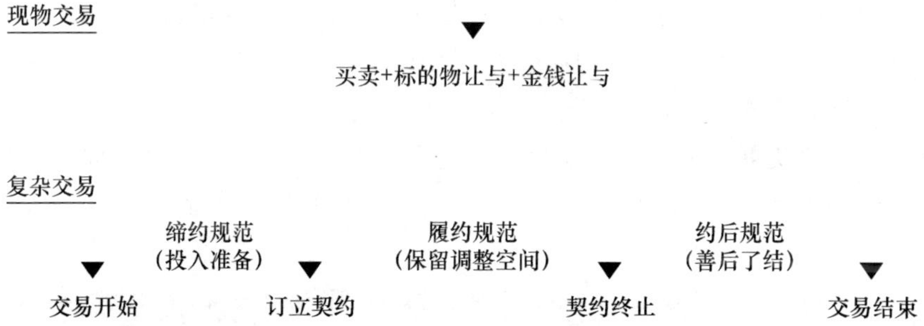

现物交易

买卖+标的物让与+金钱让与

复杂交易

| 交易开始 | 缔约规范(投入准备) | 订立契约 | 履约规范(保留调整空间) | 契约终止 | 约后规范(善后了结) | 交易结束 |

图四 继续性合同和一时性合同塑造的不同合同关系

---

[1] 孙良国:《关系契约理论导论》,科学出版社2008年版,第86—88页。
[2] 屈茂辉、张红:《继续性合同:基于合同法理与立法技术的多重考量》,载《中国法学》2010年第5期。

现代商法在关系性合同理论的基础上,更多注重当事人之间从合同订立、合同履行及合同终止后的关系协调。按照关系性合同理论,它"不过是有关规划将来交换的过程的当事人之间的各种关系","某些交换的因素,不是立即发生,而是要到将来才发生"①,因此,继续性合同在合同成立时只强调双方合意的一致,至于合意的具体内容则不作过多要求(如补充合同条款的任意性规范);在合同履行时关注合同内容的变更,至于合同解除则以内容互惠性和双方信任关系的有无为考察核心(如情势变更制度);在合同履行完成后注重信赖关系的维持(如保密义务)。

随着现代交易关系的深化,关系性合同理论又出现一种新的表现形式"合同群"。合同群是指多个相对独立的合同在特定因素(经营目的、交易标的或合同主体等)的牵引下相关联而形成的合同群落有机整体,如供应链合同群、网络平台交易合同群等。合同群主要是以继续性合同为子合同,其关系性更多体现在合同之间,在目的、内容、效力或履行结果上存在一个或多个方面的关联关系,它们之间会相互影响或制约。因此,合同群对合同的相对性有较大突破②,但是,由于合同的相对性仍应是现代法典的基础,且合同群主要是一个空间上的识别问题(依靠法官的"穿透性审查")③,故其子合同(继续性合同)仍是现代商法规则的基准。

二、关系性合同理论对一时性合同规则的调整

(一)以框架合同为目标设置合同成立的必备条款规则

《民法典》第470条对合同主要条款进行了指导性规定,包括当事人的姓名或名称、标的、数量等八项内容。尽管立法释义提到,合同条款的规定并不意味着当事人签订的合同条款中缺少了其中任何一项就会导致合同的不成立或者无效④,但这显然是以一时性合同为模板的。对于合同成立的必备条款或必要之点,最高人民法院《关于适用〈中华人民共和国合同法〉若干

---

① 〔美〕麦克尼尔:《新社会契约论》,雷喜宁等译,中国政法大学出版社1994年版,第4页。

② 例如,《民法典》第791条规定,经发包人同意,与总承包人或者勘察、设计、施工承包人签署分包协议的第三人应就其完成的工作成果与总承包人或者勘察设计、施工承包人一起向发包人承担连带责任。

③ 崔建远:《民事合同与商事合同之辨》,载《政法论坛》2022年第1期。

④ 黄薇主编:《中华人民共和国民法典合同编释义》,法律出版社2020年版,第52页。

问题的解释二》第 1 条规定,合同成立应当包含当事人名称或者姓名、标的和数量,但法律另有规定或者当事人另有约定的除外。然而,对于继续性合同而言,其仅需具备一般性的合意即可,其他内容可依交易习惯、市场行情或经事后协商确定。合意的有无是合同区别于事实行为、单独行为的核心标准,既有司法解释对此遗漏,显然是仅考虑到了形式化的合同条款。①

我国司法实践受到一时性合同惯性思维的影响,常会在既有规范的基础上严格限制合同的成立。一方面,依据司法解释中的除外条款扩大买卖合同成立必备条款的范围。《民法典》第 596 条就买卖合同一般包括的内容增加了列举,法院基于此认为是"法律另有规定"的合同成立要件,常以价款条款的缺失推定合同不成立。另一方面,将填补合同漏洞的任意性规范误用为合同成立的强制性规范。为了体现合同法鼓励交易的目的,《民法典》第 510 条和第 511 条规定了生效合同中质量、价款或者报酬等条款约定不明确时的补充规则。然而,如果案件依据第 510 条和第 511 条的规定无法确定缺失条款(例如价款)的内容,那么法院会认定合同不成立。②

因此,借鉴比较法,合同成立的必备条款在合同编司法解释中可以修正为:"合同的必要条款应当根据法律规定、当事人的约定、合同的性质以及交易情形来确定。"此外,对于司法解释中合同必备条款条文和《民法典》第 510 条和第 511 条的关系,解释上可以采用《联合国国际货物销售合同公约》(CISG)第 55 条和第 14 条第 1 款的相互关系。合同生效后,对于合同欠缺的非必备条款和当事人有意保留的必备条款(例如价款),当事人达不成协议的,可以适用《民法典》第 510 条和第 511 条的规定。也就是说,合同是否成立需要依据合同性质和交易环境确定,第 510 条和第 511 条仅是补充已成立合同的内容,以最大程度地促进合同的履行。

(二)以协作关系说弥补合同解除事由的规范漏洞

继续性合同相较于一时性合同履行期更长,期间会不断地产生新的权利义务以适应市场行情。然而,当事人在合同订立之初并不具有预测未来市场变化的能力,具言之,无法精准地推断最终的给付范围和履行中影响给付的因素。由此,合同当事人基于意思自治作出协议内容的合理性就受有时间限制。可能出现的情况是,开放性条款也无法维持合同的继续履行,此

---

① 崔建远:《买卖合同的成立及其认定》,载《法学杂志》2018 年第 3 期。
② 吉林省吉林市中级人民法院(2012)吉民再终字第 9 号民事判决书。

时需要有相应的平衡制度。

在我国,通常认为发生重大违约的情况时,继续性合同可以根据《民法典》第 563 条第 1 款(《合同法》第 94 条)解除。但继续性合同毕竟与一时性合同有本质的区别,当事人的风险主要是对未来预测的风险,即无法通观未来负担的给付范围和影响给付的因素。而继续性合同当事人之间的信赖关系被打破的原因也不限于重大违约,因此,新增第 2 款,即"以持续履行的债务为内容的不定期合同,当事人可以随时解除合同,但是应当在合理期限之前通知对方"。可是,固定期限继续性合同的提前解除存在法律漏洞,而在司法实务中,这是最普遍的合同僵局情形。①

首先,《民法典》第 563 条第 1 款不能解决该问题。② 该款采取了"列举加兜底"的立法方法,规定了不可抗力、预期违约、延迟履行、根本违约以及"法律规定的其他情形"的合同法定解除条件。我国合同解除制度主要归因于客观上无法完成合同的履行,而继续性合同的解除主要归因于信任关系的破裂。从合同解除的角度看,租赁合同产生的价金债务不存在不能履行的可能性,并且案件中双方均未达到根本违约的程度。

其次,《民法典》第 580 条第 2 款亦不能解决该问题。③ 该款由原先《民法典》二审稿合同分编第 353 条第 3 款规定以及《九民纪要》第 48 条规定演变而来④,也就是之前引发热烈讨论的"违约方解除权"。有学者认为,《民法典》采纳并改进了违约方解除权的方案,有利于解决履行不能的合同纠纷,

---

① 韩世远:《法典化的合同法:新进展、新问题及新对策》,载《法治研究》2021 年第 6 期。

② 《民法典》第 580 条第 1 款规定:当事人一方不履行非金钱债务或者履行非金钱债务不符合约定的,对方可以请求履行,但是有下列情形之一的除外:(一) 法律上或者事实上不能履行;(二) 债务的标的不适于强制履行或者履行费用过高;(三) 债权人在合理期限内未请求履行。

③ 《民法典》第 580 条第 2 款规定:有前款规定的除外情形之一,致使不能实现合同目的的,人民法院或者仲裁机构可以根据当事人的请求终止合同权利义务关系,但是不影响违约责任的承担。

④ 2019 年《全国法院民商事审判工作会议纪要》(简称《九民纪要》)第 48 条规定:符合下列条件,违约方起诉请求解除合同的,人民法院依法予以支持:(1) 违约方不存在恶意违约的情形;(2) 违约方继续履行合同,对其显失公平;(3) 守约方拒绝解除合同,违反诚实信用原则。

《民法典》二审稿合同分编第 353 条第 3 款规定:合同不能履行致使不能实现合同目的,有解除权的当事人不行使解除权,构成滥用权利对对方显失公平的,人民法院或者仲裁机构可以根据对方的请求解除合同,但是不影响违约责任的承担。

让法官公平地重新分配当事人的权利义务并从合同僵局中得以解脱。① 但是,违约方解除权并没有对继续性合同的解除特点作出真正的考量。例如,这款规定只适用于非金钱债务,并不能够适用于金钱给付义务。② 即使采用《九民纪要》第48条中违约方解除合同的三个条件,作为继续性合同中应当履行金钱债务但因客观原因难以继续履行合同的违约方,请求终止合同权利义务关系的要件,仍不能解决"山西数源华石化工能源有限公司与山西三维集团股份有限公司租赁合同纠纷案"中的问题。③ 鉴于当事人之间的信赖关系已经破裂,继续保持合同关系实属没有必要。法院在难以依据法定事由解除合同的情况下,就通过拟制当事人之间的合意解除了合同。

最后,对于继续性合同的解除,比较法上均有专门的终止规则。《德国民法典》第314条"因重大事由而终止继续性债之关系"规定了对各类继续性合同具有普遍适用性的一般规则。日本判例针对租赁合同发展出了"信赖关系破裂法理",该法理与德国的"重大事由"终止规则具有极大相似性。④《瑞士债务法》第266g条"租赁合同基于重大原因终止的通知"规定,租赁合同的履行因重大原因而成为不可期待时,合同当事人得在遵守法定预告期间的前提下,任意决定终止日期,通知终止租赁关系。

其实,能够成为继续性合同解除的"重大事由(原因)"的是履行的不可期待,这要求请求方对于合同的履行已经没有任何意义,才可以纠正合同协作关系中的不平衡。"协作关系"说之所以要求合同解除的正当性,是因为

---

① 王俐智:《违约方合同解除权的解释路径——基于〈民法典〉第580条的展开》,载《北方法学》2021年第2期,第19页。
② 肖建国、宋史超:《〈民法典〉合同司法解除规则的程序法解读》,载《浙江社会科学》2020年第12期,第47页。
③ 案件详情参见最高人民法院(2012)民一终字第67号民事判决书。其一,违约方不存在恶意违约。案件中甲不依约向员工发放工资,并另行招工,显然是在故意违约,在一定程度上构成恶意。其二,非违约方拒绝终止合同违背诚信原则。案件中甲的行为没有构成根本违约,乙不存在解除权的行使。并且,乙的行为在甲看来也构成一定程度的违约,案件可能是双方违约。其三,拒绝终止合同对违约方显失公平。显失公平的判断依据是双务合同中给付与对待给付义务间的平衡关系,甲缴纳租金和工资,乙提供厂房和工人,原本的公平交易为何因乙集团的升薪通知而变得显失公平,难以说理。
④ 韩世远:《继续性合同的解除:违约方解除抑或重大事由解除》,载《中外法学》2020年第1期,第114页。

交易秩序的要求。① 那么,司法实践中可以用协作关系说填补继续性合同解释事由的漏洞。

三、复杂交易结构对一时性合同关系的深化

合同编是以传统的一时性合同为中心构建相关理论及进行制度设计的,而一时性合同为基础构建的古典契约法是与农业社会和早期工业社会相适应的,继续性合同则是现代商业社会的产物,是典型的营业行为。步入数字社会,平台经济方兴未艾,交易更多地呈现规模化和多变化趋势,单个的继续性合同已不能满足交易结构的需要,而围绕共同的利益目的组成了契约群。显然,传统的合同法理论及制度框架已经不能适应现代商业社会发展的需要,以继续性合同而非一时性合同为模型构造相关合同法及有关法律已经成为现代社会发展的必然。那么,解释者需要从复杂的交易结构理解合同关系,据此发现被立法者压制或者排除的关系性要素,使继续性合同或其构成的合同群达到应有的履行效果。

继续性合同关注的交易结构复杂。交易越复杂,履约调整的需要越大,订约前的诚信商议与订约后的善后处理也越重要。当事人之间会借一定的规范安排,使得彼此在仍然自由的阶段就受到部分的约束,尽可能投入交易的必要准备;而又预为后来没有自由的阶段,争取保留部分的自由,以便移出无益于交易目的的资源。越是复杂的交易,这种契约关系的变化越是明显。复杂的交易必定会前延后伸,形成长期的广义合同关系(如图四)。

关系性合同的特征在于长期性。按照交易成本理论的解释逻辑,当交易双方的依赖程度越大,资本专用性越高时,合同的风险也就越大,交易成本也就越高,因此,签约的时间期限就会更长,以便降低风险和交易成本。② 该关系可以将合同法规范分为三个阶段,分别发挥不同的功能。缔约规范,关注投入准备,即先达成交易的合意,成立框架合同,为交易准备条件;履约规范,保留调整空间,即强调当事人之间的协作关系,以随时顺应市场变化;

---

① 例如,出租人因出国工作而将房屋租给承租人以不为国内的房屋劳心,如果承租人因自身工作调动就可以解除合同的话,就会给出租人带来很多不便。承租人此时在合同的履行中并不是没有任何利益,他完全可以通过转租来弥补损失。

② 〔美〕奥利弗·E.威廉姆森:《市场和层级制:分析与反托拉斯含义》,蔡晓月、孟俭译,上海财经大学出版社 2011 年版,第 123—126 页。

约后规范,做好善后了结,即维持当事人之间的信任关系,以便下次交易的开展。因此,解释者在不同阶段的规范适用中,要关注其欲实现的目的效果。

随着合同群的出现,关系性合同增加了团体性特征。根据合同群建立的交易在空间维度上延伸了合同关系,使每个单独的合同成为契约群之网中的一结。根据交易主体是否完全相同,合同群分为当事人完全相同的合同群和多个当事人的合同群。前者是指群中所有合同均是由相同主体签订的;后者由不同主体签订的不同合同组成,如平台交易合同群包括平台与销售者或服务者间的平台服务合同、平台与消费者间的平台服务合同、消费者与销售者或服务者间的买卖或服务合同,是数字社会中契约群的主要表现形式。如果说当事人完全相同的合同群意味着合同的团体性的话,那么多个当事人的合同群还包含了主体的团体性。管理学认为"群"是一个组织协同的概念,组织侧重主导者组织下团体的形成,协同侧重成员通过配合对秩序的维护。在多个当事人的合同群中,多方之所以形成并维持团体,是因为成员对组织者的信任和彼此的协助。因此,关系性的特征(长期性、团体性)都要依靠协助关系和信任关系维系。

其一,协作关系。在继续性合同中,当事人从合同订立到合同履行和合同终止之后,都对对方负有协同义务。继续性合同的长期性及不确定性决定了当事人从一开始,到运营及终止之后,均须协同对方,非强调自己的权利,否则继续性合同不仅无法继续,其也无法开始。可以说,"如何经营和如何建构运作关系而不是简单地确定要交换什么的计划,已经支配了相当大部分的现代契约"①。因此,对于继续性合同而言,为保障当事人合同目的的实现,各当事人行为之间需要进行一定的协同,其程度超过了传统的附随义务。② 其协同义务既包括磋商过程中信息的披露,也包括合同履行过程中的信息沟通,合同终止之后也需要及时提供应有的协助等。当合同组成合同群时,要关注各合同之间的协作关系,如果一份合同出现调整,其他合同关系也有义务随之变更。现行《法国民法典》对此进行了更新,第1186条新增

---

① 〔美〕麦克尼尔:《新社会契约论》,雷喜宁等译,中国政法大学出版社1994年版,第43页。
② 王利明:《论合同法组织经济的功能》,载《中外法学》2017年第1期。

第 2 款,合同之间构成同一目的或者经营活动以及存在无法割裂的履行关系,其中一个合同无效(disparition)会导致其他合同无效。

其二,信任关系。在程序上强化当事人信息披露规定及促进交涉。本来,合同法就是关于合同如何订立、履行及终止的程序规定,但这些所谓的程序对于一时性合同而言,更多的是一种形式上的,实质意义并不大,故传统合同法理论对于合同法中的所谓程序并不重视。但在继续性合同中,其长期性与不确定性要求实质意义上的程序规则,该程序规则更多的是关于当事人的义务性标准。通过这些实质意义上的程序要求,保证了作为过程的继续性合同的在变化中的延续性及各方利益的共同实现。于合同群而言,多个当事人的合同群存在着主导者中心化现象,即组织者权威治理下群成员协作维持的交易关系。组织者(平台)掌握缔约机会分配(平台给商家靠前的阅读位置)、纠纷裁判(平台介入裁判或先行赔付)、数据保留(平台存有商家和消费者浏览数据和个人信息)等群内自治权,成员之所以愿意让渡这些权利,是因为对平台的信任。其不同于相同主体的继续性合同或合同群交易者之间的"交易信任",更突出"治理信任"。因此,要更关注对群主的义务标准,引导组织者治理走向规范化,保护群成员与组织者的信任关系。

虽然《民法典》对关系性合同理论供给不足,但是解释者可以从信任和协作关系来分析交易者之间的合同关系,从而找出可以降低交易成本的解释路径。如上述案例,在缺乏继续性合同解除事由规范的情形下,法院拟制了当事人之间的意思表示,解除合同。

本 章 小 结

欧洲悠久的商业历史型塑了以商业惯例作为主要渊源的交易规则,然而,我国《合同法》在立法之初就背负着反向推进市场经济发展的政治任务。法律不是一种可以让任何社会关系素材随意塞进去的形式,而是一种不可拒绝地要去表现这些素材的形式。因此,立法者可能无法驾驭社会的发展,但是他确实能够使之较容易、较迅速地形成,即"加速时代的分娩阵痛"。[①]

---

① 〔德〕拉德布鲁赫:《法学导论》,米健译,法律出版社 2012 年版,第 33 页。

在市场根基尚浅的背景下,合同立法在商事理念、商事价值和商事规范基准的把握上必然会有缺憾。解释论时代下,《民法典》合同编商事化补足可以围绕以下展开:

首先,重塑商事理念。交易习惯凝结了普遍化的商事理念,也反映了交易实践的演进规律。《民法典》法源条款中的"习惯"作为事实上的行为模式,为交易习惯作为裁判之大前提规范提供了正当性基础。法官可以借鉴社会学对经济行动较为系统的分析方法,理解规范背后商人的利益期待,以营利性和自律性等因素确认交易习惯的约束力。对于法典中缺失的国际交易习惯形成的规则,法官可在借鉴比较法立法例或学说的基础上,以法典中带有商事属性的一般原则为依据,进行法律续造。

其次,强化商事价值。合同的商事价值核心是合同效力的实质化。对于形式强制规则,在明晰形式自由原则款和书面形式款的文义后,可以软化其成立要件。通过重整"合同订立"章的体系秩序,可以发现合同形式强制的规范群落作为独立体系,包含形式强制合同的成立要件与法律效果,是合同成立的例外规则。为尽可能限制形式强制规范群落的不利后果,以法定形式强制和当事人无特别表示约定形式强制的适用范围和诚实信用的适用方式进行限缩解释;对于标准形式化过度的规则,解释者可以从关注合同内容交互性的规则中抽象出合意实质的解释体系,在体系范围内对形式化规则作出目的性限缩甚至依据体系解释排除适用。如果有体系内无法解释的规则,则由体系漏洞补充进行修复。

最后,调整商事规范基准。现代商事规则是以关系性合同理论为基准,表现为继续性合同和以其为子合同的合同群。两种复杂的交易结构分别在时间(长期性)和空间(团体性)上深化了合同关系,解释者要以协作和信任关系为基准分析复杂交易结构中的合同关系。协作在继续性合同体现为,当事人从合同订立到合同履行和合同终止之后,都对对方负有协同义务,以此可以填补法典中继续性合同解释事由的漏洞。当合同组成合同群时,协作也表现为合同效力之间的关联性;信任在继续性合同中体现为交易信任,即程序上强化当事人信息披露规定及促进交涉。由于组织功能的升级,多个当事人的合同群中更强调治理信任,即引导组织者治理走向规范化,保护群成员与组织者间的信任关系。

结语　走向市场导向的私法自治

与作为"经济宪法"的反垄断法不同,《民法典》的交易规则来源于市场,与其说它们是国家意志的表达,毋宁说是对市场自发形成的规则之记载、总结和提炼。从历史经验看,《民法典》只能在商品经济或市场经济的土壤中诞生和成长,它通过确立市场基本规则反过来又促进市场经济的发展,可谓"民法兴,市场经济兴"。[①] 从我国《民法典》第 1 条的规定上来看,"维护社会和经济秩序"的立法目标是我国民事立法的重要导向,其中所谓的"经济秩序"其实就是指社会主义市场经济的稳定发展,而这一目标的实现,在很大程度上是由作为交易法的合同法实现的。实际上,除了立法上的顶层设计之外,司法实践中不断出台的司法文件也在不断重申合同法所肩负的建设社会主义市场经济的重任,强调合同规则在尊重当事人契约自由的同时,也要防止以契约自由为名从事违规交易行为、违背契约正义、破坏公平公正的市场秩序。[②]

从历史经验上来看,《民法典》发展社会主义市场经济的目标需要通过其"私法自治"的品性实现,而这一品性在很大程度上就是指合同法"市场导向"的品性。改革开放初期,我国的合同法被分为国内合同和涉外合同两个部分。这主要是由于当时我国的经济尚未摆脱计划经济的体制,国内企业间的合同仍要与"计划"联系,国内企业与外方的合同则不与"计划"联系,而尽量向国际惯例接近或相符合,因而就需要另行制定一部《涉外经济合同法》。随着改革开放的深入推进,这一"内外有别"的合同立法逐渐限制了社

[①] 谢鸿飞:《〈民法典〉是市场经济的基本法》,载《经济参考报》2020 年 5 月 19 日。

[②] 刘贵祥:《在全国法院民商事审判工作会议上的讲话》(2019 年 7 月 3 日),载最高人民法院民事审判第二庭编著:《〈全国法院民商事审判工作会议纪要〉理解与适用》,人民法院出版社 2019 年版,第 67 页。

会经济建设的发展。对于这一现象,谢怀栻先生指出,一方面,我国计划体制改革了,国内企业间的合同已与"计划"在很大程度上脱钩;另一方面,我国开放的需要(包括我国加入有关的国际公约)使我国的合同法律有必要与国际惯例接近或符合。因此,今天仍保留这种划分不仅没有必要,而且足以阻碍社会主义市场经济的发展,不利于改革开放的进一步发展。① 可见,市场导向的私法自治理念在我国有着深厚的历史基础。

以合同规范民商合一的实现为镜像借鉴的经验,《民法典》下一步市场导向的私法自治发展需要重点关注以下领域及其问题:

第一,处理好《民法典》合同编中的公私法分工和衔接问题,以任意性规范的解释和适用为主,以强制性规范的解释和适用为辅。市场经济的建设立足于社会理性经济人的假设之上,因此,支撑市场经济的民法就应该听由交易者之间以相互约束的契约来实现利益交换,国家以公权力作为契约的后盾,只在契约内容已制造高度的外部成本,即违反伦理或法令时,国家才可以否定其效力。对于契约的履行、修改、责任的追究,国家也都不主动介入,只在争议无法解决而诉诸法院时,才以司法裁判赋予公的执行力。②

第二,处理好《民法典》合同编中的民事规范和商事规范、民事合同和商事合同的区分和解释问题。由于我国的《民法典》遵循的是民商合一的立法体例,但是《民法典》本身既未提供关于民事行为和商事行为的一般区分标准,又未通过"但书规定"或"商事行为专章"的方式区别具体规范的民商适用。故而,民商合一的立法体例极容易造成民商不分的司法困境,这就潜在性地强化了后《民法典》时代的"民商冲突"问题。③ 因此,为了维持法律体系的稳定性和统一性,并实现法典的现实规范需求,有必要通过司法裁判或司法解释在法教义学的意义上区分出实质民法条款和实质商法条款,明确不同法律条款的性质,通过解释解决合同编中的"民商区分不足""商化过度"和"商化不足"等问题。

第三,处理好市场主体参与合同规则的能力和特质问题。现代社会的

---

① 谢怀栻:《论制定适应社会主义市场经济的合同法问题》,载《中国法学》1993 年第 2 期。
② 苏永钦:《民事立法与公私法的接轨》,北京大学出版社 2005 年版,第 19 页。
③ 陈金钊、吴冬兴:《〈民法典〉阐释的"体系"依据及其限度》,载《上海师范大学学报(哲学社会科学版)》2021 年第 2 期。

典型特征是商业而非战争,社会不再被看作是一个社群,而是一个人们为了互利而聚在一起的组织。在这样的社会中,经济活动占据主导性地位,追求利润最大值成为人际交往的一个基本面向。交易行为作为最典型的经济活动,具有一些殊异于其他人类行为的特质,这些特质包括交易的非人格性、交易行为原则上排除行为方式的情感取向、交易行为具有可计算性等特征。① 从《民法典》合同编的规定上看,其一方面强调市场导向,如对能力强者规定了更多的强制性要求,另一方面也努力尊重当事人的意思自治,如强调"有约定的按约定"。私法自治的市场导向意味着需要对不同的市场主体在法律上进行区分适用,《民法典》第 464 条规定"合同是民事主体之间设立、变更、终止民事法律关系的协议",这里并没有明确界定合同的不同主体,整个合同编客观主义的立法表达没有区分合同能力上的强者和合同能力上的弱者,也没有区分企业和非企业,更没有区分企业、中小企业和消费者,这些问题都需要在随后的法律适用过程中以市场导向的思维予以解决。

第四,处理好不符合市场规律的合同规则的调整和解释问题。《民法典》合同编社会主义市场经济建设的立法导向,需要在关于合同成立、生效、履行、违约补救等方面的规则体现出其市场和国际的视野,但是合同编中的某些条款似乎过于注重微观的层面,如《民法典》第 488 条关于"承诺对要约内容的实质性变更",其规定:"受要约人对要约的内容作出实质性变更的,为新要约。有关合同标的、数量、质量、价款或者报酬、履行期限、履行地点和方式、违约责任和解决争议方法等的变更,是对要约内容的实质性变更。"该规定对合同的实质性变更的要求过多,不符合市场的导向和规则。如何在市场导向下实现私法自治,是合同法适用中需要认真考虑的问题,它既关系到当事人之间法律关系的稳定,也关系到市场的合理预期。实际上,对市场构建和繁荣经济贡献最大的那种法律,会避免以合同框架为基础的轮廓清晰的权利,而是对以商业关系和商业交易为基础的商业预期进行更为情景化的考察。为了实现这种法律推理,必须减少形式主义,使法院更注重调查合同镶嵌于其中的关系和预期。②

---

① 参见易军:《私人自治与私法品性》,载《法学研究》2012 年第 3 期。
② 〔英〕休·柯林斯:《规制合同》,郭小莉译,中国人民大学出版社 2014 年版,第 192 页。

总的来说，在合同规则中，裁判并不是通过直接强制执行合同而进行的，而是通过散布可作用于声誉机制的公共信息来进行的,通过声誉和社会压力来执行合同比法院的执行系统"更加省钱并且更加可靠"。① 市场导向的私法自治展现了法律目的实现的另一番图景,对于法典的言说者而言,这是一个新的方向。

---

① 〔美〕弗里德曼:《经济学语境下的法律规则》,杨欣欣译,龙华编校,法律出版社2004年版,第173页。

参考文献

(一) 中文著作和译著

1. 佟柔主编:《中国民法》,法律出版社 1990 年版。
2. 王利明:《合同法新问题研究》(修订版),中国社会科学出版社 2011 年版。
3. 王利明:《合同法研究》(第 1 卷)(第三版),中国人民大学出版社 2015 年版。
4. 王利明:《法学方法论——以民法适用为视角》(第二版),中国人民大学出版社 2021 年版。
5. 王利明:《合同法》(上下册)(第二版),中国人民大学出版社 2021 年版。
6. 王利明:《民法总则研究》(第三版),中国人民大学出版社 2018 年版。
7. 崔建远:《合同解释论——规范、学说与案例的交互思考》,中国人民大学出版社 2020 年版。
8. 崔建远:《合同法总论》(中卷)(第二版),中国人民大学出版社 2016 年版。
9. 崔建远:《合同法》(第二版),北京大学出版社 2013 年版。
10. 崔建远:《中国民事典型案例评释》,中国人民大学出版社 2020 年版。
11. 张广兴:《债法》,社会科学文献出版社 2009 年版。
12. 杨振山主编:《罗马法·中国法与民法法典化—物权和债权之研究》,中国政法大学出版社 2001 年版。
13. 杨立新:《中华人民共和国民法典条文要义》,中国法制出版社 2020 年版。
14. 李永军:《合同法》(第五版),中国人民大学出版社 2020 年版。
15. 王轶、高圣平、石佳友、熊丙万:《中国民法典释评:合同编典型合同》(上下卷),中国人民大学出版社 2020 年版。
16. 王轶:《民法原理与民法学方法》,法律出版社 2009 年版。
17. 朱广新、谢鸿飞主编:《民法典评注·合同编·通则 1》,中国法制出版社 2020 年版。
18. 谢鸿飞:《债法总则:历史、体系与功能》,社会科学文献出版社 2021 年版。
19. 谢鸿飞:《合同法学的新发展》,中国社会科学出版社 2014 年版。

20. 韩世远:《合同法总论》(第四版),法律出版社 2018 年版。
21. 徐国栋主编:《罗马法与现代民法》(第 1 卷),中国法制出版社 2000 年版。
22. 《最新阿根廷共和国民法典》,徐涤宇译注,法律出版社 2007 年版。
23. 朱广新:《合同法总则研究》,中国人民大学出版社 2018 年版。
24. 王洪亮:《债法总论》,北京大学出版社 2016 年版。
25. 王涌:《私权的分析与建构:民法的分析法学基础》,北京大学出版社 2020 年版。
26. 谢怀栻:《外国民商法精要》(第三版),程啸增订,法律出版社 2014 年版。
27. 《德国民法典——全条文注释》(上下册),杜景林、卢谌译,中国政法大学出版社 2015 年版。
28. 周大伟编:《佟柔中国民法讲稿》,北京大学出版社 2008 年版。
29. 黄薇主编:《中华人民共和国民法典合同编释义》,法律出版社 2020 年版。
30. 高旭军:《〈联合国国际货物销售合同公约〉适用评释》,中国人民大学出版社 2017 年版。
31. 顾祝轩:《民法概念史·债权》,法律出版社 2016 年版。
32. 顾祝轩:《体系概念史:欧陆民法典编纂何以可能》,法律出版社 2019 年版。
33. 顾祝轩:《民法系统论思维:从法律体系转向法律系统》,法律出版社 2012 年版。
34. 傅静坤:《二十世纪契约法》,法律出版社 1997 年版。
35. 沈宗灵:《比较法研究》,北京大学出版社 1998 年版。
36. 何勤华、魏琼主编:《西方商法史》,北京大学出版社 2007 年版。
37. 谢潇:《意大利现代合同法研究》(第一卷),中国社会科学出版社 2021 年版。
38. 赵中孚主编:《商法总论》,中国人民大学出版社 1999 年版。
39. 潘琪:《美国〈统一商法典〉解读》,法律出版社 2020 年版。
40. 沈达明:《法国商法引论》,对外经济贸易大学出版社 2001 年版。
41. 尹田:《法国现代合同法:契约自由与社会公正的冲突与平衡》(第二版),法律出版社 2009 年版。
42. 李世刚:《法国担保法改革》,法律出版社 2011 年版。
43. 李世刚:《法国新债法:债之渊源(准合同)》,人民日报出版社 2017 年版。
44. 许中缘、夏沁:《民商合一视角下民法典分则的商事立法研究》,中国社会科学出版社 2019 年版。
45. 何其生:《统一合同法的新发展:〈国际合同使用电子通信公约〉评述》,北京大学出版社 2007 年版。
46. 周亮:《新型商事交易标的物的商法调整》,法律出版社 2016 年版。
47. 陆青:《合同解除效果的意思自治研究——以意大利法为背景的考察》,法律出版社 2011 年版。

48. 朱晓喆:《私法的历史与理性》,北京大学出版社 2019 年版。
49. 王洪亮等主编:《中德私法研究》(第 15 卷),北京大学出版社 2017 年版。
50. 方新军:《现代社会中的新合同研究》,中国人民大学出版社 2005 年版。
51. 范一丁:《合同法新论——语言符号视角的解构》,社会科学文献出版社 2015 年版。
52. 易继明主编:《私法》(第 1 辑 第 1 卷),北京大学出版社 2001 年版。
53. 张彤:《欧洲私法的统一化研究》,中国政法大学出版社 2012 年版。
54. 翟志勇、泮伟江主编:《北航法学》(2018 年第 1 卷),中国政法大学出版社 2018 年版。
55. 李昊、明辉主编:《北航法律评论》(2015 年第 1 辑),法律出版社 2016 年版。
56. 李昊主编:《日本民法修正:回顾与反思》,北京大学出版社 2020 年版。
57. 法学教材编辑部、《民法原理》资料组:《外国民法资料选编》,法律出版社 1983 年版。
58. 由嵘、胡大展主编:《外国法制史》,北京大学出版社 1989 年版。
59. 郭瑜:《海商法的精神:中国的实践和理论》,北京大学出版社 2005 年版。
60. 朱淑丽:《欧盟民法法典化研究》,上海人民出版社 2013 年版。
61. 许政贤主编:《私法学之国际视野》,台湾元照出版有限公司 2020 年版。
62. 王泽鉴:《债法原理》(第二版),北京大学出版社 2013 年版。
63. 苏永钦:《民事立法与公私法的接轨》,北京大学出版社 2005 年版。
64. 曾世雄:《资源本位论:民法设计和民法运作》,台湾元照出版有限公司 2013 年版。
65. 郑玉波:《民法总则》,中国政法大学出版社 2003 年版。
66. 陈自强:《整合中之契约法》,北京大学出版社 2012 年版。
67. 陈惠馨:《德国法制史——从日耳曼到近代》,台湾元照出版有限公司 2007 年版。
68. 李宜琛:《日耳曼法概说》,中国政法大学出版社 2003 年版。
69. 王千维:《继续性债之关系之基本理论》,台湾新学林出版有限公司 2020 年版。
70. 范健:《商法》(第四版),高等教育出版社、北京大学出版社 2011 年版。
71. 全国人大法制工作委员会民法室编著:《〈中华人民共和国合同法〉立法资料选》,法律出版社 1999 年版。
72. 杨代雄主编:《袖珍民法典评注》,中国民主法制出版社 2022 年版。
73. 陈甦主编:《民法总则评注》(上册),法律出版社 2017 年版。
74. 朱庆育:《民法总论》(第二版),北京大学出版社 2019 年版。
75. 张文显主编:《法理学》(第四版),高等教育出版社、北京大学出版社 2011 年版。
76. 王泽鉴:《民法总则》,北京大学出版社 2009 年版。
77. 梁慧星:《民法总论》,法律出版社 2011 年版。
78. 江平主编:《中华人民共和国合同法精解》,中国政法大学出版社 1999 年版。
79. 最高人民法院民法典贯彻实施工作领导小组主编:《中华人民共和国民法典合同编理解与适用(一)》,人民法院出版社 2020 年版。

80. 沈德咏、奚晓明主编:《最高人民法院关于合同法司法解释(二)理解与适用》,人民法院出版社 2015 年版。

81. 吴从周:《概念法学、利益法学与价值法学:探索一部民法方法论的演变史》,中国法制出版社 2011 年版。

82. 吴汉东、陈小君主编:《民法学》,法律出版社 2013 年版。

(二) 中文论文

1. 王利明:《论民法典的民本性》,载《中国人民大学学报》2020 年第 4 期。
2. 王利明:《民商合一体例下我国民法典总则的制定》,载《法商研究》2015 年第 4 期。
3. 王利明:《论〈民法典〉实施中的思维转化——从单行法思维到法典化思维》,载《中国社会科学》2022 年第 3 期;
4. 王利明:《论合同法组织经济的功能》,载《中外法学》2017 年第 1 期。
5. 孙宪忠、〔德〕卡尔·拉伦茨、曼弗瑞德·沃尔夫:《德国民法中的形成权》,载《环球法律评论》2006 年第 4 期。
6. 崔建远:《民事合同与商事合同之辨》,载《政法论坛》2022 年第 1 期。
7. 崔建远:《合同成立探微》,载《交大法学》2022 年第 1 期。
8. 崔建远:《买卖合同的成立及其认定》,载《法学杂志》2018 年第 3 期。
9. 徐涤宇:《合同概念的历史变迁及其解释》,载《法学研究》2004 年第 2 期。
10. 徐涤宇:《解法典后的再法典化:阿根廷民商法典启示录》,载《比较法研究》2018 年第 1 期。
11. 徐涤宇、黄美玲:《单方允诺的效力根据》,载《中国社会科学》2013 年第 4 期。
12. 孙宪忠:《中国民法典总则与分则之间的统辖遵从关系》,载《法学研究》2020 年第 3 期。
13. 韩世远:《买卖法的再法典化:区别对待消费者买卖与商事买卖》,载《交大法学》2017 年第 1 期。
14. 韩世远:《继续性合同的解除:违约方解除抑或重大事由解除》,载《中外法学》2020 年第 1 期。
15. 谢鸿飞:《现代民法中的"人"》,载《北大法律评论》(2000 年第 3 卷第 2 辑),北京大学出版社 2001 年版。
16. 刘凯湘:《民法典合同解除制度评析与完善建议》,载《清华法学》2020 年第 3 期。
17. 王轶、关淑芳:《民法商法关系论——以民法典编纂为背景》,载《社会科学战线》2016 年第 4 期。
18. 王轶:《论民事法律事实的类型区分》,载《中国法学》2013 年第 1 期。
19. 易军:《原则/例外关系的民法阐释》,载《中国社会科学》2019 年第 9 期。

20. 韩世远:《法律发展与裁判进步:以合同法为视角》,载《中国法律评论》2020 年第 3 期。
21. 耿林:《民法典的规范表达研究》,载《清华法学》2014 年第 6 期。
22. 徐国栋:《民商合一的多重内涵与理论反思:以 1942 年〈意大利民法典〉民商合一模式的解读为中心》,载《中外法学》2019 年第 4 期。
23. 梁慧星:《关于民法典分则草案的若干问题》,载《法治研究》2019 年第 4 期。
24. 范健:《中国〈民法典〉颁行后的民商关系思考》,载《政法论坛》2021 年第 2 期。
25. 范健:《民法体例中商法规则的编内与编外安排》,载《环球法律评论》2016 年第 6 期。
26. 夏沁:《私法合一抑或民商合一——中荷民法典民商合一立法体例比较研究》,载《湖北社会科学》2020 年第 3 期。
27. 焦富民、盛敏:《论荷兰民法典的开放性、融和性与现代性——兼及对中国制定民法典的启示》,载《法学家》2005 年第 5 期。
28. 焦富民:《论经济法责任制度的建构》,载《当代法学》2004 年第 6 期。
29. 费安玲:《论欧洲一体化进程中欧洲债法趋同之罗马法基础》,载《比较法研究》2008 年第 1 期。
30. 张彤:《欧洲合同法最新发展之探析》,载《比较法研究》2009 年第 2 期。
31. 张彤:《欧洲一体化进程中的欧洲民法趋同和法典化研究》,载《比较法研究》2008 年第 1 期。
32. 薛军:《"民法—宪法"关系的演变与民法的转型——以欧洲近现代民法的发展轨迹为中心》,载《中国法学》2010 年第 1 期。
33. 陈颐:《从中世纪商人法到近代民商法典——1000—1807 年欧陆贸易史中的法律变迁》,载《华东法律评论》(第一卷),法律出版社 2002 年版。
34. 金印:《〈瑞士债法 2020〉及其对我国民法典编纂的启示》,载梁慧星主编:《民商法论丛》(第 61 卷),法律出版社 2016 年版。
35. 粟瑜、王全兴:《〈意大利民法典〉劳动编及其启示》,载《法学》2015 年第 10 期。
36. 夏小雄:《私法商法化:体系重构及制度调整》,载《法商研究》2019 年第 4 期。
37. 易军:《个人主义方法论与私法》,载《法学研究》2006 年第 1 期。
38. 薛军:《人的保护:中国民法典编撰的价值基础》,载《中国社会科学》2006 年第 4 期。
39. 罗智敏:《算法歧视的司法审查——意大利户户送有限责任公司算法歧视案评析》,载《交大法学》2021 年第 2 期。
40. 徐强胜:《〈合同法编〉(审议稿)民商合一的规范技术评析》,载《中国政法大学学报》2020 年第 2 期。
41. 姚佳:《中国消费者法理论的再认识——以消费者运动与私法基础为观察重点》,载

《政治与法律》2019年第4期。

42. 王轶:《我国民法典编纂应处理好三组关系》,载《中国党政干部论坛》2015年第7期。
43. 施天涛:《民法典能够实现民商合一吗?》,载《中国法律评论》2015年第4期。
44. 史广龙:《民商合一立法方法在瑞士民法典中的实现》,载《法律方法》2014年第2期。
45. 徐强胜:《民商合一下民法典中商行为规则设置的比较研究》,载《法学杂志》2015年第6期。
46. 徐强胜:《商事关系内容的建构》,载《河南财经政法大学学报》2014年第1期。
47. 朱广新:《法定代表人的越权代表行为》,载《中外法学》2012年第3期。
48. 朱广新:《信赖保护理论及其研究述评》,载《法商研究》2007年第6期。
49. 朱广新:《论违背形式强制的法律后果》,载《华东政法大学学报》2009年第5期。
50. 张素华、宁园:《论情势变更原则中的再交涉权利》,载《清华法学》2019年第3期。
51. 丁宇翔:《民法典合同编如何优化市场交易的"游戏规则"》,载《人民法院报》2020年7月3日第5版。
52. 殷安军:《瑞士法上民商合一立法模式的形成兼评"单一法典"理念》,载《中外法学》2014年第6期。
53. 王洪亮:《论合同的必要之点》,载《清华法学》2019年第6期。
54. 夏小雄:《商法"独立性"特征之再辨析——基于历史视角的考察》,载《北方法学》2016年第5期。
55. 屈茂辉、张红:《继续性合同:基于合同法理与立法技术的多重考量》,载《中国法学》2010年第5期。
56. 韩世远:《法典化的合同法:新进展、新问题及新对策》,载《法治研究》2021年第6期。
57. 石佳友、高郦梅:《违约方申请解除合同权:争议与回应》,载《比较法研究》2019年第6期。
58. 王俐智:《违约方合同解除权的解释路径——基于〈民法典〉第580条的展开》,载《北方法学》2021年第2期。
59. 李政辉:《商事租赁的制度证成与内部机理——以商铺租赁为例》,载王保树主编:《商事法论集》(第15卷),法律出版社2009年版。
60. 刘承韪:《契约法理论的历史嬗迭与现代发展:以英美契约法为核心的考察》,载《中外法学》2011年第4期。
61. 王家福:《21世纪与中国民法的发展》,载《民法总则论文选萃》,中国法制出版社2004年版。
62. 韩光明:《论民事法律关系的内容构建:一个基本概念的范式分析》,载《比较法研究》

2009 年第 5 期。
63. 赵晓力：《民法传统经典文本中"人"的观念》，载《北大法律评论》(1998 年第 1 卷第 1 辑)，法律出版社 1998 年版。
64. 崔建远：《论法律关系的方法及其意义》，载《甘肃政法学院学报》2019 年第 3 期。
65. 崔建远：《编纂民法典必须摆正几对关系》，载《清华法学》2014 年第 6 期。
66. 周林彬：《商法入典标准与民法典的立法选择——以三类商法规范如何配置为视角》，载《现代法学》2019 年第 6 期。
67. 车浩：《法教义学与社会科学——以刑法学为例的展开》，载《中国法律评论》2021 年第 5 期。
68. 陈长均：《善是法律适用的崇高理念》，载《中国法治文化》2015 年第 1 期。
69. 赵万一：《民商合一体制下商法独立的可能性及其实现路径》，载《法学杂志》2021 年第 7 期。
70. 费安玲：《1942 年〈意大利民法典〉的产生及其特点》，载《比较法研究》1998 年第 1 期。
71. 谢潇：《私法范畴与民商合一时代的私法整合尝试——以民法典编纂为时代背景》，载《北大法律评论》(2018 年第 19 卷第 1 辑)，北京大学出版社 2019 年版。
72. 赵旭东：《民法典的编纂与商事立法》，载《中国法学》2016 年第 4 期。
73. 李建伟、帅雅文：《民法典合同编分则"二审稿"民商事规范的区分设置检讨》，载《法律适用》2019 年第 21 期。
74. 李建伟：《〈民法总则〉民商合一中国模式之检讨》，载《中国法学》2019 年第 3 期。
75. 李建伟：《民商合一立法体例的中国模式》，载《社会科学研究》2018 年第 3 期。
76. 李建伟：《民法总则设置商法规范的限度及其理论解释》，载《中国法学》2016 年第 4 期。
77. 许中缘、黄娉慧：《民商合一视角下侵权责任法编商事立法研究》，载《法治研究》2018 年第 3 期。
78. 许中缘：《我国〈民法总则〉对民商合一体例的立法创新》，载《法学》2017 年第 7 期。
79. 张谷：《民商合一体制对民法典合同编的要求》，载李昊主编：《北航法律评论》(第 7 辑)，法律出版社 2017 年版。
80. 张谷：《商法，这只寄居蟹——兼论商法的独立性及其特点》，载高鸿钧主编：《清华法治论衡》(第 6 辑)，清华大学出版社 2005 年版。
81. 黄进、胡永庆：《现代商人法论——历史和趋势》，载《比较法研究》1997 年第 2 期。
82. 冯弋珩：《对商事合同法定解除适用问题的探讨——基于法定合同解除权事由的类型化》，载《东南大学学报(哲学社会科学版)》2021 年第 A2 期。
83. 田士永：《编纂民法典合同编的体系化思考》，载《师大法学》2019 年第 2 期。

84. 王涌:《中国需要一部具有商法品格的民法典》,载《中国法律评论》2015 年第 4 期。
85. 朱广新:《论合同法分则的再法典化》,载《华东政法大学学报》2019 年第 2 期。
86. 张谷:《中国民法商法化举隅》,载《金融法苑》(总第 60 辑),北京大学出版社 2005 年版。
87. 周江洪:《典型合同与合同法分则的完善》,载《交大法学》2017 年第 1 期。
88. 周江洪:《作为典型合同之服务合同的未来——再论服务合同典型化之必要性和可行性》,载《武汉大学学报(哲学社会科学版)》2020 年第 1 期。
89. 方新军:《关于民法典合同法分则的立法建议》,载《交大法学》2017 年第 1 期。
90. 陈金钊、吴冬兴:《〈民法典〉阐释的"体系"依据及其限度》,载《上海师范大学学报(哲学社会科学版)》2021 年第 2 期。
91. 李启欣、李立强:《意大利法律制度的历史沿革》,载林榕年、李启欣主编:《外国法制史论文集》(《外国法制史汇刊》第 2、3 合集),中山大学出版社 1990 年版。
92. 李志刚、张巍等:《民事合同与商事合同:学理、实务与立法期待》,载《人民司法》2020 年第 1 期。
93. 王文宇:《民商合一下的商法与商事契约》,载《月旦民商法杂志》2021 年第 9 期。
94. 王文宇:《商事契约的解释——类比推理与经济分析》,载《月旦法学杂志》2015 年第 1 期。
95. 顾昂然:《关于〈中华人民共和国合同法(草案)〉的说明》,载《人大工作通讯》1999 年第 C1 期。
96. 王晨:《关于〈中华人民共和国民法典(草案)〉的说明——2020 年 5 月 22 日在第十三届全国人民代表大会第三次会议上》,载《中国人大》2020 年第 12 期。
97. 崔建远、吴光荣:《我国合同法上解除权的行使规则》,载《法律适用》2009 年第 11 期。
98. 徐英军:《契约群的挑战与合同法的演进——合同法组织经济活动功能的新视角》,载《现代法学》2019 年第 6 期。
99. 姜世波:《习惯法形成中的法律确信要素——以习惯国际法为例》,载谢晖等主编:《民间法》(第 8 卷),山东人民出版社 2009 年版。
100. 雷磊:《重构"法的渊源"范畴》,载《中国社会科学》2021 年第 6 期。
101. 李敏:《〈瑞士民法典〉"著名的"第一条:基于法思想、方法论和司法实务的研究》,载《比较法研究》2015 年第 4 期。
102. 钱玉林:《商法漏洞的特别法属性及其填补规则》,载《中国社会科学》2018 第 12 期。
103. 钱玉林:《民法总则与公司法的适用关系论》,载《法学研究》2018 年第 3 期。
104. 许德风:《意向书的法律效力问题》,载《法学》2007 年第 10 期。
105. 尹小婷:《论意向书的类型构造、效力认定与损害救济——基于 231 份裁判文书的实证分析》,载焦宝乾主编:《浙大法律评论》(第 7 卷),法律出版社 2021 年版。
106. 孙鹏:《民法上信赖保护制度及其法的构成:在静的安全与交易安全之间》,载《西南民族大学学报(人文社科版)》2005 年第 7 期。
107. 唐晓晴:《要约与承诺理论的发展脉络》,载《中外法学》2016 年第 5 期。
108. 林东茂:《法学方法,即非方法,是名方法》,载林山田教授退休祝贺论文编辑委员会编:《战斗的法律人:林山田教授退休祝贺论文集》,台湾元照出版有限公司 2004 年版。
109. 陈金钊:《体系思维的姿态及体系解释方法的运用》,载《山东大学学报(哲学社会科学版)》2018 年第 2 期。
110. 肖建国、宋史超:《〈民法典〉合同司法解除规则的程序法解读》,载《浙江社会科学》2020 年第 12 期。

(三) 译著

1. 〔德〕卡尔·拉伦茨:《德国民法通论》(上下册),王晓晔等译,谢怀栻校,法律出版社 2013 年版。
2. 〔德〕迪特尔·梅迪库斯:《德国民法总论》,邵建东译,法律出版社 2013 年版。
3. 〔德〕汉斯·布洛克斯、沃尔夫·迪特里希·瓦尔克:《德国民法总论》(第 41 版),张艳译,中国人民大学出版社 2019 年版。
4. 〔德〕C. W. 卡纳里斯:《德国商法》,杨继译,法律出版社 2006 年版。
5. 〔德〕H. 克茨:《德国合同法》(第 2 版),叶玮昱等译,中国人民大学出版社 2022 年版。
6. 〔德〕莱纳·舒尔策、〔波〕弗里德里克·佐尔:《欧洲合同法》(第二版),王剑一译,中国法制出版社 2019 年版。
7. 〔德〕H. 克茨:《欧洲合同法》(上卷),周忠海等译,法律出版社 2001 年版。
8. 〔德〕马克斯·卡泽尔、罗尔夫·克努特尔:《罗马私法》,田士永译,法律出版社 2018 年版。
9. 〔德〕维尔纳·弗卢梅:《法律行为论》,迟颖译,法律出版社 2013 年版。
10. 〔德〕卡尔·拉伦茨:《法学方法论》,陈爱娥译,商务印书馆 2003 年版。
11. 〔德〕Neumann, Hassemer, Schroth 主编:《自我负责人格之法律——Arthur Kaufmann 的法律哲学》,刘幸义等译,台湾五南图书出版股份有限公司 2010 年版。
12. 〔美〕戴维斯·斯劳森:《有约束力的允诺——20 世纪末合同法改革》,杨秋霞译,知识产权出版社 2018 年版。
13. 〔加拿大〕Peter Benson:《合同法理论》,易继明译,北京大学出版社 2004 年版。
14. 〔荷〕杨·斯密茨:《法学的观念与方法》,魏磊杰等译,法律出版社 2017 年版。
15. 〔葡〕乔治·曼努埃尔·高迪纽德·阿布莱乌:《商法教程》(第一卷),王薇译,法律出版社 2017 年版。

16. 欧洲民法典研究组、欧盟现行私法研究组:《欧洲示范民法典草案:欧洲私法的原则、定义和示范规则》,高圣平译,中国人民大学出版社 2012 年版。
17. 王卫国主译:《荷兰民法典》(第 3、5、6 编),中国政法大学出版社 2006 年版。
18. 〔日〕我妻荣:《新订民法总则》,于敏译,中国法制出版社 2008 年版。
19. 〔日〕星野英一:《民法劝学》,张立艳译,北京大学出版社 2006 年版。
20. 〔美〕詹姆斯·戈德雷等:《私法比较研究导论:阅读、案例、材料》(第一版),张淞纶译,中国法制出版社 2021 年版。
21. 〔美〕富勒:《法律的道德性》,郑戈译,商务印书馆 2012 年版。
22. 〔德〕埃卡特·J. 布罗德:《国际统一私法协会国际商事合同通则 逐条评述》,王欣等译,法律出版社 2021 年版。
23. 〔美〕理查德·A. 波斯纳:《法律的经济分析》,蒋兆康译,林毅夫校,中国大百科全书出版社 1997 年版。
24. 〔法〕伊夫·居荣:《法国商法》(第 1 卷),罗结珍、赵海峰译,法律出版社 2004 年版。
25. 〔法〕阿兰·苏彼欧:《法律人:试论法的人类学功能》,郑爱青译,中国政法大学出版社 2019 年版。
26. 〔美〕劳伦斯·罗森:《法律与文化:一位法律人类学家的邀请》,彭艳崇译,法律出版社 2011 年版。
27. 〔英〕A. G. 盖斯特:《英国合同法与案例》,张文镇等译,中国大百科全书出版社 1998 年版。
28. 〔美〕霍菲尔德:《基本法律概念》,张书友编译,中国法制出版社 2009 年版。
29. 〔美〕孟罗·斯密:《欧陆法律发达史》,姚梅镇译,中国政法大学出版社 1999 年版。
30. 〔德〕乌维·维瑟尔:《欧洲法律史:从古希腊到〈里斯本条约〉》,刘国良译,中央编译出版社 2016 年版。
31. 〔美〕哈罗德·J. 伯尔曼:《法律与革命——西方法律传统的形成》,贺卫方等译,中国大百科全书出版社 1993 年版。
32. 〔美〕哈罗德·J. 伯尔曼:《法律与革命——新教改革对西方法律传统的影响》(第二卷),袁瑜琤等译,法律出版社 2008 年版。
33. 〔德〕萨维尼:《当代罗马法体系Ⅰ:法律渊源·制定法解释·法律关系》,朱虎译,中国法制出版社 2010 年版。
34. 〔英〕施米托夫:《国际贸易法文选》,赵秀文选译,郭寿康校,中国大百科全书出版社 1993 年版。
35. 〔美〕约翰·亨利·梅利曼:《大陆法系》(第二版),顾培东等译,法律出版社 2004 年版。

36. 〔意〕F. 卡尔卡诺:《商法史》,贾婉婷译,商务印书馆2017年版。
37. 〔日〕我妻荣:《债权在近代法中的优越地位》,王书江等译,中国大百科全书出版社1999年版。
38. 〔美〕迈克尔·E. 泰格、玛德琳·R. 利维:《法律与资本主义的兴起》,纪琨译,刘锋校,学林出版社1996年版。
39. 〔法〕克洛德·商波:《商法》,刘庆余译,商务印书馆1998年版。
40. 〔德〕斯蒂芬·格伦德曼、卡尔·里森胡贝尔:《20世纪私法学大师:私法方法、思想脉络、人格魅力》,周万里译,商务印书馆2021年版。
41. 〔德〕K. 茨威格特、H. 克茨:《比较法总论》,潘汉典等译,法律出版社2003年版。
42. 〔德〕迪特尔·施瓦布:《民法导论》,郑冲译,法律出版社2006年版。
43. 〔法〕弗朗索瓦·泰雷:《法国债法:契约篇》,罗结珍译,中国法制出版社2018年版。
44. 〔美〕塔玛尔·赫尔佐格:《欧洲法律简史——两千五百年来的变迁》,高仰光译,中国政法大学出版社2019年版。
45. 〔葡〕叶士朋:《欧洲法学史导论》,吕平义等译,中国政法大学出版社1998年版。
46. 〔德〕奥科·贝伦茨:《〈德国民法典〉中的私法——其法典编纂史、与基本权的关系及其古典共和宪法思想基础》,吴香香译,商务印书馆2021年版。
47. 〔德〕奥托·基尔克:《私法的社会任务:基尔克法学文选》,刘志阳等译,中国法制出版社2017年版。
48. 〔日〕星野英一:《私法中的人》,王闯译,中国法制出版社2004年版。
49. 〔日〕大村敦志:《从三个纬度看日本民法研究——30年、60年、120年》,渠涛等译,中国法制出版社2015年版。
50. 〔美〕威廉·B. 埃瓦尔德:《比较法哲学》,于庆生等译,中国法制出版社2016年版。
51. 〔德〕拉德布鲁赫:《法学导论》,米健等译,中国大百科全书出版社1997年版。
52. 〔德〕罗尔夫·克尼佩尔:《法律与历史——论〈德国民法典〉的形成与变迁》,朱岩译,法律出版社2003年版。
53. 〔法〕勒内·达维:《英国法与法国法:一种实质性比较》,潘华仿等译,清华大学出版社2002年版。
54. 〔葡〕马里奥·朱莉欧·德·阿尔梅达·科斯塔:《葡萄牙法律史》(第三版),唐晓晴译,法律出版社2014年版。
55. 〔瑞士〕彭瑞宁:《瑞士法律史》(第二版),李婧嵘等译,法律出版社2020年版。
56. 〔德〕马克斯·韦伯:《法律社会学:非正当性的支配》,康乐等译,广西师范大学出版社2011年版。

57. 〔德〕弗朗茨·维亚克尔:《古典私法典的社会模式与现代社会的发展》,傅广宇译,商务印书馆 2021 版。
58. 〔德〕赖因哈德·齐默尔曼:《罗马法、当代法与欧洲法:现今的民法传统》,常鹏翱译,北京大学出版社 2009 年版。
59. 〔美〕詹姆斯·威拉德·赫斯特:《美国史上的市场与法律:各利益间的不同的交易方式》,郑达轩等译,法律出版社 2006 年版。
60. 〔美〕约翰·R. 康芒斯:《资本主义的法律基础》,寿勉成译,商务印书馆 2003 年版。
61. 〔法〕涂尔干:《职业伦理与公民道德》,渠敬东译,商务印书馆 2015 年版。
62. 〔英〕休·柯林斯:《规制合同》,郭小莉译,中国人民大学出版社 2014 年版。
63. 〔德〕罗尔夫·旺克:《法律解释》(第 6 版),蒋毅等译,北京大学出版社 2020 年版。
64. 〔英〕罗杰·科特雷尔:《法律、文化与社会:社会理论镜像中的法律观念》,郭晓明译,北京大学出版社 2020 年版。
65. 〔瑞士〕彼德·高赫:《理性人:瑞士债法中的人像》,谢鸿飞译,载梁慧星主编:《民商法论丛》(第 35 卷),法律出版社 2006 年版。
66. 〔德〕拉德布鲁赫:《法学导论》,米健译,法律出版社 2012 年版。
67. 〔美〕麦克尼尔:《新社会契约论》,雷喜宁等译,中国政法大学出版社 1994 年版。
68. 〔美〕奥利弗·E. 威廉姆森:《市场与层级制:分析与反托拉斯含义》,蔡晓月、孟俭译,上海财经大学出版社 2011 年版。
69. 〔德〕齐佩利乌斯:《法学方法论》,金振豹译,法律出版社 2009 年版。
70. 〔美〕沃尔特·艾萨克森:《列奥纳多·达·芬奇传》,汪冰译,中信出版社 2018 年版。
71. 〔德〕萨缪尔·普芬道夫:《论人和公民的自然法义务》,祝杰、韦洪发译,吉林人民出版社 2011 年版。
72. 〔美〕詹姆斯·戈德雷:《现代合同理论的哲学起源》,张家勇译,法律出版社 2006 年版。
73. 〔德〕弗朗茨·维亚克尔:《近代私法史——以德意志的发展为观察重点》,陈爱娥、黄建辉译,上海三联书店 2006 年版。
74. 〔英〕梅因:《古代法》,沈景一译,商务印书馆 1996 年版。
75. 〔意〕彼德罗·彭梵得:《罗马法教科书》,黄风译,中国政法大学出版社 1992 年版。
76. 〔奥〕恩斯特·A. 克莱默:《法律方法论》,周万里译,法律出版社 2019 年版。
77. 〔美〕C. 沃伦·霍莱斯特:《欧洲中世纪简史》,陶松寿译,商务印书馆 1988 年版。

(四) 外文文献

1. 〔日〕内田贵:《债权法の新时代——"债权法修正の基本方针"の概要》,商事法务

2009年版。

2. Ewan Mckendrick, *Contract Law*, 4th edition, Palgrave Publishers, 2000.
3. Paul A. U. Ali Kannako Yano, *Eco-Finance: The Legal and Regulation of Market Based Enviromental Instruments*, Kluwer Law International, 2004.
4. Hahn, R. W, "Market Power and Transferable Property Rights", *Quarterly Journal of Economics*, Vol. 99, 1984.
5. Kevin M. Teeven, *A History of the Anglo-American Common Law of Contract*, Green-wood Publishing Group, 1990.
6. Konrad Zweigert, Hein Kotz, *An Introduction to Comparative Law (II)*, North-Holland, 1977.
7. A. G. Guest, *Chitty On Contracts, Volume 1, General Principles*, 27th ed., Sweet Maxwell, 1994.
8. Treitel, *The Law of Contract*, 9th ed., Sweet Maxwell, 1995.
9. Reiner Schulze, *New Feature in Contract Law*, European Law Publishers, 2007.
10. Robert Upex, *Davies On Contract*, 7th ed., Sweet Maxwell, 1995.
11. A. W. B. Simpson, *A History of the Common Law of Contract: The Rise of the Action of Assumpsit*, Oxford University Press, 1975.
12. William Holdsworth, *A History of English Law*, Little, Brown and Co., 1926.
13. David J. Ibbetson, *A Historical Introduction to the Law of Obligations*, Oxford University Press, 1999.
14. David J. Ibbetson, "Consideration and the Theory of Contract in Sixteenth Century Common Law", in *Towards a General Law of Contract*, John Barton, ed., Duncker Humblot, 1990.
15. Max Horkheimer, "The End of Reason", in *The Essential Frankfurt School Reader*, Andrew Arato Eike Gebhardt eds., 1978.
16. P. S. Atiyah, *Pragmatism and Theory in English Law*, Stevens, 1987.
17. P. S. Atiyah, *Essays on Contract*, Clarendon Press, Oxford University Press, 1986.
18. John V. Orth, "Contract and the Common Law", in *The State and Freedom of Contract*, Harry N. Scheiber ed., Stanford University Press, 1998.
19. Barnett, Randy E., "Conflicting Visions: A Critique of Ian Macneil's Relational Contract Theory", *Va. L. Rev.*, 1992.

20. Barnett, Randy E., "Consent to Form Contract", 71 *Fordham L. Rev.*, 2002.
21. Charny, David., "The New Formalism in Contract", 66 *U. Chi. L. Rev.*, 1999.
22. Craswell, Richard., "Contract Law, Default Rules, and the Philosophy of Promising", 88 *Mich. L. Reu.*, 1989.
23. Lees, Peter A., "Contraet Reconceived", 96 *Nw. U. L. Rev.*, 2001.
24. Flume, Allgemeiner Teil des Bürgerlichen Rechts, zweiter Band, Das Rechtsgeschäft, 4. Aufl., 1992.
25. Grundmann, Verbraucherrecht, Unternehmensrecht, Privatrecht-Warum sind UN-Kaufrecht und EU-Kaufrechts-Richtlinie so ahnlich?, AcP 202, 2002.
26. Bucher, Skriptum am Obligationenrecht, Besonderer Teil, 2. Aufl. ,1983.
27. Bucher, Die Entwicklung des deutschen Schuldrechts im 19. Jahrhundert und die Schweiz, ZeuP, 2003.
28. Canaris, Schuldrechtsmodernisierung 2002, München, C. H. Beck, 2002.
29. Canaris, Die Reform des Rechts der Leistungstörungen, Mohr Siebeck GmbH &. Co. KG, 2001.
30. Hoeren (Hrsg.), Zivilrechtliche Entdecker, Munchen, C. H. Beck, 2001.
31. Ian Macneil, "Relational Contract: What We Do and Do not Know", 5 *Wisconsin Law Review* 483, 1985.
32. Leon E. Trakman, *The Law Merchant: The Evolution of Commercial Law*, Fred B. Rothman and Co., 1983.
33. W. Mitchell, *Essay on the Early History of the Law Merchant*, Burt Franklin, 1904.
34. Michael T. Medwig, "The New Law Merchant: Legal Rhetoric and Commercial Reality", 24 *Law & Pol'y Int'l Bus* 578, 1993.
35. T. Parsons, *The Social System*, The Free Press, 1951.
36. Michael Esser, "Commercial Letters of Confirmation in International Trades: Austrian, French, German and Swiss Law and Uniform Law unter the 1980 Sales Convention", 18 *Georgia Journal of International and Comparative Law* 427, 1988.
37. Tobias Lett, Das kaufmännische Bestätigungsschreiben, JuS, 2008.
38. Bruce L. Benson, "The Spontaneous Evolution of Commercial Law", 55 *Southern Economic Journal* 623, 1989.

39. Shawn J. Bayern,"Offer and Acceptance in Modern Contract Law: A Needless Concept", 103 *California Law Review* 101, 2015.
40. Kaia Wildner, "Art. 19 CISG: The German Approach to the Battle of the Forms in International Contract Law: The Decision of the Federal Supreme Court of Germany of 9 January 2002", 1 *Germanic Review* 20, 2008.
41. Peter H. Schlechtriem, "The Battle of the Forms under German Law", 23 *The Business Layer* 655, 1968.